SOUVENIRS POLITIQUES

DU

COMTE DE SALABERRY

SUR

LA RESTAURATION

1821-1830

PUBLIÉS

POUR LA SOCIÉTÉ D'HISTOIRE CONTEMPORAINE

PAR

LE COMTE DE SALABERRY

SON PETIT-FILS

TOME I

PARIS

ALPHONSE PICARD ET FILS

LIBRAIRES DE LA SOCIÉTÉ D'HISTOIRE CONTEMPORAINE

Rue Bonaparte, 82

23.

1900

SOUVENIRS POLITIQUES

DU

COMTE DE SALABERRY

SUR LA RESTAURATION

Ch. M. Cte de Salaberry

1766 - 1847

Dujardin Paris

Imp. Ch. Wittmann

SOUVENIRS POLITIQUES

DU

COMTE DE SALABERRY

SUR

LA RESTAURATION

1821-1830

PUBLIÉS

POUR LA SOCIÉTÉ D'HISTOIRE CONTEMPORAINE

PAR

LE COMTE DE SALABERRY

SON PETIT-FILS

PARIS

ALPHONSE PICARD ET FILS

LIBRAIRES DE LA SOCIÉTÉ D'HISTOIRE CONTEMPORAINE

Rue Bonaparte, 82

23.

1900

BESANÇON. — IMP. ET STÉRÉOT. DE PAUL JACQUIN.

EXTRAIT DU RÈGLEMENT

ART. 14. — Le Conseil désigne les ouvrages à publier et choisit les personnes auxquelles il en confiera le soin.

Il nomme pour chaque ouvrage un commissaire responsable, chargé de surveiller la publication.

Le nom de l'éditeur sera placé en tête de chaque volume.

Aucun volume ne pourra paraître sous le nom de la Société sans l'autorisation du Conseil et s'il n'est accompagné d'une déclaration du commissaire responsable, portant que le travail lui a paru digne d'être publié par la Société.

Le commissaire responsable soussigné déclare que l'ouvrage SOUVENIRS POLITIQUES DU COMTE DE SALABERRY *lui a paru digne d'être publié par la* SOCIÉTÉ D'HISTOIRE CONTEMPORAINE.

Fait à Paris, le 25 mai 1900.

Signé : Mis DE BEAUCOURT.

Certifié :

Le Secrétaire de la Société d'histoire contemporaine,

Albert MALET.

NOTICE BIOGRAPHIQUE

« La maison d'Irumberry, d'origine royale, tire son « nom d'un château seigneurial situé au pays de Cize, « non loin de Saint-Jean-Pied-de-Port, et compte parmi « les plus distinguées de l'ancienne chevalerie du royaume « de Navarre. Elle est branche cadette de l'illustre fa- « mille vicomtale de Sault, issue elle-même en ligne di- « recte et masculine des rois de Navarre et des ducs et « comtes de Gascogne, qui a vu ses rameaux s'étendre en « Gascogne, en Béarn, en Labourd et en Navarre, et y oc- « cuper dans la haute noblesse un rang considérable en « rapport avec son extraction [1]. »

L'un de ces rameaux forma la maison d'Irumberry, qui, pendant plusieurs générations, s'est elle-même subdivisée en deux branches. Le dernier représentant de la branche cadette étant décédé en 1871, celle d'Irumberry de Salaberry est seule subsistante.

Comme la maison de Sault, la maison d'Irumberry se signala par les plus éminents services auprès des rois de Navarre. Ceux-ci, à maintes reprises, les reconnurent par des lettres patentes conservées aux archives des Basses-Pyrénées, de Pampelune et de Simancas.

1. *Nobiliaire du Béarn*, par J.-B.-E. de Jaurgain, t. I, p. 176.

Dans la deuxième moitié du XVIe siècle, Pierre d'Irumberry est nommé par Charles IX maître de camp de sa garde. Brantôme le cite comme « un des braves capitaines d'aucunes retraictes de guerre. »

A l'avènement de Henri IV au trône de France, beaucoup de familles du Béarn et des pays basques se portèrent vers les provinces du centre et s'y fixèrent.

En 1691, Charles d'Irumberry de Salaberry fut pourvu de l'une des quatre charges de maîtres des comptes créées par édit du mois de décembre 1690, et nommé président en cette chambre.

Cette charge fut successivement occupée par Charles-François, son fils, puis par Charles-Victoire-François, son petit-fils.

Ce dernier, devenu propriétaire de plusieurs domaines aux environs de Blois, fixa sa résidence à Fossé. Dans la contrée, il était aimé comme un père. Il n'en fut pas moins victime de la Révolution. Arrêté à Blois, dès le mois de juillet 1793, il eut à subir plusieurs interrogatoires. Le 8 ventôse an II, Garnier, de Saintes, l'envoya à Paris au tribunal révolutionnaire. On voulait y traduire son fils, qui avait voyagé en Allemagne en 1790 et 1791, mais on ne put le saisir [1]. Malgré les démarches faites par les députations des communes voisines de Fossé, accusé par son ancien obligé Fouquier-Tinville, il se vit condamner à mort le 12 germinal (1er avril 1794). Sa tête fut le prix de la fermeté de son caractère et de la noblesse de ses sentiments.

A la même époque, l'infernale guillotine décapitait Victoire de Saint-Luc, frappée pour sa dévotion au Sacré Cœur. Le comte et la comtesse de Saint-Luc tombaient

1. Wallon, *Histoire du tribunal révolutionnaire de Paris*, t. III, p. 100-101.

eux-mêmes sous le couperet, martyrs de leur foi, après avoir assisté à l'exécution de leur fille. Plus tard, un de leurs fils, devenu préfet de Loir-et-Cher, donnait sa fille en mariage à Louis-François-Georges-Érard, comte de Salaberry, fils de Charles-Marie, l'auteur de ces *Souvenirs*.

Voilà au milieu de quels événements et de quelles inoubliables impressions celui-ci atteignait l'âge d'homme.

Charles-Marie de Salaberry était né en 1766; il n'avait, par conséquent, pas trente ans en 1794. Quel enseignement pour ce fils que de voir, au nom de la liberté et de la fraternité, la guillotine trancher la tête d'un père vénéré, dont le seul crime était d'être noble et de faire le bien autour de lui! Quel souvenir que le sang, versé à flots, de tant d'innocentes victimes!

Jusqu'à ce moment, sa vie s'était écoulée dans l'étude et dans les voyages. A cette époque, l'instruction n'était pas enserrée dans des programmes qui obligent chacun à toucher à toutes les branches du savoir, en dépit des aptitudes, et le comte de Salaberry avait pu donner libre cours à ses goûts. Il rapportait d'Allemagne et de Turquie de précieuses connaissances sur les mœurs et la civilisation de ces différents pays. Son *Voyage à Constantinople par l'Allemagne, la Hongrie, les îles de l'Archipel*, publié en 1797, sans nom d'auteur; plus tard, son *Histoire de l'empire ottoman*, parue en 1813, en furent le fruit.

Au retour de ces excursions, le comte de Salaberry alla s'enrôler dans l'armée du prince de Condé, où il servit jusqu'à ce qu'elle fût envoyée en Russie. Rentré secrètement en France, il alla combattre avec les royalistes du Maine, sous les ordres du comte de Bourmont, et commanda une compagnie de cavalerie.

Quand la tourmente fut un peu apaisée, le comte de Salaberry put réaliser une idée qui lui était devenue d'autant plus chère qu'elle avait été conçue par son père. Celui-ci s'était lié d'amitié avec M. de la Porte, ancien intendant du Roussillon et de Lorraine, habitant le château de Meslay, dans le Vendômois. Rapprochés par le malheur, ils avaient formé le projet d'unir leurs enfants.

Mlle de la Porte avait alors vingt-trois ans. Elle possédait, outre l'agrément de sa personne, une intelligence distinguée, un esprit cultivé, et, lors de l'incarcération de ses parents, traqués par les sans-culottes de Vendôme, elle avait fait preuve d'un courage peu commun, facilitant leur évasion, leur ménageant une retraite où ils purent en sécurité attendre des jours meilleurs.

Mûries l'une et l'autre par les mêmes épreuves, ces natures étaient faites pour se comprendre et s'unir. Leur mariage s'accomplit en 1796 ; ce fut, sur ces deux existences, comme un rayon de soleil au milieu des tristes orages de l'époque.

Le Consulat et l'Empire marquent une période paisible de la vie du comte de Salaberry. Il se tient éloigné des affaires publiques, tout en se trouvant mêlé à beaucoup d'événements politiques et restant en surveillance jusqu'en 1814. Il s'occupe d'agriculture, et peut s'adonner librement à son penchant pour les lettres.

C'est à ce moment qu'il publia son *Voyage au Mont-Dore* (1802), et deux romans : *Corisandre de Beauvilliers* (1806) ; *Lord Wiseby* (1808). Plus tard, parurent l'*Histoire de l'Empire ottoman* et *les Essais sur la Valachie et la Moldavie.*

« Il est peu de genres de littérature dans lesquels il « ne se soit essayé : histoire, voyages, tragédies, comé-

« dies, vaudevilles, romans, traductions, contes en vers « et en prose, fables, chansons, il a tout abordé, plus « d'une fois avec bonheur, avec succès [1]. »

« Nous ne craignons pas, » lisons-nous dans un ouvrage qu'on ne taxera pas de partialité en sa faveur, « de porter « un jugement hasardé en disant qu'une de ses tragédies, « dont nous avons entendu la lecture chez un académi- « cien distingué, obtiendrait un véritable succès [2]. »

Au mois d'août 1810, Fossé reçut la visite de Mme de Staël, exilée par ordre de l'Empereur à quarante lieues au moins de Paris. Elle charma ses hôtes, et garda un agréable souvenir des moments passés dans cette retraite, où le châtelain, lui-même en surveillance, exerçait la plus courtoise hospitalité [3].

Puis, lorsque l'étoile éphémère qui avait fait de Napoléon l'empereur des Français et l'homme le plus extraordinaire eut disparu, et que la France, épuisée de tant de sang répandu, usée de tant de gloire semée à tous les horizons, se fut retournée vers ceux qui représentaient ses vieilles traditions, le comte de Salaberry, qui, ardent royaliste, était resté d'une fidélité inébranlable à ses convictions politiques comme à ses principes religieux, brigua l'honneur de servir efficacement son pays.

Après avoir été nommé colonel de la 1re légion des gardes nationales de l'arrondissement de Blois, il fut

1. *Mémoires de la Société des sciences et des lettres de Blois*. Discours prononcé à l'ouverture de la séance publique annuelle de la Société des sciences et des lettres de la ville de Blois, par M. A. du Plessis, président. 5 septembre 1847. *Mémoires de la Société*, t. IV, p. 186.

2. *Biographie des hommes du jour*, par Germain Sarrut et Saint-Edme.

3. « Cette terre (Fossé) était l'habitation d'un militaire vendéen qui ne soignait pas beaucoup sa demeure, mais dont la loyale bonté rendait tout facile et l'esprit original tout amusant. » *Mémoires de Mme de Staël. Dix ans d'exil*. Ouvrage posthume publié, en 1818, par M. le duc de Broglie et M. le baron de Staël. Nouvelle édition. Paris, 1861, in-12, p. 309.

choisi par le collège électoral de cette ville pour représenter à la Chambre son département. Il y siégea dans les rangs de la majorité, jusqu'à ce que cette assemblée eût été dissoute par l'ordonnance du 5 septembre 1816.

M. de Salaberry, que le Roi avait depuis peu créé chevalier de Saint-Louis, fut de nouveau élu député au mois d'octobre de la même année, puis en 1821 et en 1824. C'est le cinquième collège qui le choisit comme représentant en 1827.

Il prit part à toutes les grandes discussions qui s'élevèrent au sein du Parlement et passionnèrent l'opinion.

« Toujours ferme, toujours constant, lisons-nous dans « une *Biographie des pairs et des députés* publiée en « 1819, il parla sur la liberté de la presse, contre l'ar- « bitraire exercé sur les journaux, contre la vente des « biens ecclésiastiques; il vota le rejet du projet de loi « relatif à la formation de l'armée; il prononça un dis- « cours où brillent éminemment la sublimité de l'élo- « quence et la pureté des principes [1]. »

Au milieu du tumulte soulevé fréquemment par l'opposition, il s'imposa toujours par la mâle vigueur de sa parole, par sa loyauté inflexible, « marchant, » a dit M. de Cormenin, « le pistolet au poing à la rencontre des libé- « raux, et répandant sur eux, du haut de la tribune, les « bouillantes imprécations de sa colère [2]. »

« On discutait la loi de l'indemnité à accorder aux émi- « grés, mesure, soit dit en passant, mal jugée, et dont les « émigrés ne sont pas ceux qui ont le plus profité. M. de « Salaberry la soutenait; il commença ainsi son discours :

1. *Biographie spéciale des pairs et des députés du royaume. Session de 1818-1819.* Paris, 1819, in-8, p. 507.
2. Timon, *Livre des orateurs.*

« *Messieurs, permettez-moi de déclarer tout d'abord*
« *que l'indemnité, réparation d'une grande injustice, ne*
« *me concerne pas. Émigré, fils d'un condamné, con-*
« *damné moi-même par son jugement, je n'ai rien perdu*
« *de mon patrimoine. Je n'ai rien à réclamer de la Ré-*
« *volution que ce que la monarchie ne peut pas me ren-*
« *dre : la tête de mon père* [1]. »

« Il est de ceux, a écrit M. Deville [2], dont les ennemis
« politiques eux-mêmes ne peuvent méconnaître la con-
« viction profonde, la droiture sans exemple, jointes à
« une probité dont on chercherait vainement le moindre
« reflet dans les factions qui ont pris leur place. »

Tel fut l'homme politique. Un peu agressif parfois (on en jugera par ces *Souvenirs*), il a pu se laisser aller aux vivacités de la polémique, mais ce ne fut jamais que poussé par son amour de la monarchie légitime, ou révolté par les défections qu'il eut à déplorer, les erreurs qu'il eut à combattre.

Après la révolution de 1830, M. de Salaberry se retira dans son château de Fossé, s'occupant du bien à faire autour de lui, et se livrant à des travaux littéraires. Il devint, le 8 mars 1834, membre titulaire de la Société des sciences et des lettres de Blois, et fit à cette Société de nombreuses communications. Nommé à deux reprises président, en 1837 et en 1839, il prononça, en 1841, un discours sur *les Devises*, publié dans les *Mémoires de la Société*.

C'est à Fossé qu'il s'éteignit, dans des sentiments très

1. Discours de M. du Plessis, cité plus haut. *Mémoires de la Société des sciences et des lettres de Blois.*

2. *Notice manuscrite sur la vie du comte de Salaberry.*

chrétiens, le 7 janvier 1847, « s'honorant encore de la flétrissure dont il avait été frappé dans la personne de son fils pour le voyage de Londres [1], » près de Henri de France.

Un oncle de M. de Salaberry, Dufort, comte de Cheverny, dont les *Mémoires* si goûtés sur les règnes de Louis XV et Louis XVI ont révélé la pénétration d'esprit et la sûreté de jugement, parle ainsi de son neveu, alors à la fleur de l'âge : « Il annonçait, dit-il, de l'esprit, du cœur et un caractère. »

Ces trois mots résument le comte de Salaberry; car, s'il a été un fin lettré, s'il a toujours su faire preuve d'esprit, ce n'a jamais été au détriment du cœur, et il fut « un caractère. » Sa vie tout entière a été un exemple d'honneur, de loyauté et de dévouement au pays. Ceux qui lui ont succédé n'y ont pas failli, et conservent fidèlement eux-mêmes ce patrimoine attaché à leur nom.

1. *Biographie universelle* de Michaud. Article de M. Hippolyte de la Porte.

BIBLIOGRAPHIE

1799. Voyage à Constantinople, en Italie et aux îles de l'Archipel par l'Allemagne et la Hongrie. Paris, Maradan, an VII, in-8.

1802. Mon voyage au Mont-d'Or, par l'auteur du « Voyage à Constantinople. » Paris, Maradan, an X, in-8 avec figures.

1805. Nouvelle édition du précédent ouvrage.

1806. Corisandre de Beauvilliers, roman historique. Blois et Paris, Demonville, 1806, 2 vol. in-12.

(Abrégé de l'anglais de Charlotte Smith ; attribué à Mme de Salaberry.)

1808. Lord Wiseby, ou le Célibataire, par l'auteur du « Voyage à Constantinople. » Paris, Maradan, 1808, 2 vol. in-12.

Savinien Rivets, ou le Danger d'aimer. Traduction d'un roman anglais de Sophie Lee, par Mme de S***. Paris, Dentu, 1808, 5 vol. in-12.

1813. Histoire de l'empire ottoman, depuis sa fondation jusqu'à la paix d'Yassi en 1792. Avec des pièces justificatives et une carte de l'empire ottoman. Paris, Le Normant, 1813, 4 vol. in-8.

1815. Opinion sur le rapport de la commission centrale au sujet de la réduction des tribunaux et de la suspension de l'institution royale des juges pendant un an, prononcée dans la séance du 24 novembre 1815 par le comte de Salaberry. Paris, de l'impr. de Le Normant, 1815, in-8 de 8 pages.

1816. Opinion sur le projet de loi d'amnistie, prononcée à la tribune, le 4 janvier 1816. Paris, de l'impr. de Le Normant, 1816, in-8 de 12 pages.

Proposition de M. le comte de Salaberry...., concernant les épurations dans plus d'un ministère et dans les grandes administrations, développée à la tribune le 18 mars. Paris, de l'impr. de Gueffier, 1816, in-8 de 16 pages.

1817. Opinion contre le projet de loi concernant la liberté individuelle, prononcée dans la séance du mardi 14 janvier 1817. Paris, de l'impr. de Patris, 1817, in-8 de 16 pages.

Opinion contre la loi sur les journaux. Paris, de l'impr. de Patris, 1817, in-8 de 16 pages.

Opinion sur l'aliénation des biens de l'État. Paris, de l'impr. de Patris, 1817, in-8 de 24 pages.

Histoire de l'empire ottoman.

Deuxième édition.

1818. Opinion contre la loi du recrutement (prononcée dans la séance du 15 janvier 1818). Paris, de l'impr. de L.-G. Michaud, 1818, in-8 de 8 pages.

1819. Opinion sur l'admission ou l'expulsion du quatrième député nommé par le département de l'Isère, à la session de 1819. Paris, de l'impr. de Le Normant, 1819, in-8 de 8 pages.

Développements des principes royalistes au 20 janvier 1816. Paris, de l'impr. de Le Normant, 1819, in-8 de 16 pages.

Suite, paginée de 17 à 28.
Autre suite, paginée à partir de 29, formant 56 pages.
Troisième suite formant 20 pages.
Ce sont six extraits du *Conservateur.*

1821. Essais sur la Valachie et la Moldavie, théâtre de l'insurrection dite Ypsilanti. Paris, Simonot et Giraudet 1821, in-8 de 60 pages.

Opinion au sujet de la pétition n° 8 du feuilleton, présentée par le sieur Haly qui demande une loi qui, sans recourir à la censure, prescrirait aux jounaux les limites dont ils ne pourraient s'écarter (prononcée à la séance publique du 8 décembre 1821). Paris, de l'impr. de Boucher, 1821, in-8 de 4 pages.

1822. Rapport de M. le comte de Salaberry sur la pétition des propriétaires qui environnent les murs d'enceinte de la ville de Paris, fait à la Chambre des députés le 22 décembre 1821; suivi de l'opinion de M. de Girardin et de celles de plusieurs autres députés; le tout extrait du *Moniteur* du 23 décembre, et accompagné de quelques observations. Paris, de l'impr. de Dondey-Dupré, 1822, in-4 de 28 pages.

1828. La première aux hommes de bien, par M. le comte de Salaberry. Paris, de l'impr. de Poussielgue-Rusand, 1828, in-8 de 8 pages, extrait du « Conservateur de la Restauration. »

La seconde aux hommes de bien. Id., ibid., 16 pages.

La troisième aux hommes de bien. De l'esprit de doctrines et de l'esprit de révolution. Paris, de l'impr. de Béthune, 1828, in-8 de 16 pages.

La quatrième aux hommes de bien. Des élections, des électeurs et du système électoral. Paris, de l'impr. de Poussielgue-Rusand, 1828, in-8 de 12 pages.

La cinquième aux hommes de bien. Suite de la lettre sur le système électoral, les élections et les électeurs. Paris, de l'impr. de Béthune, in-8 de 16 pages.

La sixième aux hommes de bien. Du système déplorable. Paris, de l'impr. de Poussielgue-Rusand, in-8 de 16 pages.

La septième aux hommes de bien. Suite du Système déplorable. Id., ibid.

La huitième aux hommes de bien. Des Jésuites religieux, des Jésuites enseignants et des Jésuites politiques. Paris, de l'impr. de Béthune, in-8 de 16 pages.

La neuvième aux hommes de bien. Des Jésuites, etc.

(suite). Paris, de l'impr. de Poussielgue-Rusand, in-8 de 12 pages.

La dixième aux hommes de bien. Quelques mots à l'ordre du jour, et de la faveur populaire considérée comme moyen de révolution. Id., ibid., in-8 de 16 pages.

Loisirs d'un ménage en 1804. Nouvelles publiées par M. le comte de S***. Paris, Roret, 1828, in-12.

Ce volume renferme deux nouvelles : *le Mariage de convenances* et *le Projet de mariage ou Robertine et son cousin.*

1829. Opinion contre la loi dite de l'administration communale, et de l'organisation des conseils d'arrondissement et de département. Séance du 30 mars. Paris, de l'impr. de Setier, 1829, in-8 de 12 pages.

1838. Études littéraires pour servir à l'histoire de Blois et du Blésois, par M. le comte de Salaberry.

Dans les *Mémoires de la Société des sciences et des lettres de la ville de Blois*, t. III, pages 209-237.

1841. Discours sur les devises, lu à la séance publique du 3 septembre 1841, par M. le comte de Salaberry.

Dans les *Mémoires de la Société des sciences et des lettres de la ville de Blois*, t. VI, p. 258-276.

M. de Salaberry fit à la même Société un grand nombre de communications, mentionnées seulement dans les procès-verbaux. Nous citerons les suivantes :

Considérations historiques et morales sur les habitudes respectueuses.

De l'esprit paradoxal.

Des vanités anciennes et modernes.

Essai sur le rire.

Essai sur la lecture avant et après l'invention de l'imprimerie.

Discours philosophique et littéraire sur les diminutifs et les augmentatifs de la langue française.

Origine des temples.

Anecdotes sur les châteaux du département de Loir-et-Cher.

Des honneurs rendus aux gens de lettres.

Quarante-cinq ans de la vie du libraire Jackington, libraire millionnaire enté sur un cordonnier.

La traite des noirs et celle des blancs.
Discours littéraire et historique sur la connaissance de l'avenir.
Considérations sur la mémoire.
Origine des jeux.
Discours sur Pharamond.
Notice historique sur le château de Chaumont.
Un jugement en première instance sur les traducteurs et les traductions en vers et en prose.
Discours sur le visage.
Sur les allusions historiques et littéraires.
Le progrès de l'esprit humain en géographie.
Recherches sur Marion Delorme.
Dissertation sur l'ennui.

AVANT-PROPOS

Le ministère royaliste du 8 décembre[1] 1821 est sorti de la Chambre introuvable, puisque ses chefs, MM. de Villèle et de Corbière, ont été chargés de le former par le roi Louis XVIII. Il est donc important que les gens de bien connaissent le symbole politique de la Chambre de 1815 et que ce document, intitulé : *Déclaration des principes de la majorité de la Chambre des députés, session de 1815-1816*, précède ces essais historiques.

Nous, membres composant la majorité de la Chambre des députés, nous sommes unis dans les principes dont nous faisons ici une déclaration formelle.

1° Nous sommes inviolablement attachés au gouvernement monarchique et à la succession légitime dans la maison régnante.

2° Nous adoptons entièrement les principes de la charte constitutionnelle, la division des pouvoirs qu'elle a établie, nous en maintiendrons l'esprit, et nous entrerons dans les conséquences de ce système, comme le remplacement le plus raisonnable des anciennes institutions, libertés et franchises.

3° Nous ne jetons un regard sur le passé que pour y puiser des leçons pour l'avenir, et nous voulons placer entre l'un et l'autre un mur d'airain; aussi, nous entendons que tous les

1. La date de nomination est du 14 et non du 8 décembre.

intérêts créés par la Révolution, *qui sont finis*, soient irrévocablement assurés. Nous maintiendrons l'abolition des privilèges et des ordres privilégiés *comme corps politiques*, l'égalité de droit et d'admission dans tous les emplois, la liberté des cultes, l'aliénation des propriétés opérée dans le cours de la révolution, quelle que soit leur origine. Mais nous n'admettons plus dans l'avenir l'application des principes qui ont créé ces intérêts, et nous les regardons comme destructeurs de tout gouvernement.

4° Nous pensons que les nouvelles institutions doivent être replacées sur les bases anciennes de la religion et de la morale. C'est ainsi que nous voulons donner au clergé une honorable indépendance, l'administration des biens et des revenus qui peuvent la lui assurer, enfin une existence civile, et en même temps l'associer aux intérêts les plus chers de l'État, en lui faisant prendre part à l'éducation publique et à l'administration des établissemens consacrés au soulagement et au bien de l'humanité.

5° D'après les mêmes principes, nous désirons replacer les lois sous une plus grande influence morale, en effacer ce qui est contraire à la religion, ce qui est opposé à la morale publique, enfin tout ce qui ne convient point à l'esprit de la monarchie. C'est sous ce rapport que nous demandons une revision des lois civiles et criminelles. Nous désirons en même temps que la magistrature soit environnée d'une plus grande considération.

6° [1] Nous croyons que la police ne doit être ni une inquisition odieuse ni un agent du despotisme, mais une garantie pour le trône, et une magistrature qui serve à éclairer le gouvernement sur l'opinion publique et l'opinion sur ses véritables intérêts. Nous croyons que la presse doit être libre, mais que des lois très sévères doivent en réprimer les délits.

7° Nous voulons que la France recouvre l'entière indépen-

1. Cette déclaration de principes avait servi de texte à mes articles dans le *Conservateur*. J'avais traité ce 6° paragraphe quand le *Conservateur* a cessé ses travaux, à la rentrée du duc de Richelieu aux affaires, en 1820.

dance de son territoire, et le premier moyen que nous concevons pour y parvenir est l'exécution pleine et entière des engagemens contractés avec les puissances alliées. Nous porterons le même concours à conserver d'honorables alliances, et nous regardons la prospérité des peuples qui nous environnent comme le premier gage de celle de la France.

8° Désabusés à jamais de tout esprit d'agrandissement, nous voulons une armée nationale dont le cadre, resserré en temps de paix, puisse, en cas de guerre, ouvrir ses rangs à de nombreux soldats; et nous ne regardons point comme perdus pour la France les militaires qui, entraînés par des circonstances extraordinaires, *ont dû être licenciés*, mais qui, par leurs talens et leur bravoure, contribueront à la sûreté de la patrie comme ils ont contribué à sa gloire.

9° Nous pensons que les intérêts des administrés doivent en plus grande partie être confiés à des administrations locales, soit municipales, soit départementales ou provinciales; que la centralisation de toutes les affaires et de toutes les décisions dans les ministères est abusive; qu'elle doit cesser, en confiant des pouvoirs plus étendus aux agens supérieurs délégués par les ministres. C'est dans ces principes que nous demandons la revision des lois administratives.

10° Nous plaçons dans la perspective l'espoir de diminuer l'impôt foncier, d'en régulariser la répartition, d'établir les impôts indirects d'une manière moins uniforme, mais mieux adaptée aux intérêts et aux habitudes des différentes parties du territoire, enfin d'établir un bon système de crédit public.

11° Nous ne négligerons aucune occasion d'embrasser les intérêts du commerce, des arts, de la civilisation, de développer toutes les industries et tous les genres de production, et de répandre toutes les lumières qui les perfectionnent. Nous désirons que les diverses classes d'arts et métiers forment des associations libres pour assurer leurs intérêts et maintenir parmi leurs membres une discipline utile, sans que ces établissemens puissent gêner l'indépendance de l'industrie.

12° Nous définissons enfin ce que nous entendons par *épuration :* c'est l'éloignement des emplois publics des hommes qui, depuis la Restauration, se sont établis en état de guerre avec la légitimité du trône et les principes de la morale. Nous admettons encore ici des restrictions : nous demandons que les emplois de premier ordre, tels que ceux de *ministres, gouverneurs, directeurs généraux, conseillers d'État*, ne soient occupés que par ceux qui, depuis la Restauration, et particulièrement pendant les trois mois de l'usurpation, ont donné au Roi des preuves et des garanties positives de leur attachement; que les emplois de second ordre, tels que ceux de *préfets, commandans, premiers magistrats, chefs d'administration, receveurs généraux*, ne soient confiés qu'à ceux qui, au moins, n'ont à se reprocher aucun acte contre l'autorité royale depuis la Restauration; enfin qu'on éloigne des emplois inférieurs ceux dont la conduite est contraire à la morale et à la probité.

13° En émettant ces principes et ces vœux, la majorité de la Chambre des députés ne perd point de vue dans quelles bornes est resserrée la part qu'elle peut prendre à leur accomplissement. Elle désire donc que le ministère du Roi, *uni* dans les mêmes principes, lui propose, suivant le temps et les circonstances, les moyens de les appliquer. Il trouvera en ce cas dans la majorité un concours franc, entier, désintéressé, mais aussi une opposition ferme et constante à toute application de principes contraires.

Fait à Paris, le 20 janvier 1816.

(Extrait du *Journal général de France* du 25 mars 1816.)

SOUVENIRS POLITIQUES

> Quoique je sache bien que dire la vérité sans déguisement, c'est offenser presque tout le monde et risquer de déplaire à ses amis comme à ses ennemis.

LIVRE PREMIER

CHAPITRE PREMIER

Chute du ministère Richelieu. — Le nouveau ministère. — Ses premiers actes. — Ses adversaires : M. de Lalot. — Mort du duc de Richelieu; son caractère. — Difficultés que rencontre le nouveau ministère. — Le congrès de Vérone. — La démission de M. de Montmorency. — M. de Chateaubriand ministre. — Son portrait, son caractère. — M. de Villèle président du Conseil. — Bertin de Vaux, prétendu conseiller de M. de Villèle. — La guerre d'Espagne. — État intérieur de la France dans l'hiver de 1823. — Le maréchal duc de Bellune. — Conspiration militaire de 1823. — Départ du duc de Bellune, nommé major général. — Incident qui retarde son arrivée à Bayonne. — Retour inopiné du duc de Bellune. — Cancans à Paris. — Le général Digeon, ministre de la guerre par intérim. — L'administration de la guerre sous le ministère du duc de Bellune. — Le marché Ouvrard.

Le 8[1] décembre 1821, le ministère Richelieu a fini, le ministère royaliste a commencé. On demandait com-

1. Les ministres donnèrent leur démission le 8, mais leur retraite officielle est du 12. La nomination des nouveaux ministres eut lieu le 14 et parut au *Moniteur* du 15 décembre.

ment et pourquoi des ministres dépareillés, comme Pasquier [1] et de Serre [2], Richelieu [3] et Siméon [4], Portal [5] et Latour-Maubourg [6], et M. Roy [7], brochant sur le tout, ont pu s'entendre pour se retirer simultanément.

Qu'y a-t-il donc d'étonnant que le ministère dit Richelieu, si gauchement attaqué en masse, quoi qu'en prétende M. de Lalot [8] *mon adresse*, si heureusement attaqué en le divisant par un infiniment petit qui est moi (j'en appelle à feu M. de Richelieu et à M. le baron Pasquier, qui ont eu la bêtise de le dire dans leur naïf dépit; sans cela je ne le saurais pas), qu'y a-t-il d'étonnant que ce ministère solidaire ait cru ledit M. Pasquier, quand il leur a proposé de faire une retraite générale? Il lui a suffi

1. Étienne-Denis, baron, puis duc Pasquier, ministre de la guerre par intérim du 9 juillet au 28 octobre 1815, ministre de la justice du 19 janvier 1817 au 29 décembre 1818, ministre des affaires étrangères du 19 décembre 1819 au 14 décembre 1821, chancelier de France en 1837; né en 1767, mort en 1862.

2. Pierre-François-Hercule, comte de Serre, ministre de la justice du 30 décembre 1818 au 14 décembre 1821, ambassadeur à Naples en janvier 1822; né en 1776, mort le 21 juillet 1824.

3. Armand-Emmanuel-Sophie-Septimanie du Plessis, duc de Richelieu, ministre des affaires étrangères et président du Conseil du 26 septembre 1816 au 29 décembre 1818, rentré au pouvoir du 20 février 1820 au 14 décembre 1821; né en 1766, mort le 17 mai 1822.

4. Joseph-Jérôme, comte Siméon, député de 1815 à 1821, ministre de l'intérieur du 21 février 1820 au 14 décembre 1821, pair de France le 25 octobre 1821; né en 1749, mort en 1842.

5. Pierre-Barthélemy, baron Portal, député de 1818 à 1821, ministre de la marine et des colonies du 29 décembre 1818 au 14 décembre 1821, pair de France le 13 décembre 1821; né en 1765, mort en 1845.

6. Marie-Victor-Nicolas de Fay, marquis de Latour-Maubourg, général de division, pair de France le 4 juin 1814, ministre de la guerre du 9 novembre 1819 au 14 décembre 1821; né en 1768, mort en 1850.

7. Antoine, comte Roy, député de la Seine, ministre des finances du 7 au 28 décembre 1818, et de nouveau du 19 novembre 1819 au 13 décembre 1821, pair de France le 14 décembre 1821; né en 1764, mort en 1847.

8. Charles-François-Louis, vicomte de Lalot, député de la Marne de 1820 à 1824 et de la Charente de 1827 à 1831; né en 1772, mort en 1842.

de leur dire : « Nos hommes, nos amis et les amis de nos « amis sont partout : nous gouvernerons de la rue ; avant « deux mois on reviendra à nous, et nous reviendrons « tous comme indispensables. »

M. Pasquier n'est pas inventif ; c'était la même jonglerie, le même langage du ministère Fouché, quand il a fui à l'aspect de la Chambre introuvable ; tous leurs amis sont restés dans la maison, et, dans le ministère même, il n'y avait de royalistes que M. de Vaublanc [1], le duc de Feltre [2] et M. du Bouchage [3] ; ils sont tous trois descendus l'un après l'autre pour faire place, Dieu sait à qui ; et l'ordonnance du 5 septembre s'en est suivie, avec tous ses agréments et ses conséquences [4]. En décembre 1821, mêmes calculs, mêmes espérances chez les barons Pasquier et Mounier [5], car le baron Siméon était le mannequin : seulement ils se sont trompés. Je trouve du moins et je saisis une occasion de dire du bien de M. Pasquier, personnellement parlant, non pas de M. Pasquier l'homme d'État, mais de M. Pasquier fonctionnaire livré à lui-même. Il a été préfet de police ; il y a, dans cette administration, beaucoup de détails et de décisions laissées à l'arbitraire : à l'égard des individus, je crois pouvoir

1. Vincent-Marie Viénot, comte de Vaublanc, ministre de l'intérieur du 4 septembre 1815 au 8 mai 1816, député du Calvados de 1820 à 1827 ; né en 1756, mort en 1845.

2. Henri-Jacques-Guillaume Clarke, duc de Feltre, pair de France le 4 juin 1814, ministre de la guerre du 12 mars 1815 au 12 septembre 1817 ; né en 1765, mort le 28 octobre 1818.

3. François-Joseph Gratet, vicomte du Bouchage, lieutenant général, ministre de la marine du 24 septembre 1815 au 23 juin 1817, pair de France le même jour ; né en 1749, mort le 11 avril 1821.

4. Il est inexact que la retraite du duc de Feltre et du vicomte du Bouchage ait précédé l'ordonnance du 5 septembre.

5. Claude-Philibert-Édouard, baron Mounier, pair de France le 5 mars 1819 ; né en 1784, mort en 1843. — Il était directeur général de l'administration départementale de la police et disposait de toutes choses au ministère de l'intérieur.

assurer que M. Pasquier a exercé cet arbitraire paternellement[1].

Soyons vrais, et parlons franchement : tous les gens de bien appelaient à des portefeuilles M. de Villèle[2], M. de Corbière[3], M. le duc de Bellune[4]. Les royalistes n'espéraient pas plus ni mieux. A l'insufflation de Pasquier, M. de Richelieu en tête laissa donc six démissions sur la table du Roi. Louis XVIII fit appeler M. de Villèle et M. de Corbière, dont l'intimité offrait, depuis qu'ils avaient paru en 1815, la garantie d'un homme parfait dans deux amis aussi remarquables par leurs talents et leurs qualités, quoiqu'ils diffèrent de tempérament et de manières. S'entendant sur tous les points, leur esprit faisait présager celui qui dominerait et dirigerait le gouvernement, M. le duc de Bellune, que le vœu général leur adjoignait. La confiance de la France monarchique laissait à ces trois notabilités le soin d'appeler des collègues homogènes d'intentions et de sentiments. M. de Peyronnet[5] a été nommé à la justice, M. de Montmorency[6] aux affaires étrangères, M. de Clermont-Tonnerre[7] à la marine. C'était

1. Voir note A, à la fin du chapitre, p. 45.

2. Joseph, comte de Villèle, né en 1773, mort en 1854.

3. Jacques-Joseph-Guillaume-François-Pierre, comte de Corbière, né en 1766, mort en 1853.

4. Claude-Victor Perrin, duc de Bellune, maréchal de France, ministre de la guerre du 14 décembre 1821 au 10 octobre 1823; né en 1766, mort en 1841.

5. Pierre-Denis, comte de Peyronnet, député du Cher, puis de la Gironde de 1820 à 1827, ministre de la justice du 14 décembre 1821 au 5 janvier 1828, pair de France le 4 janvier 1828, ministre de l'intérieur le 19 mai 1830; né en 1778, mort en 1854.

6. Matthieu-Jean-Félicité, vicomte puis duc de Montmorency, maréchal de camp, pair de France le 17 août 1815, ministre des affaires étrangères du 24 décembre 1821 au 22 décembre 1822; né en 1767, mort le 24 mars 1826.

7. Aimé-Marie-Gaspard, marquis puis duc de Clermont-Tonnerre à la mort de son père, lieutenant général, pair de France le 17 août 1815, ministre de la marine du 14 décembre 1821 au 3 août 1824, ministre de la guerre du 11 août 1824 au 4 janvier 1828; né en 1769, mort en 1837.

assurément là un ministère identique, composé, aux yeux de tout bon Français, de tout homme sans prévention, composé, dis-je, de tous les éléments et conditions monarchiquement désirables. Il s'agissait de trouver des ministres capables et dévoués, et qui s'entendissent bien ensemble. N'interrogeons point des amours-propres blessés, des ambitions déçues, des mérites relatifs pesés et non admis : nous ne sommes point dans ces siècles d'abnégation et de modestie où Pedarete, rejeté du Sénat, se contentait de dire : « Je félicite Sparte d'avoir trouvé trois cents citoyens préférables à moi. » C'est à la révolution et aux révolutionnaires qu'il faut demander s'ils n'ont pas cru, à leur grand désespoir, que le ministère formé en décembre 1821 était un aérolithe monarchique et religieux, tombé du ciel pour notre salut.

Je vais énumérer, de mois en mois, tous les actes, établir tous les faits ; je dis les faits, parce que c'est la seule et vraie manière de repousser dignement les mensonges systématiques avec lesquels le Bertin de Vaux [1], ma commère Michaud [2] et autres fourbes ou insensés calomnient tous les matins. « Le Roi, la charte et les honnêtes gens, » voilà ma devise, commune avec les amis pour qui je consigne dans ces pages ce que je crois être la vérité : peu m'importe à qui je déplairai.

Voici un mot d'ordre des malins : « Depuis dix ans, le ministère n'a rien fait de monarchique. » Ce mensonge absurde commence par rendre le ministère royaliste responsable de ce qui ne s'est pas fait, ou plutôt du mal qui

1. Louis-François Bertin de Vaux, secrétaire général du ministère de la police de 1815 à 1817, député de Seine-et-Oise de 1820 à 1821 et de 1824 à 1832 ; né en 1771, mort en 1842.

2. Joseph-François Michaud, auteur de *l'Histoire des croisades*, membre de l'Académie française, député de l'Ain de 1815 à 1816, directeur de la *Quotidienne ;* né en 1767, mort en 1839.

s'est fait avant son avènement au pouvoir, qui date du mois de décembre 1821. Livrons au mépris cette injuste affectation de confondre les époques, et datons du 8 décembre 1821.

Que n'a pas fait, au contraire, le ministère royaliste depuis 1821 (8 décembre), eu égard à son pouvoir, qui n'égalait pas humainement sa bonne volonté? Il avait à opérer sur les personnes et sur les choses : commençons l'examen de l'expulsion des personnes. Les amis des ennemis étaient presque partout, mais beaucoup étaient inamovibles, c'est-à-dire donc inexpugnables.

Le premier acte, le premier bienfait du ministère royaliste a été de ramener l'union et la confiance dans la famille royale, dont l'odieuse tactique des ministres précédents avait été de diviser et d'aliéner les augustes membres. Le Roi et sa famille ont été réconciliés et réunis.

Redescendons : M. de Peyronnet a chassé Graverend [1] et Rebut de la Rhoëllerie [2]; il les a remplacés par M. de Vatimesnil [3] et par M. Rives [4].

M. de Villèle a neutralisé l'influence de Legrand [5] et de Lefèvre [6] dès son entrée au ministère. Il est vrai que ce n'est que quelques mois plus tard qu'il les a chassés; mais son cabinet particulier pour le personnel et la nomi-

1. Le Graverend, directeur des affaires criminelles et des grâces.

2. Rebut de la Rhoëllerie, chef de la division du personnel au ministère de la justice.

3. Antoine-François-Henri Lefebvre de Vatimesnil, avocat général près la cour de cassation, ministre de l'instruction publique du 1er février 1828 au 5 août 1829, député du Nord le 23 juin 1830; né en 1789, mort en 1860. — Voir sur M. de Vatimesnil la note B, à la fin du chapitre, p. 47.

4. Dominique-Armand Rives, avocat à la cour de cassation de 1820 à 1822, directeur des affaires criminelles et des grâces au ministère de la justice de 1822 à 1830, conseiller à la Cour de cassation en 1830; né en 1789, mort en 1863.

5. Legrand, directeur des contributions directes.

6. Lefèvre, secrétaire général du ministère des finances.

nation de Cornet d'Incourt [1] à la direction des contributions directes ont très monarchiquement mis les vendeurs hors du temple.

M. de Corbière, ou plutôt le ministère royaliste, est-il resté en arrière au ministère de l'intérieur?

Dès son arrivée, il a mis, bon gré mal gré, les intrigants à la porte, la police monarchique en bonnes mains; M. de Lavau [2] à Paris, M. de Franchet [3] partout. M. le maréchal a couronné l'œuvre en remplaçant le général de France [4] par le général Coutard [5], M. de Rochechouart [6] par M. de Wall [7], enfin le colonel Tassin [8] par M. de Foucaud [9]. La conduite de tous ces fonctionnaires a surpassé même les espérances.

Pour les personnes et pour les choses, aucune résolution importante n'est prise qu'en conseil. Qu'importe donc que de misérables Thersites crient à l'incapacité, à la

1. Charles-Nicolas Cornet d'Incourt, député de la Somme de 1815 à 1827; né en 1773, mort en 1832.

2. Guy de Lavau, conseiller à la cour royale le 10 octobre 1811, préfet de police le 20 novembre 1821; né en 1788, mort en 1874. — Voir note C à la fin du chapitre, p. 47.

3. François Franchet d'Esperey, emprisonné à Sainte-Pélagie, de 1811 à 1814, comme ayant été l'un des intermédiaires du pape pour répandre la bulle interdisant à l'abbé Maury d'occuper le siège archiépiscopal de Paris, secrétaire d'ambassade au congrès de Vienne, chef du personnel au ministère des postes en 1816, directeur de la police en 1821, conseiller d'État en service extraordinaire; né en 1778, mort en 1853.

4. Le comte de France, lieutenant général, commandant la première division militaire.

5. Louis-François, comte Coutard, lieutenant général, député de la Sarthe de 1827 à 1830, gentilhomme de la chambre du Roi; né en 1769, mort en 1852.

6. Louis-Léon-Victor, comte de Rochechouart, maréchal de camp, commandant la ville de Paris et le département de la Seine.

7. Le comte Wall, maréchal de camp le 4 juin 1814, nommé en 1823 commandeur de l'ordre de Saint-Louis, aide de camp du roi Charles X.

8. Le colonel baron Tassin, commandant la gendarmerie du département de la Seine.

9. Jacques-Jean, vicomte de Foucauld de Malembert, né en 1771.

nullité ? La France rend et rendra justice aux intentions et aux actes du ministère tout entier ; qui peut, sans encourir le mépris, refuser sciemment la reconnaissance, la confiance et l'attachement au ministère royaliste, dont les services se comptent mois par mois ?

Ils n'ont rien fait depuis trois ans, ces probes et prévoyants citoyens, pour la gloire et l'affermissement du trône et de l'autel !

D'abord, le principe de la religion, comme base de l'éducation publique, a été posé par le choix d'un prélat pour chef de l'instruction, pour grand maître de l'Université, par la nomination enfin d'une notabilité ecclésiastique et monarchique telle que M. l'abbé Frayssinous [1].

Ici une petite digression : Honneur au ministère solidaire qui a conçu une idée aussi positive, aussi élevée. Il paraît que M. de Lalot n'a pas partagé l'enthousiasme admiratif de la France royaliste et chrétienne. Avec tout le respect que je lui refuse, il me permettra de lui faire sa part : il est difficile à contenter, s'il se plaint. M. de Lalot est un honnête homme, un homme religieux, un royaliste éprouvé, chez lequel les principes, le courage et un genre de talent méritent beaucoup d'estime et de considération. Comme royaliste, il est connu pour sa belle conduite, dès l'âge de dix-huit ans, au 13 vendémiaire, à la section Lepelletier ; comme littérateur, je ne connais de lui aucun corps d'ouvrage, mais d'excellents articles dans l'excellent recueil publié par M. Michaud en 1806, et intitulé : *Variétés morales, politiques et littéraires, ou le spectateur français au XIXe siècle*. Mais le tribut qui lui est

1. Denis-Antoine-Luc, comte Frayssinous, évêque d'Hermopolis, pair de France le 31 octobre 1822, membre de l'Académie française, ministre des affaires ecclésiastiques du 26 août 1824 au 3 mars 1828 ; né en 1765, mort en 1841.

dû comme écrivain, M. de Lalot s'est dit, ou laissé dire, qu'on le lui devait comme publiciste, comme homme d'État, comme administrateur. Il n'y a pas d'analogie ; il est dans la nature du public de refuser à ceux qui exigent. On a blâmé le connétable Anne de Montmorency d'avoir fait mettre sur les lambris d'Écouen : *Omnia dat qui justa negat arma tenenti;* encore y a-t-il à dire à la comparaison. Anne de Montmorency tenait l'épée de connétable et demandait beaucoup ; il avait même beaucoup obtenu. Pour appuyer ses prétentions, M. de Lalot ne dit pas : *mon épée;* il dit : *mon adresse;* le poète Lemierre disait : *mon vers*, avec bien plus juste raison ; car l'adresse de M. de Lalot a été la noble et éloquente expression de la réprobation générale contre le ministère dit Richelieu. Aussi son adresse a-t-elle été celle de la commission ; ayant été adoptée par elle, elle est devenue l'adresse de la Chambre aux mêmes conditions ; son droit à la propriété exclusive est aussi risible que mal fondé.

Quoi qu'il en soit, pour arriver aux griefs qu'on suppose à M. de Lalot contre le gouvernement, ingrat à son égard, selon son dire, c'est de la place de grand maître de l'Université qu'il a été, dit-on, question. S'il en est ainsi, il est difficile qu'un homme de bien se soit mis d'une plus déplorable manière en contradiction avec ses propres principes. Dans un temps où l'on appelait bien ce qui était moins mal, tous les amis de l'ordre ont applaudi à la nomination de M. de Fontanes [1] comme grand maître de l'Université. S'il ne se fût agi que de choisir une notabilité séculière pour lui succéder, M. de Lalot avait des droits relatifs, exclusifs même s'il le veut ; mais, dès

1. Jean-Pierre-Louis, marquis de Fontanes, grand maître de l'Université le 17 mars 1808, pair de France en 1814 ; né en 1757, mort le 17 mars 1821.

l'instant que le gouvernement du roi s'est senti assez osé pour être religieusement royaliste, et qu'il a proclamé grand maître de l'Université M. l'abbé Frayssinous, c'est tout dire ; M. de Lalot, l'homme d'État, n'avait rien à regretter ni à dire. Cependant il méritait d'être placé convenablement : quelle place lui convenait ?.... je l'ignore; quoi qu'il en soit : *inde iræ.* Je faisais ces réflexions à un de mes collègues, qui a sur la tête une huppe comme M. de Lalot ; je ne croyais pas qu'il l'avait dans l'esprit et de la même dimension. « Je suis tout à fait de votre sentiment, « me dit M. de Frenilly [1]; on m'avait promis cette place « de chef de l'instruction, mais le choix de M. l'abbé Frays- « sinous m'a fait un devoir d'approuver cette préférence. » J'avoue que ni cette prétention ni cette modestie ne me seraient tombées sous le sens dans la personne du collègue.

Nil admirari prope res est una, Numici.... (Hor.).

Quelques mécomptes d'amour-propre ou d'ambition se joignaient à ceux de M. de Lalot ; mais ils n'étaient que des éléments épars de coalition, nous la signalerons plus tard : suivons la marche du gouvernement dans la sphère d'activité.

« Faisons ce que nous pourrons pendant cette session, « nous disait M. de Villèle en 1822 ; à la prochaine session « nous ferons ce que nous voudrons. » Tous les bons esprits se rappelleront avec reconnaissance que ce fut à cette époque qu'on essaya de faire cesser *le provisoire* [2] ; on osa, pour y parvenir, proposer à une Chambre dont la majorité pouvait s'appeler française, malgré les mésal-

1. Auguste-François Fauveau, baron de Frenilly, député de la Loire-Inférieure de 1821 à 1827, pair de France le 5 novembre 1827 ; né en 1768, mort en 1848.

2. Il s'agit des douzièmes provisoires qu'on votait quand le budget n'avait pas été adopté en temps utile.

liances, on osa proposer deux sessions dans la même année : le *provisoire* cessa. On dut cet acte du plus haut intérêt à la confiance que méritait M. de Villèle, et lui seul était capable d'amener cette entreprise à bien. Les détracteurs de ce ministre ne sont pas dignes de le juger : la plupart de ceux qui l'invectivent, aussi scandaleusement qu'injustement, ignorent les faits ou font semblant de les ignorer. Il y en a beaucoup que je puis dire, que je dois dire pour l'instruction des hommes de bonne volonté qui ne désirent que de savoir la vérité : qu'on veuille bien se persuader que je ne suis l'apologiste officiel de personne : je ne suis que l'historien des faits parvenus à ma connaissance ; l'homme impartial et bien intentionné conclura.

Jusqu'à l'époque de la restauration espagnole et celle de la septennalité de la Chambre des députés, le temps et le pouvoir manquaient au gouvernement. Au dedans, au dehors, tout était embarras, écueils qu'il fallait éviter, vents contraires qui forçaient à louvoyer : le vaisseau était bon, les pilotes aussi, mais l'équipage !!.... il fallait donc, bon gré, mal gré, avec des éléments très équivoques dans l'armée, dans l'ordre judiciaire, dans toutes les administrations, même dans tous les ministères, donner une direction monarchique à tous ceux qui avaient des fonctions du gouvernement. Une seule spécialité marchait bien : l'habileté du ministre des finances, son exactitude à remplir les engagements, donnèrent le premier symptôme des prospérités par la confiance progressive de l'Europe et de la France, et je ne dis pas la fondation, mais l'accroissement du crédit public, la hausse de nos rentes et la supériorité reconnue de nos forces financières.

Au milieu de toutes ces difficultés, nées des choses et entretenues par les personnes, l'ensemble, l'union du ministère fit sa force : il dût être habile, il fut habile, mais il fut heureux. Vers ce temps, M. de Richelieu mourut. Le cardinal de Bausset [1] a fait son oraison funèbre. Le portrait a été plus ressemblant, de la façon de Mme Guizot [2], dans le livre de Guizot [3], son lourd et digne époux :

J'ai parlé ailleurs de M. de Richelieu; je suis obligé d'en parler encore, non que j'aie en rien changé d'opinion, mais parce que jamais son caractère, sa position et le genre d'influence qui lui est propre ne se sont déployés aussi clairement, aussi complètement que dans le dernier ministère. C'est autour de lui qu'a tourné toute la politique ministérielle; je dis qu'elle a tourné autour de lui, car il en était le centre plutôt que le chef. M. de Richelieu n'est point un homme qui, pour atteindre à un but déterminé, se place à la tête d'autres hommes et les conduise; on l'entoure, mais on ne le suit pas, parce qu'il ne marche pas; il a en lui je ne sais quoi d'immobile qui le réduit souvent à servir d'obstacle, jamais de moyen; empêcher, c'est là, je ne dirai pas sa politique, mais une propriété de sa nature : elle a fait sa destinée. Le péril presse...., le mal sera grand.... M. de Richelieu survient; il ne dissipe point le péril, mais il en atténue l'imminence; il ne guérit pas le mal, il le fait même ou le laisse faire, mais il en préviendra l'excès; un bon comme un mauvais système, un bon comme un mauvais parti peuvent se servir de lui pour commencer, mais c'est là tout. Dans la vérité comme dans l'erreur, il s'arrête et résiste dès qu'on veut le mener vite et loin. C'est que sa conscience est droite, sa vue courte et son caractère faible. Franc et loyal, il peut s'engager assez vivement au début; que la situation s'embarrasse, que le cours des choses s'accélère, il se trouble et, se refusant aux conséquences de ses propres actes, se réfugie dans l'inaction. Ce

1. Louis-François de Bausset, pair le 17 août 1815, cardinal en 1817, créé duc le 4 septembre 1817; né en 1748, mort le 21 juin 1824.
2. Pauline de Meulan, mariée en 1812, morte en 1827.
3. François-Pierre-Guillaume Guizot, né en 1787, mort en 1874.

n'est pas qu'il craigne de se compromettre, c'est qu'il ne sait à quoi se décider ni comment agir ; il ne veut pas le mal et ne sait pas le bien. Ce qui est violent choque sa raison, ce qui est difficile la surpasse. Son immobilité n'est que l'expression de son doute ou l'aveu de son impuissance, et quand il en est réduit là, un seul sentiment s'empare de lui : c'est une sorte de dépit contre des choses et des peuples si peu maniables, si revêches à se laisser gouverner par un honnête homme qui, au fait, se soucie peu du pouvoir et ne l'a pris que pour les servir [1].

Quoi qu'il en soit, M. de Richelieu a été bien jugé, avant nous, par l'empereur de Russie, quand il répondait à Bergasse [2], qui le lui demandait pour être notre premier ministre en 1815 : « Vous n'en serez pas content. » M. le duc fut assez petit, assez borné pour se tourner contre la Chambre introuvable, qui lui fit trop d'honneur quand elle lui vota de confiance et séance tenante six millions de rente qu'il demandait sur sa simple caution, que nous croyons bêtement valoir la moustache du duc d'Albuquerque. M. de Richelieu, dans le peu de lignes qu'occupera sa vie dans l'histoire, passera à la postérité pour un eunuque en politique, en administration, en moralité. M. le duc ne sera noté que par l'ordonnance du 5 septembre, sa colique de 1818, et sa lâcheté criminelle dans le paiement de la créance Ouvrard [3], honteuse condition de la mésalliance de son propre neveu, d'un Rochechouart, avec la fille d'un fripon. La monarchie, le ministère royaliste ont recueilli les fruits de cette mort, second

1. *Des moyens de gouvernement et d'opposition dans l'état actuel de la France*, par Guizot, p. 41.
2. Nicolas Bergasse, député à la Constituante de 1789 ; né en 1750, mort en 1832.
3. Gabriel-Julien Ouvrard, munitionnaire ; né en 1770, mort en 1846.

bienfait de la Providence après la naissance du duc de Bordeaux; car, à la confusion des révolutionnaires et des demi-gens de bien en France, qui pensent qu'on peut croire au Roi et ne pas croire en Dieu, tout est miracle depuis quatre ans, depuis la mort de cet auguste et magnanime duc de Berry, dont l'agonie, surnaturellement prolongée, a mieux servi la religion et la monarchie que n'eût peut-être fait toute sa vie.

Manibus date lilia plenis. Ah! Dieu sait que je suis loin de vouloir blasphémer.

Vers l'époque de la mort de M. de Richelieu, suivons le ministère dans ses embarras du dehors et du dedans. Les conspirations de Belfort, de Saumur, de La Rochelle éclatent et sont comprimées et punies; dans ces circonstances, où les magistrats tels que M. de Marchangy [1] et M. Mangin [2] se sont montrés avec autant de courage que de talent, où les différents chefs de corps ont fait preuve de dévouement et de vigilance, où les hauts fonctionnaires dépendant du ministre de l'intérieur ont rivalisé avec la magistrature et l'armée de zèle et de fidélité, il y aurait de l'ingratitude à ne pas reporter les hommages à tous les ministres du Roi. Le danger est passé, et c'est là le ministère que l'on insulte aujourd'hui! Les misérables lazzaroni n'outragent leur saint Janvier que quand l'éruption de leur volcan ne cesse pas, et je compare, en demandant pardon aux lazzaroni, quoique le respect qu'on leur doit soit très relatif.

Les malins vont me crier : « Halte-là! vous confondez

1. Louis-Antoine-François de Marchangy, auteur de *la Gaule poétique*, substitut du procureur du Roi près la Cour royale en 1814, député du Nord de 1822 à 1824; né en 1782, mort le 2 février 1826.

2. Jean-Henri-Claude Mangin, conseiller à la cour de cassation, préfet de police en 1829; né en 1786, mort en 1835.

« le temps passé et le temps présent. Le ministère avait « alors dans son sein M. le vicomte de Montmorency et « M. le maréchal. Nous ne haïssons le ministère que de« puis la retraite de ces deux grands personnages, et, pour « personnifier, c'est le ministre des finances, c'est M. de « Villèle seul qui les a supplantés. » Je ne crois pas que les vrais ou faux admirateurs de M. de Montmorency et de M. le maréchal aient la prétention de me surpasser dans le respect et l'attachement que je leur porte et que je leur porterai toujours. Je n'en dirai pas davantage sur des hommes d'un si haut rang et d'un pareil mérite, je passe aux faits : je suis là sur mon terrain, et j'y appelle tous les hommes de bonne foi.

Le congrès de Vérone a été assemblé : les souverains, les ministres de la Sainte-Alliance ont dû délibérer sur la révolution espagnole et sur les moyens de réprimer l'insurrection militaire de l'île de Léon et ses suites. Le Piémont et le royaume de Naples relevaient de la grande métropole révolutionnaire, la France. L'Espagne en était une succursale renforcée. Le canon seul pouvait décider de cette querelle où il allait du salut et de la tranquillité de toute l'Europe ; la France, placée le plus près de la contagion, était sous tous les rapports la plus intéressée à la guerre, qui était inévitable et reconnue telle. Il ne s'agissait que du mode, le principe était posé. M. de Montmorency, ministre des affaires étrangères de France, partit avec des instructions arrêtées par le Roi et le conseil, et elles durent servir et servirent de règle à M. de Montmorency, ministre solidaire. Aussi M. de Montmorency, dont le thème était fait, vu la forme de notre gouvernement, eut-il à Vérone tout le succès qu'il était bien digne d'obtenir. Favorisé par le nom le plus illustré de France, par une figure aussi noble que son caractère, par l'aménité de ses mœurs, la simplicité de ses manières, par la franchise et la loyauté de son langage et de ses actions, M. de Montmorency dut s'attirer personnellement la considération de l'Europe, l'amitié des souverains, l'estime et l'intérêt universels. Quoi qu'il en soit, il fut décidé au congrès que, sur la réponse négative des Cortès à la déclaration de la Sainte-Alliance, tous les ambassadeurs se retireraient simultanément. Le conseil des ministres, sur le compte rendu de sa mission de la part de M. de Montmorency, se refusa à ce que l'ambassadeur de France se retirât en même temps que les autres. M. de Montmorency pensa à tort que son nom était compromis par ce refus, et s'obstina à offrir sa démission.

Ici quelques questions dont la solution ne sera pas sans intérêt. M. de Montmorency, ministre solidaire, pouvait-il, devait-il prendre un engagement aussi positif, n'y étant point autorisé par le Roi et son conseil de ministres?

Des motifs de politique et de position ne conseillaient-ils pas de retirer l'ambassadeur de France, le dernier de tous, et plusieurs semaines après les autres? D'abord, il était de devoir que le représentant du Roi de France, chef de la famille des Bourbons, donnât au nom de son maître une marque d'intérêt de plus que les autres au roi d'Espagne et à sa famille, ne fût-ce que pour épargner à ces malheureux princes et princesses quelques mauvais procédés, quelques outrages personnels, s'il était possible. Le roi d'Espagne avait laissé en France son ambassadeur jusqu'aux derniers moments de Louis XVI : il y avait donc ce précédent. Ensuite était-il sans avantage de laisser l'ambassadeur de France, sous un motif aussi spécieux et aussi naturel, être le témoin de ce que pouvait faire et dire l'ambassadeur anglais sir William

A' Court [1], aussi longtemps que possible dans ces importantes conjonctures? Sans doute ces motifs ont dû prévaloir dans le conseil, et n'influaient en rien sur l'exécution des mesures arrêtées à Vérone par l'Europe continentale. Elles n'ont pas dissuadé M. de Montmorency, qui a voulu trouver son nom compromis par le désaveu du rappel simultané de l'ambassadeur français : M. de Villèle avait donc raison de dire que M. de Montmorency avait donné sa démission *par enfantillage.*

Mais je prends la chose bien plus au sérieux. M. de Montmorency a-t-il réfléchi que tous les amis de la monarchie allaient exercer leur droit de lui demander compte d'une démarche majeure, d'une démission aussi légèrement motivée? Il est déplorable que ses vrais amis ne l'aient pas averti qu'en se retirant, il allait révéler aux révolutionnaires que le ministère royaliste, tombé du ciel en 1821, n'était pas, comme ils le craignaient, un aérolithe, un seul bloc, mais un assemblage de pierres d'agrégation superposées, susceptibles d'être entamées, remplacées même l'une après l'autre : voilà ce qu'il devait voir, voilà ce qu'il n'a pas vu; il n'y avait pas de compliments à lui faire.... Poursuivons. Ce ministre vertueux, et plus nécessaire qu'il ne savait, j'en ai dit la raison, dut être remplacé par un type d'opinion. Le ministère royaliste, dans la frayeur qu'on ne le soupçonnât de faire des concessions et de composer avec la *Minerve*, s'associa le *Conservateur*.

La retraite de M. le vicomte de Montmorency a été un malheur pour le ministère et pour la monarchie; l'admission de M. le vicomte de Chateaubriand [2] a été une faute presque nécessaire. Aux affaires étrangères, après

1. Sir William A' Court était ambassadeur d'Angleterre à Madrid.
2. François-René, vicomte de Chateaubriand, né le 4 septembre 1768, mort le 4 juillet 1848.

un nom illustre, il fallait un nom très éclatant. Ce n'est pas que, sous l'un comme sous l'autre, les gens sensés et observateurs s'attendissent à voir changer autre chose dans l'hôtel que les draps du lit de l'occupant, car la spécialité était la même. Mais M. de Montmorency, religieux, modeste et franc, a été, depuis son baptême, est et sera toujours dupe des flatteurs, des intrigants, des tartufes politiques et religieux surtout. L'hypocrisie est un hommage que le vice rend à sa vertu : il n'y a pas d'hypocrite religieux chez M. de Chateaubriand ; mais les mêmes flatteurs, les mêmes intrigants habitués de son prédécesseur partagèrent, dès le lendemain de son installation, avec tous les flatteurs et intrigants de sa propre clientèle, une place sur le sopha de Son Excellence en déshabillé, et un couvert à sa table. Je le répète, après M. de Montmorency, il fallait aux affaires étrangères un nom éclatant. Il était difficile d'en trouver un plus brillant dans la littérature : mais ce n'est qu'en Chine que les mandarins lettrés sont ministres.

M. de Chateaubriand [1] est le premier écrivain de notre époque ; c'est le fondateur d'une école qui n'admet pas de disciples : car le disciple veut renchérir sur le maître, et tout singe qui veut ou voudra imiter le style de M. de Chateaubriand ressuscitera Du Bartas. La plus brillante imagination, les plus heureuses conceptions exploitées par un style inimitable, toute la chaleur et le sentiment qu'un grand talent peut faire sortir de la tête exaltée d'un homme de génie sans que le cœur ait besoin d'y être pour rien, tout cela peut constituer le littérateur le plus distingué, l'écrivain sans égal, un membre par excellence de l'Académie française ; mais la nature, qui ne fait pas de miracles, s'est

1. Voir note D, à la fin du chapitre, p. 49.

toujours refusée à ce qu'un homme de lettres aussi supérieur eût des idées positives, eût l'esprit des affaires, eût enfin la protubérance d'un habile et sage ministre : le cardinal de Richelieu n'aurait pas fait *le Cid ;* Corneille n'aurait pas fait le traité de Westphalie ; le célèbre Addison perdit la réputation qu'il devait à ses ouvrages, dès qu'il fut secrétaire d'État, et la gloire de Bacon s'éclipsa dans la place de chancelier d'Angleterre ; mais la présomption, le défaut de jugement, l'habitude baptismale de la profusion, sous une fausse modestie une vanité effrénée, l'absence réelle de tout principe religieux, moral, même politique si vous rapprochez les actions du charlatanisme des mots, voilà les inconvénients que peut posséder l'homme célèbre, l'homme de lettres le plus universellement admiré, eût-il fait plus encore que *le Génie du christianisme, les Martyrs, l'Itinéraire à Jérusalem, la Monarchie selon la Charte*, eût-il fondé, dirigé, soutenu même à lui tout seul le symbole monarchique et religieux si bien appelé *le Conservateur*. Voilà les garanties qui datent de son adolescence, époque où il quitta la France, au grand contentement de sa famille, qu'affligeait son inconduite de jeune militaire ; voilà, dis-je, les garanties sous lesquelles cette notabilité littéraire entra en 1823 dans le ministère. M. de Chateaubriand, et cependant on devait le connaître et on le connaissait, n'a pas démenti une seule des conditions dont chacune nous condamnait à regretter plus péniblement encore le départ de M. de Montmorency, à chaque heure et à chaque jour. Il est entré dans le Conseil avec une seule idée fixe : celle de primer ; il y est entré avec les verres jaunes de l'ambition et de la jalousie.

M. de Villèle venait d'être nommé président du Conseil des ministres. Cette qualité ne donne pas, en France, plus de pouvoir de droit qu'en Angleterre le titre de chancelier de l'Échiquier : mais, entre six ministres, assez occupés chacun de la spécialité de leurs départements respectifs, il faut qu'un d'entre eux régularise la marche du gouvernement vers un but, selon le plan convenu par tous. M. de Villèle n'a point obtenu cette apparente prééminence par intrigue ou par violence : il l'a due à son caractère persuasif, à sa faculté d'embrasser plus d'un objet, à la clarté, précision et perspicacité avec laquelle il les présente sur presque toutes les matières. Sans doute, la nature des attributions semblerait attacher la présidence à la fonction de ministre des affaires étrangères ; mais, du commun accord, l'œil capable d'embrasser un champ d'horizon plus vaste était celui du ministre des finances. Ce n'est pas un point important, je ne m'appesantirai pas là-dessus. J'ai d'autres choses à dire.

Les intrigants et les malins se sont plu à répandre bien à tort que M. de Montmorency avait donné sa démission de mécontentement de ce que la présidence aurait dû être attachée à son nom. Il aurait eu motif de dire : à sa fonction de ministre des affaires étrangères, mais son caractère est trop noble pour que cette petite considération l'ait occupé ; son successeur le lettré ne fut pas si généreux. Enfin, pour terminer cet épisode, je ferai remarquer une dernière circonstance qui n'est pas la moins curieuse : quand le loyal M. de Chateaubriand vit son très loyal et très simple ami bien décidé à donner sa démission, il l'assura qu'il refuserait bien certainement de lui succéder. Quelques heures après la très volontaire acceptation du loyal vicomte, M. de Montmorency lui rappela sa déclaration et son refus éventuel : avec la résignation et l'obéissance passive d'un esclave des sultans, le loyal M. de Chateaubriand répondit à son illustre dupe : le Roi l'a voulu, et un serviteur du Roi ne peut qu'obéir.

Quoi qu'il en soit des intrigues que M. de Chateaubriand ourdissait au milieu de sa coterie et des ambitieux grands et petits auxquels il promettait des places dès qu'il régnerait, comme c'était la vocation d'un homme d'État de sa force et de sa dimension, le grand événement de la déclaration de guerre aux Cortès attira tous les regards; nous ne suivrons pas M. de Chateaubriand dans ses œuvres souterraines : il se manifestera un peu plus tard.

L'ancien secrétaire général de la police sous Decazes [1], l'inévitable Bertin de Vaux, un de ces royalistes qui n'ont fait de dupes que ceux qui l'ont bien voulu, général du *Journal des Débats*, affranchi de Talleyrand [2], soufflait et suait pour se faire croire une utilité, et visait à un rôle important. Il était censé le conseil, le confident de M. de Villèle; Bertin de Vaux ne s'en trouvait pas moins clandestinement chez Sébastiani [3], avec Mirbel [4], Lagarde [5], Roux-Laborie [6], tous excellents royalistes, comme chacun sait; mais c'était pour observer, et d'ailleurs il croyait qu'on ne le savait pas.

Bertin de Vaux donc, le conseiller prétendu de M. de Villèle, fit paraître un article, deux articles, trois articles dans son journal, relatifs aux affaires d'Espagne, lesquels donnèrent beaucoup à penser, et offrirent une énigme dont

1. Élie, duc Decazes, né en 1780, mort en 1860.

2. Charles-Maurice, duc de Talleyrand-Périgord, prince de Bénévent ; né en 1754, mort en 1838.

3. Jean-André-Tiburce, vicomte Sébastiani, maréchal de camp en 1823, lieutenant général en 1831 ; né en 1786, mort en 1871.

4. Charles-François Brissot de Mirbel, membre de l'Académie des sciences ; né en 1776, mort en 1854.

5. Alexis Lagarde, publiciste, auteur de la *Biographie des ministres*, publiée en 1826, et de la *Biographie des députés de la Chambre septennale*.

6. Antoine-Athanase Roux-Laborie, avocat, député de la Somme de 1815 à 1816 ; né en 1769, mort en 1842.

on n'a le mot qu'aujourd'hui. L'interprète prétendu de la secrète pensée du ministre influent scandalisa ceux qui sont prompts à se scandaliser, mais affligea tous ceux qui n'étaient pas dans le secret. A la lecture du premier article, j'étais de ce nombre : je ne me mépris plus en voyant le Bertin de Vaux persévérer à présenter comme possible toute concession, tout arrangement, tout traité avec les Cortès. Voici comme je raisonnai, et je ne me trompai pas. La guerre est dès longtemps résolue; dès longtemps elle est regardée comme inévitable, comme imminente; le gouvernement du Roi le sait mieux que moi. La guerre a été décidée au congrès de Vérone, quant au mode d'exécution et aux différents rôles des puissances. Mais la preuve indubitable qu'il n'y a plus que le signal à donner, c'est que, depuis huit mois, M. le maréchal avait ordonné, sans bruit et sans ostentation, la reconstruction du matériel entier d'une armée destinée à entrer en campagne. Ces préparatifs demandaient des mises dehors, un excédent trop considérable de budget pour que le ministre n'en soumît pas l'autorisation à l'approbation de ses collègues, en plein conseil et à l'avance. Or, malgré l'adage : *Si vis pacem, para bellum*, les préparatifs n'étaient pas connus; et si le président du conseil, ministre en même temps des finances, celui qui faisait ou plutôt laissait écrire ces étranges articles, ces articles pacifiques, à Bertin de Vaux, avait été opposé à la guerre, n'en avait pas senti l'inévitable nécessité, assurément il n'aurait pas manqué de raisons spécieuses ni d'influence pour faire désavouer des dépenses peut-être inutiles, et M. le maréchal n'eût pas osé passer outre et continuer si activement la confection des affûts, des trains, des caissons, des voitures militaires, tellement à l'avance qu'il fallut tout refaire à neuf, et que tout se trouva prêt le jour où la campagne s'ouvrit.

Ces faits établis et reconnus, M. de Villèle commanda-t-il ou ne commanda-t-il pas ces articles à Bertin de Vaux?.... Qu'importe? S'il les a commandés, il a bien fait; s'il ne les a pas commandés, il a mieux fait encore, car alors il en a adroitement profité. Il a dû laisser accréditer le bruit que Bertin de Vaux était son homme, son drogman, car il fallait donner et il a donné le change aux malins diplomates de l'Angleterre. On sait aujourd'hui à n'en pouvoir douter que ce n'est pas de M. de Villèle que le Bertin de Vaux était l'homme lige. En le laissant croire, en laissant supposer que ce journaliste transmettait au public la pensée secrète et semi-officielle du ministre dirigeant, en se laissant attribuer même la nomination de conseiller d'État en faveur du valet de son vrai maître, du Bertin de Chateaubriand, M. de Villèle a donné le change au ministère anglais. Oui, grâce aux articles des *Débats*, dans lesquels M. Canning [1] a cru surprendre l'arrière-pensée du ministère français, M. Canning a proclamé solennellement et officiellement la stricte neutralité du gouvernement anglais et la prohibition publique des embauchages Wilson [2].

Ainsi, en différant le rappel de notre ambassadeur, en laissant entrevoir dans le journal soi-disant du Trésor le doute même sur la guerre, il est résulté trois grands avantages qu'il m'est intéressant de développer.

Le délai du rappel de l'ambassadeur français a concouru à donner le temps à nos bâtiments marchands, avertis à l'avance, de rentrer dans nos ports à tout événement, et, par cette seule prévoyance, les intérêts du commerce ont été sauvés. M. Canning a proclamé la stricte neutralité de

1. Georges Canning, né en 1770, mort le 8 août 1827.
2. Sir Robert Wilson, major général anglais, mêlé à toutes les entreprises révolutionnaires.

l'Angleterre. Ce gouvernement hors de la Sainte-Alliance, ce gouvernement égoïste et marchand, à qui l'Europe doit cette guerre viagère faite à Bonaparte, guerre conseillée par l'intérêt judicieux de son propre salut, mais qui n'en mérite pas moins la reconnaissance de la France et de l'Europe, puisqu'en se préservant de la ruine il a sauvé l'ordre social, le gouvernement anglais, depuis qu'il a atteint son but à Waterloo, s'est replié sur lui-même et s'est renfermé dans ses intérêts personnels, sauf les dehors que le respect humain lui fait garder par convenance diplomatique. Sans la proclamation de sa stricte neutralité, l'Angleterre n'eût pas manqué de voir une querelle domestique plus ou moins égale entre les Cortès et les royalistes espagnols, où elle pouvait et devait tenir machiavéliquement une balance. Elle eût fourni des canons, de la poudre et des armes aux Descamisados, et la mer eût été couverte de corsaires anglais, sous le pavillon des Cortès, dans les deux Indes, dans les deux mondes. Le gouvernement anglais a été amené à prohiber les embauchages Wilson, et, s'il ne l'eût pas fait, les volontaires jacobins que le comité directeur de Paris envoyait avec solde par l'Angleterre, au lieu d'arriver un par un et en contrebande à la Corogne et à Saint-Sébastien, auraient passé publiquement les revues de Wilson, même dans Hyde-Park, et seraient arrivés en Espagne le drapeau tricolore déployé et le général en tête, par milliers et non par douzaines.

Mais, pendant que l'habileté du ministère royaliste avait ce succès au dehors, de quels complots avait-il à préserver la France au dedans? Il faut le dire : le comité directeur de Paris, les ventes, ses succursales et tous les affiliés se préparaient depuis longtemps à faire tourner le contact avec l'Espagne au profit de la révolution européenne; car, ni plus ni moins, le plan n'était pas autre, n'était pas moins vaste, et il est encore existant : on le reconnaîtra aux signes que je caractériserai en temps et lieu. Il faut entendre que le comité de France et ses ventes avait ses nombreux contribuables pour payer l'impôt révolutionnaire et ses recrues armées pour être dirigées selon les événements. Des auxiliaires d'une autre espèce et de la même complicité, il en avait partout : Saumur, Belfort et La Rochelle en font foi. Berton [1], Caron [2] étaient des enfants perdus; de plus fameux se seraient montrés à mesure des succès. Dans les départements qui sont entre Bordeaux et Toulouse, Perpignan et Bayonne, il y avait route et feuilles de route, lieux de rassemblements éventuels, dépôts d'armes, de poudre, de drapeaux, de cocardes, et ainsi des communications journalières; complicité d'espérances, de préparatifs et de trahisons conditionnelles entre Mina [3], les Cortès et les révolutionnaires de France, dirigeants, dirigés, payeurs, payants, actifs ou expectants, orateurs ou hommes d'expédition. La révolution européenne comptait, de Perpignan à Bayonne, des amis parmi les douaniers, parmi les employés de tous les services, parmi les soldats, parmi les officiers, parmi les généraux. Mina, avec sept ou huit mille hommes, est resté quinze jours l'arme au bras, en face de la ligne française qui se formait : comment expliquer autrement, de part et d'autre, cette position expectante ? Pendant ce

1. Jean-Baptiste, baron Berton, né en 1769; maréchal de camp, rayé du contrôle de l'armée en 1820, chef de la conspiration de Saumur, condamné à mort en février 1822 par la cour des pairs, et exécuté le 5 octobre 1822.

2. Augustin-Joseph Caron, lieutenant-colonel en retraite; né en 1773, fusillé à Strasbourg, le 1er octobre 1822, par jugement d'un tribunal militaire.

3. Don Francisco Espoz y Mina, célèbre partisan espagnol, général de l'armée constitutionnelle; né en 1781, mort en 1836.

temps on jetait entre les deux armées force proclamations et écrits révolutionnaires, adressés aux héros d'Iéna, d'Austerlitz, de Marengo. Mais M. le maréchal avait rajeuni l'armée ; les soldats étaient nouveaux et disaient à toutes ces belles choses : « Moi pas comprendre. » Enfin, la catastrophe de l'île de Léon se préparait sur la Bidassoa. L'événement a trompé les traîtres, il n'a pas trompé les fripons : je crois pouvoir, je crois devoir le prouver; mais n'anticipons pas sur les événements, et conservons aux circonstances toute leur liaison selon les époques.

M. le maréchal duc de Bellune avait le ministère de la guerre depuis le mois de décembre 1821. Depuis son avènement au pouvoir, la France admirait le prodige de la régénération de l'armée : en quelques mois, les éléments avaient été changés de nature; le moral des soldats n'était pas reconnaissable. M. le maréchal était le premier qui se fût occupé d'eux depuis la Restauration; toutes les attentions paternelles qu'il avait eues de leur bien-être avaient attaché de cœur à la monarchie le fantassin et le cavalier, parce que M. le maréchal avait eu la justice et l'humanité de soigner, jusque dans les plus petits détails, l'intérêt journalier et l'amour-propre du sous-officier et du soldat. M. le maréchal était le père de l'armée. En faisant donner du pain blanc aux soldats, en rendant le pompon aux régiments, en habillant le sous-officier du même drap que l'officier, de sorte qu'il ne lui manquait plus que l'épaulette, M. le maréchal a prouvé qu'il aimait le soldat et qu'il connaissait le soldat français : aussi en avait-il répondu, et sa responsabilité ne fut pas compromise. L'armée se montra aussi fidèle qu'intrépide; elle-même ignora son danger, il faut donc le révéler. Il y avait une conspiration, elle devait éclater le premier jour où les hostilités commenceraient. L'armée n'était pas traître, mais il y avait des traîtres dans des hommes de l'armée.

Voici un fait. Au mois de mars 1823, une diligence fut arrêtée à la Croix-de-Berny. On savait que douze ou quinze places, plus ou moins, avaient été retenues et payées au bureau ; sept ou huit voyageurs étaient montés dans Paris ; un, plus fin, à ce qu'il croyait, que les autres, était monté au delà de Montrouge ; il était reconnaissable, parce qu'il avait coupé ses moustaches pour se civiliser, et que l'estafilade qu'il s'était faite dans l'opération n'était pas encore cicatrisée. Tous ces voyageurs avaient de faux noms, de faux passeports, et les places vacantes et payées d'avance devaient se remplir depuis Étampes jusqu'à Bordeaux, lieu de la destination. Les mêmes données avaient appris que l'intention de ces prétendus voyageurs était de se rendre en Espagne, et de se joindre à ceux qui se préparaient à combattre l'armée française. Une caisse à l'adresse de Lostende [1], aide de camp du général Guilleminot [2], major général de l'armée, était dans le bagage des voyageurs ; elle contenait des boutons à l'aigle, des aigles, et des cocardes tricolores. Cette circonstance coïncidait si malheureusement juste avec d'autres renseignements venus de la frontière d'Espagne, que M. de Lusignan [3] eut ordre de faire arrêter l'officier compromis. Lusignan, je le tiens de lui-même, se présenta à une heure du matin chez le major général : il était dans son lit. Voyant arriver, à une heure si indue, un aide de camp du ministre de la guerre, il devint blanc comme sa chemise. Lusignan lui dit qu'il avait choisi cette heure pour que son arrivée ne

1. Benoist de Lostende de Raignefort, lieutenant-colonel d'état-major le 18 janvier 1830.

2. Armand-Charles, comte Guilleminot, lieutenant général, pair de France le 9 octobre 1823; né en 1774, mort en 1840.

3. Tite-Marie-Louis Couhé de Lusignan, capitaine d'état-major, nommé le 1er janvier 1816.

fît pas événement, qu'il avait ordre d'arrêter et d'emmener ou d'envoyer, je ne sais lequel, son aide de camp M. de Lostende, prévenu de très graves soupçons, et fort compromis par telle découverte. Le major général sauta en bas de son lit, sans doute dès qu'il comprit que l'affaire ne lui était pas personnelle, et serra Lusignan dans ses bras, en l'appelant son cher ami.

Ces indices, joints à tous les documents coïncidants qui venaient à l'appui, firent convoquer le conseil des ministres, le Roi présent. Le Roi ordonna à M. le maréchal de partir sur-le-champ, avec le triple caractère de maréchal de France, de ministre de la guerre et de major général de l'armée. M. le duc de Bellune, toujours dévoué, salua le Roi, et quitta le conseil pour se jeter dans une voiture de voyage que lui offrit, comme excellente, son collègue M. de Clermont-Tonnerre, qui venait de faire avec la tournée des côtes et des ports de l'Ouest. Ce n'était pas une raison pour que la voiture en fût meilleure pour aller à Bayonne; mais les voitures de voyage de notre excellent maréchal n'étaient pas en état, et il fallait partir: cette circonstance eut de fâcheuses suites. Hâtons-nous de dire qu'il fut proposé dans le conseil que M. du Coëtlosquet [1] eût le portefeuille de la guerre pendant l'absence du ministre; qu'il désira emmener ce général avec lui, et qu'il indiqua, pour le remplacer par intérim, le lieutenant général Digeon [2], le pair de France. Je tiens ce fait fondamental de M. le maréchal. C'est de sa volonté que M. du Coëtlosquet l'a suivi; le général fut indiqué par lui-même. Ces deux faits reconnus vrais, quelle vraisemblance reste-

1. Charles-Yves-César-Cyr, comte du Coëtlosquet, lieutenant général le 25 avril 1821; né en 1783, mort en 1836.

2. Alexandre-Élisabeth-Michel, vicomte Digeon, lieutenant général le 30 juillet 1823, pair de France le 5 mars 1819; né en 1771, mort le 2 mars 1826.

t-il à ce mauvais lazzi que certain public prête à M. du Coëtlosquet en partant et en s'asseyant dans la voiture : « Monsieur le maréchal, nous voilà dedans ? »

En route la voiture se brisa. Le ministre arriva jusqu'à son château de Mesnars, entre Orléans et Tours ; il passa deux jours, trois jours, plus ou moins, le temps enfin de faire venir sa propre voiture de Paris. Ce retard fut cause que la nouvelle de son apparition à Bayonne et de sa nomination aux fonctions et au titre de major général de l'armée le devança au quartier général. Les frères et amis de Paris donnèrent l'éveil à Guilleminot et à ses féaux ; le prince généralissime [1], qui ne soupçonnait pas les criminelles manœuvres de tels qui l'entouraient, eut sa leçon faite pour accueillir M. le maréchal : on attaqua son amour de la gloire, on lui représenta qu'on lui envoyait un mentor. que M. le duc de Bellune serait le véritable généralissime et recueillerait tout l'honneur de l'entreprise si le prince souscrivait à ce qu'il fût major général ; au lieu que des officiers tout aussi habiles, mais plus obscurs, moins élevés en grade, dont toute l'ambition était de servir sous les ordres et sous le nom du Bourbon qui commandait, de lui faire hommage de leur expérience, science et habitude de la guerre, rapporteraient tout à leur auguste chef, et que, dans ses triomphes, il les verrait toujours derrière lui à une distance respectueuse. Tous ces associés à plumets blancs auraient été déconcertés sans l'accident de la voiture qui retarda l'arrivée du maréchal : ils furent avertis, comme on le voit, eurent le temps de prendre leurs mesures, et le plan de déception vis-à-vis du prince réussit selon leurs calculs. Monseigneur déclara à M. le maréchal que, s'il venait pour être major

1. Son Altesse Royale Mgr le duc d'Angoulême.

général, il allait sur-le-champ retourner à Paris. En homme sage, en ministre dévoué toujours et partout, l'admirable duc de Bellune se posséda; il vit et sentit tout ce qu'avait de grave une pareille alternative sur ses suites, sur le succès, sur le prestige d'une expédition si importante, et presque sur-le-champ il repartit pour Paris. Cette nouvelle preuve de dévouement, ce nouvel acte d'abnégation de lui-même ne fut pas perdu pour notre excellent maréchal : il paraît que le Roi, à son retour, instruit de ces particularités, daigna dire : « M. le « duc de Bellune avait déjà de grands droits à mon affec« tion ; il en a désormais à ma reconnaissance. Quoi qu'il « en soit, par sa seule apparition à l'armée, M. le maré« chal a sauvé la monarchie. »

On ne se trompe point en avançant qu'un fait particulier, d'une importance médiocre en apparence, celui de l'arrestation de la diligence au mois de mars, a eu des suites dont il est possible, aujourd'hui que le péril est passé, de calculer toute l'étendue. Le ministre qui, dans de pareilles circonstances, a jugé nécessaire de quitter son poste pour se transporter au milieu des rangs de notre armée, savait alors quelle était la position des choses. C'est donc avec une vive douleur que, dans un pamphlet, prétendu mémoire justificatif, jeté dans le public et attribué à un nommé Sarran [1], mais dont M. le maréchal a dû prendre lecture, c'est donc avec une vive douleur que j'ai lu cette phrase : « Un obstacle difficile à vaincre embarrassait les auteurs d'une machination qui.... Cet obstacle, c'était l'illustre guerrier, le sujet fidèle, l'administrateur honnête et éclairé que la confiance du Roi avait placé à la tête

1. Jean-Raymond-Pascal Sarran, l'un des plus féconds publicistes de la droite intransigeante sous la Restauration. — Voir la note E, à la fin du chapitre, p. 49.

du département de la guerre : on s'occupa de le faire disparaître. Ainsi que nous l'avons dit, la conspiration imaginée par la police pour engager M. le ministre de la guerre à se rendre à Bayonne n'avait pas d'autre but [1]. »

Nous sommes dans des temps malheureux, où l'honneur des hommes peut être facilement soupçonné ; de tristes souvenirs nous avaient prouvé que, même dans une armée française, il peut se cacher bien des traîtres ; mais, d'un autre côté, la trahison est lâche. Combien de gens n'a pas fait retirer d'un complot où ils n'avaient que l'orteil, où d'autres n'étaient que jusqu'à la cheville, où d'autres ne s'étaient engagés que conditionnellement, combien de gens n'a pas fait retirer de ce complot la découverte qui en est parvenue aux autorités, au gouvernement ! Combien de preuves de zèle et de dévouement ont été données depuis par des hommes qui ont sacrifié des chances incertaines, qui plaisaient plus à leurs cœurs, pour des chances assurées qui satisfaisaient davantage leurs intérêts ! Concluons seulement que la découverte de la conspiration dont nous avons parlé et l'apparition de M. le maréchal à Bayonne ont fait marcher droit beaucoup de grands et moyens personnages qui avaient une tout autre intention. Aussi les vrais et seuls ennemis d'un aussi bon serviteur étaient-ils à l'armée, étaient-ils autour du prince généralissime ; les ennemis de M. le maréchal n'étaient pas dans le ministère royaliste, n'étaient pas parmi ses collègues : je vais, j'espère, le prouver.

Que se passa-t-il à Paris pendant le voyage de Bayonne ? Je n'entre point dans les commérages, je ne dirai que des faits.

1. SARRAN : *Des marchés Ouvrard et de l'esprit politique et financier de M. de Villèle.* Paris, 1824, in-8.

M. le duc de Bellune tint à emmener avec lui M. du Coëtlosquet, ainsi que nous l'avons dit. C'est de son choix, il me l'a dit lui-même, que le général Digeon fut nommé pour le remplacer, mais comme ministre d'État ayant par intérim le portefeuille du ministère de la guerre : c'est ainsi que tout le monde l'a entendu, public et ministres. Je dois dire que je crois que M. Digeon l'a entendu différemment ; bien est-il vrai que, dans la seule communication qu'il soit venu faire à la tribune de la Chambre pendant la courte absence de M. le maréchal, cette espèce d'ordonnance était contresignée et fut articulée par lui : *ayant par intérim le portefeuille du ministère de la guerre*. Par une circonstance, je me suis trouvé le savoir des premiers.

J'avais une chose de peu d'importance, mais en forme de demande, à obtenir de M. le maréchal ; j'avais différé de jour en jour, et il était parti. Le jour même de l'installation du général Digeon, je le rencontrai chez M. de Villèle, sortant de son cabinet. Comme j'avais l'honneur de le connaître, la demande me revint à l'esprit, et je le priai de me dire quel jour et à quelle heure il pourrait me recevoir : « Venez dîner avec moi, me dit-il, je n'ai « pas encore de ménage, cela ne fait rien, et vous me par- « lerez tout à votre aise. » J'acceptai sans réflexion, et je dirai que, revenant de faire une absence, je ne savais rien de ce qu'on disait. Deux heures après, je trouvais chez moi (apparemment qu'il eut la bonté de ne pas se fier à ma mémoire), je trouvai ledit billet d'invitation. Ne sachant rien de rien, j'arrivai exprès une heure avant le dîner, et je montai rendre mes devoirs à Mme la maréchale [1]. Je la trouvai tout affectée, trop affectée, de ce que, dès je ne

1. Julie Vosch de Avesant, mariée en 1801 au maréchal duc de Bellune.

sais quelle heure, on était venu s'emparer des appartements de réception et de ce qu'on avait forcé ou voulu forcer des armoires à l'usage personnel de son mari. Je lui représentai qu'elle était au-dessus de semblables niaiseries, que c'étaient sans doute des malentendus et des impertinences de valets à valets ; et, n'attachant nulle importance à une scène d'antichambre, je changeai la conversation et lui demandai en riant si je pourrais me défendre quand on m'accuserait d'être ministériel, et même des plus pressés, puisque je venais dîner chez le successeur de M. le maréchal, chez le ministre du matin même, et que j'avais probablement l'avantage d'être le premier. Mme la maréchale me dit que cette circonstance ou accident-là ne lui faisait rien au monde, mais qu'elle était persuadée, comme toute la cour et la ville, que le général Digeon n'était pas au ministère par intérim, mais ce qui s'appelle en pied. Je lui dis que M. Digeon pouvait le croire et que, sans intention criminelle, j'en avais la preuve en poche dans sa carte imprimée d'invitation ; mais je lui représentai que M. le maréchal avait la confiance et l'amitié de tous ses collègues, par les mêmes motifs et aux mêmes titres qu'il avait la vénération et l'amour de tous les bons Français ; je lui demandai si, malheureusement pour la monarchie, M. le maréchal partageait de si fâcheuses préventions ; elle m'assura que non : « Eh ! bien, Madame, au nom de l'estime que mon « caractère et l'entier attachement qui me lie dès long- « temps à M. le maréchal et à vous ont pu vous inspirer « à mon égard, je vous conseille et vous conjure de faire « comme lui. Le maréchal a, parmi les excellentes quali- « tés qui le distinguent, le jugement le plus droit et le « plus sûr. Quand un homme aussi réfléchi écoute et pra- « tique des collègues depuis dix-huit mois, chaque jour,

« il sait mieux que personne ce qu'ils ont dans l'âme. « L'intention des ministres n'a pas pu être d'évincer un « serviteur aussi utile à la monarchie qu'à eux-mêmes. « Tous ont partagé les regrets des gens de bien quand « M. de Montmorency s'est retiré. Mais daignez penser « qu'il y a des amis indiscrets qui sont dangereux sans « le savoir; il y a, parmi ceux qui approchent les grands « et les puissants, des brouillons, des envieux, des « méchants qui épient les préventions, pour aigrir, divi« ser des ministres dont l'union déconcerte les intrigants « et désole les ambitieux. »

Cependant, deux jours après, causant avec M. de Villèle, je lui observai que, dans le monde, le départ de M. le maréchal, dont le motif était ignoré, était méchamment interprété ; que j'étais loin de croire que les collègues de M. le duc de Bellune eussent voulu l'évincer, mais qu'on le disait, et que l'arrivée du général Digeon, absente de formes même d'usage en bonne compagnie, venait à l'appui des on dit. Tout en déplorant, ce que de raison, que de pareils détails eussent fourni aliment à l'oisiveté et à la légèreté, il me dit, en haussant les épaules, que, vu le bruit de cet esclandre de valetaille, on avait été au moment d'occuper le conseil du Roi des pantalons et des robes de chambre du noble et digne maréchal; mais, quant à l'inculpation plus majeure, il me dit ces propres paroles : « Il n'est guère vraisemblable « que nous ayons eu la pensée de nous débarrasser d'un « collègue à qui nous confions le soin et la gloire de l'ex« pédition d'Espagne, c'est-à-dire que nous remettons « dans ses mains le salut de l'Espagne, de la France et de « l'Europe. M. le maréchal n'a pas cette crainte, et loin « qu'il coure le danger de n'être plus ministre, c'est à lui « qu'à son retour, après le succès qui ne sera ni douteux

« ni long, c'est à lui que chacun de nous serait dans le « cas de demander la permission de garder son porte- « feuille : voilà tout ce qu'il y a à répondre. »

Dans le ministère français, on ne prévoyait pas assurément que la campagne ou plutôt la mission de M. le maréchal serait aussi courte. On a vu plus haut comment et pourquoi il revint à Paris, au bout de deux ou trois semaines. Comme de raison, l'intérim cessa, et M. le duc de Bellune reparut ministre de la guerre.

Ici ma tâche devient difficile, parce que, dans ma recherche de la vérité, je dois, pour l'instruction de mes lecteurs, être le plus clair possible, et il faut que l'ordre règne dans mes récits. J'ai à parler d'une seconde calamité qui a affligé le ministère royaliste ; j'ai à parler du jour néfaste où M. le maréchal a donné sa démission forcément ; j'ai à prouver qu'aucun ministre n'a ni préparé ni voulu ce malheur. C'est hors du gouvernement du Roi que se trouveront les ennemis auteurs de ce grave événement, et celui qui les a aidés, c'est, hélas ! M. le maréchal lui-même.

A son arrivée en décembre 1821, M. le duc de Bellune composa son ministère ainsi qu'il suit : cabinet particulier : le ministre, et pour chef du secrétariat particulier, M. son fils aîné, M. le marquis de Bellune [1], et sous lui M. Duplantier, sous-intendant militaire. Les attributions et fonctions de confiance de ces derniers étaient l'ouverture des dépêches et la rédaction et expédition de tous les travaux que le ministre se réserve particulièrement. La direction générale du personnel fut donnée à M. du Coëtlosquet ; mais l'intendance générale de l'administration

1. Victor-François Perrin, marquis de Bellune, né en 1797, mort en 1853.

de la guerre, y compris les fonctions de secrétaire général, cet immense fardeau qui aurait surchargé un hercule, ce fardeau qui exigeait fermeté, vigilance, capacité universelle, ce fardeau fut mis sur les épaules de l'homme le mieux intentionné, d'une probité européenne en un mot, sur les épaules de M. de Perceval [1]. Les intendants militaires, les vivres, les fourrages, les transports, convois et équipages, personnel et matériel, tous ces services étaient sous la responsabilité et direction du plus honnête homme du monde, mais du plus faible et du plus incapable. M. le maréchal n'a pas prévu, avant l'expérience, les insuffisances de son vertueux intendant général de l'administration de la guerre. M. de Perceval ne s'est reconnu aucune de ces mêmes insuffisances ; ni le ministre ni son intendant général n'y croient pas encore aujourd'hui. A qui la faute ? Il n'y a qu'à s'affliger et à gémir ; le respect et la douleur me commandent de glisser et de ne pas appuyer. Je dirai donc, d'abord, que ce ne fut pas sans motifs que M. le maréchal renouvela, à l'approche de l'ouverture de la campagne, son cabinet particulier, et qu'il remplaça le marquis de Bellune par M. de Grave [2] ; mais le complot ourdi dans l'armée et qui tenait à toutes les intrigues de l'intérieur, ce complot qui trouvait des fauteurs partout, même dans la Chambre des pairs, car les Talleyrand, les Molé [3], les Barante [4], qui ne sont ni absurdes ni niais, n'auraient pas parlé ainsi qu'ils l'ont fait s'ils n'eussent été dans la confidence ; ce complot

1. De Perceval de Vittenkof, intendant militaire le 16 août 1815, directeur du matériel au ministère de la guerre.

2. De Grave, sous-intendant militaire le 31 juillet 1815, chef du bureau du service intérieur au ministère de la guerre.

3. Matthieu-Louis, comte Molé, né en 1781, mort en 1855.

4. Amable-Guillaume-Prosper Brugière, baron de Barante, né en 1782, mort en 1866.

avait des fauteurs très actifs dans l'administration vivrière, dans ces milliers de jacobins, l'écume de la France, dans ces employés de la guerre qui transmettaient les correspondances réciproques des libéraux de France et d'Espagne.

Certes, c'est à l'insu du bon et honnête Perceval que tous ces hommes avaient été nommés par lui : il n'en est pas moins vrai que tous ces hommes, dont les commissions étaient signées Perceval, étaient des gens, non pas à lui, mais des gens à la conspiration, des gens à la clique, enfin des gens à Ouvrard. L'événement ne va que trop le prouver. Tant il y a que, dans la conduite du ministre de la guerre, M. le maréchal mérite tout éloge comme père du soldat, comme ayant ordonné les préparatifs de toutes armes, pourvu aux approvisionnements de toute espèce, que la confection et présence lui en ont été accusées par pièces probantes. Mais les états volumineux du ministre n'ont présenté les choses que sur le papier. Mais l'intendant général de l'administration de la guerre ne devait-il pas regarder au delà et s'assurer de la réalité ? C'est à lui qu'il n'était pas permis de s'asseoir sur des états. A commencer par les intendants militaires, quoi qu'en ait dit à la tribune notre collègue M. de Clarac [1]. M. de Villèle avait raison de dire que ce corps n'était pas ce qu'il y avait de plus orthodoxe. Le bon Perceval avait été averti à l'égard des grands employés de cet ordre comme des minimes : il fallait donc y regarder après eux. M. de Perceval, qui devait avoir cent yeux, cent oreilles, cent mains, avait la bonhomie de dire : « Il n'y a rien de si « aisé que ma besogne : tout cela va comme sur des rou-

1. Louis-Antoine, baron de Clarac, député des Hautes-Pyrénées de 1815 à 1816 et de 1820 à 1831 ; né en 1772, mort en 1854.

« lettes ; je n'ai vraiment besoin que d'une heure de tra-
« vail par jour. » C'est ainsi qu'en 1814 le ministre abbé de Montesquiou [1] croyait que l'intérieur allait à merveille, parce que, neuf heures sonnant, il voyait de ses propres yeux tous ses commis à leurs tables ; mais les lettres itératives avertissant du prochain débarquement de Bonaparte, en vit-il une seule ? et cependant Bouthillier [2], le préfet du Var, écrivait courrier par courrier !!!

Le fait est qu'Ouvrard a joué, et de longue main, l'intendant général de l'administration de la guerre dans les services, dès qu'il a fallu les mettre en mouvement ; le fait est qu'il y eut imprévoyance et impéritie de la part du plus probe intendant général que la France pût avoir ; mais, abstraction faite des bonnes intentions et de la fausse sécurité, le fait est que Perceval est la cause et l'unique cause de la démission forcée du plus digne et du plus regrettable ministre de la guerre sous tous les rapports, sauf celui de l'administration. Voilà ce que j'ai besoin d'établir : la commission d'enquête trouvera les preuves. Le fait est que M. le maréchal et M. de Perceval ont été trompés, comment ? il n'importe pas : le comment ne les justifierait que moralement, et ils n'en ont pas besoin ; mais, ce qu'il y a de déplorable, c'est que les coupables en sont venus à leurs fins.

On a de la peine à concevoir comment M. Sicard, nommé intendant général de l'armée, ne s'est rendu à son poste à Bayonne que huit jours avant l'entrée en campagne. On parle d'une lettre officielle qui lui enjoignait

1. François-Xavier-Marc-Antoine, duc de Montesquiou-Fezensac, pair de France le 17 août 1815 ; né en 1756, mort en 1832.

2. Constantin-Marin-Louis-Léon, marquis de Bouthillier-Chavigny, successivement préfet du Var, de la Meurthe et du Bas-Rhin, député de Seine-et-Oise de 1820 à 1827 ; né en 1774, mort le 5 octobre 1829.

de n'exercer ses fonctions que le lendemain du passage de la Bidassoa ; mais son devoir lui commandait de s'assurer par ses yeux, longtemps à l'avance, si les subsistances, fourrages, etc., étaient en nature à Bayonne et autres lieux, ou échelonnés depuis tel rayon, pour les besoins journaliers et successifs : il est arrivé six jours avant le passage. On assure que M. le maréchal, à Bayonne, inquiet de ces bruits qui couraient sur les approvisionnements, demanda à M. Sicard pour combien de jours il y avait de vivres, etc. (il en fallait pour sept, afin d'être en mesure de passer la Bidassoa). M. Sicard, dit-on, déclara qu'il y en avait pour dix-huit, et *le signa.* On ajoute que, sur la sommation du major général, quelques jours après, il déclara qu'il n'y en avait que six, et *le signa.* Au reste, quoi qu'il en soit de ce brave homme qui signe ainsi oui et non, on dit qu'un ami de M. le maréchal l'engagea à proposer Sicard comme très agréable au prince, et le même homme engagea le prince à l'accepter comme très agréable au maréchal. De sorte que, l'un en le proposant, l'autre en l'acceptant, ont cru y mettre de l'obligeance. Un tiers les aurait joués tous les deux : *Fiat lux.*

Dans les deux cas, l'absence des approvisionnements était factice ou réelle. Les intéressés ont persuadé au prince généralissime qu'il n'y avait pas de subsistances ; qu'ainsi, pour la gloire et la réussite de la grande entreprise, il était imminent de se mettre entre les mains d'un fournisseur général, de l'indispensable Ouvrard, homme à expédients, et qui avait la faculté peu commune de faire sortir de terre d'un coup de talon des muids de blé et des meules de foin. On ne disconvenait pas qu'il travaillait à haut prix, et que sa vue coûtait quelque chose ; mais il y avait péril, et il suffisait de le faire entrer, car il était dans l'antichambre. Il est remarquable que ce marché, reconnu dès l'avance usuraire, que ce marché, de nécessité urgente, fut discuté, arrêté dans tous ses nombreux articles, dressé volumineusement sur papier à la tellière, se trouva mis au net et livré à qui de droit, en nombre suffisant de copies, dans le court espace de minuit au lendemain matin, conception, discussion, rédaction et copie. Serait-ce hasarder une conjecture que de dire que M. Ouvrard était parti de Paris avec son marché tout confectionné, par la même prévoyance qu'il s'était mis en route au milieu de tout un état-major, s'intitulant d'avance fournisseur général de l'armée d'expédition? Il est certain qu'alors il n'y aurait besoin que de la signature du prince : la triple circonvallation des intéressés qui l'entourait avait des raisons d'y compter. Au reste, et ceci est une simple réflexion, ce marché ne semblait fait que pour quinze jours; au bout de ce temps, toute l'armée française devait se trouver en Espagne. Ce pays pouvait tout fournir, on le savait, et dans ce pays ami, on ne devait rien prendre qu'au comptant. Cependant le prince signa le fameux marché. Ouvrard n'y mit pas du sien, il y gagna; mais il a pu dire : « Il est vrai qu'à messieurs.... j'en rendis quelque chose.... » Mais chut!!.... ce qui est sûr, c'est que les voitures nécessaires n'étaient pas arrivées la veille du passage; elles étaient en marche à six lieues : elles reçurent contre-ordre. Aussitôt le marché passé, les voitures remarchèrent, et, à l'heure dite, on vit magiquement arriver environ quatre à cinq cents voitures, à quatre et six chevaux!!!

Quoi qu'il en soit, M. le maréchal approuva provisoirement ce marché; il y a liquidation, enquête par commissions : *Adhuc sub judice lis est....* Il pourrait, il devrait y avoir du scandale.... Y en aura-t-il?

NOTES DE L'AUTEUR

Note A (voir page 8)

Compensations. M. Pasquier, exécuteur des ordres et des intentions de Bonaparte transmis par Rovigo [1], était préfet de police quand Mme de Paravicini fut arrêtée à l'époque, à l'occasion, sous le prétexte de la bulle d'excommunication, en 1810.

Cette femme, autrefois charmante sous tous les rapports de l'esprit et du cœur, des grâces et de la figure, depuis la Révolution était toute en Dieu, toute dévouée aux malheureux, et n'épargnait, pour les secourir, ni ses démarches ni sa fortune. N'écoutant que son humanité, elle avait compromis son aisance et vendu sa terre qui lui assurait l'avenir le plus indépendant. Proche parente d'ailleurs des Caulaincourt, elle tenait à ce qu'il y avait de plus connu à la cour et à la ville, et ne se servait de sa position sociale que pour obliger. Ce fut cet ange de douceur, de bienfaisance et de vertus que l'on arrêta et qu'on amena à la salle Saint-Joseph. Elle fut jetée et laissée plus ou moins de jours dans ce cloaque. Hélène, sa femme de chambre, lui apporta un paquet de linge; ordre de le déposer et de ne pas reparaître, sous peine d'être incarcérée comme sa maîtresse, mais non pas avec elle. C'est dans cet état de dénuement qu'au bout d'un certain laps de temps Mme de Paravicini fut transférée aux Madelonnettes, avec les filles perdues. Elle fut mise au cachot dans un lieu humide, où il n'y avait pas un brin de paille et où la terre devait lui servir de lit, et ainsi privée de tout. A ses gémissements sourds, une gourgandine, sa commensale, sortit d'un bouge voisin qui communiquait à ce cachot, et, par humanité, lui apporta une mau-

1. Anne-Jean-Marie-René Savary, duc de Rovigo, né en 1774, mort en 1833.

vaise couchette à demi pourrie, et ensuite un pot de terre où étaient des cendres avec quelques charbons à demi éteints, pour l'empêcher de mourir de froid. Le lendemain, le geôlier ne put s'empêcher de dire à cette pauvre captive : « Mon Dieu ! vous avez donc fait de bien grands crimes ! J'ai reçu à votre égard les ordres les plus rigoureux. » Mme de Paravicini, résignée, dit avec la plus grande douceur tout ce qu'elle savait elle-même à cet homme, qui paraissait s'intéresser à elle. Le geôlier, attendri, lui apporta un matelas et un pot de terre avec des cendres et des charbons ; il partagea sa subsistance avec elle. Au bout de quelques semaines, Mme de Paravicini fut transférée de ce cachot dans une chambre où du moins on voyait le jour. Mais, croira-t-on cette dernière épreuve ? elle partageait ce séjour avec une épouvantable gourgandine ! Au reste, aucun des parents Caulaincourt ne voulut se compromettre en intercédant pour Mme de Paravicini, dont ils n'ignorèrent point l'emprisonnement avec ses circonstances ; elle ne trouva d'ouvert que le cœur de Mme de Saint-Aignan, sa cousine du même sang. Au bout de trois mois d'aussi horribles traitements, par ordre et par raison d'État, on lui dit : « Vous êtes libre. » Sans argent, sans linge, ses vêtements uniques tombant de pourriture, elle se trouva dans la rue, et, les jambes engorgées par suite de cette barbare réclusion, elle se traîna jusqu'au fiacre que paya sa portière de la rue de Sèvres. On la mit au lit, où elle resta. Ce fut là qu'elle reçut le paquet de linge qu'on avait obligé sa servante de déposer, lors de son entrée sous les verrous, à la préfecture. Ce fut là qu'elle apprit que si elle n'avait pas entendu parler d'Hélène, sa femme de chambre, c'est qu'elle avait été elle-même jetée en prison, huit jours après sa maîtresse. Ce fut dans cet état de souffrances qu'elle reçut un ordre d'exil à quarante lieues de Paris. Vu ses réclamations et son état bien constaté, on daigna lui accorder quinze jours, au bout desquels elle se rendit à Vienne en Dauphiné : son passeport portait : *femme perdue !!!*

Note B (voir page 10)

Nous croyions, en 1821, connaître ce pèlerin-là; M. de Peyronnet ne tarda pas à connaître mieux que nous son hypocrite de sous-secrétaire d'État. C'est à bon escient qu'il le déporta à la Cour de cassation comme procureur général. Nous eûmes l'injustice de croire qu'il y avait eu de l'*hommerie* de la part de ce ministre, et qu'il avait pris ombrage de nos nombreuses et quotidiennes visites à son subordonné, toujours plus abordable que son chef. En 1829, M. de Peyronnet nous disait : « Vous m'en avez bien voulu quand j'ai jugé à propos de me séparer de ce compagnon; je connaissais l'homme et je disais de vous autres : l'avenir me justifiera à leurs yeux. » L'avenir a répondu.

Note C (voir page 11)

M. de Lavau, universellement estimé dans la magistrature, et cité par la manière dont il avait présidé plusieurs cours d'assises comme conseiller à la cour royale de Paris, arriva à la préfecture de police précédé de la plus honorable réputation sous tous les rapports. Je n'ai été pour quoi que ce soit dans sa nomination, et je ne l'ai apprise que quand elle a été faite. En voici quelques circonstances assez piquantes. Je demeurais, simple député, à l'hôtel du Bon La Fontaine, rue de Grenelle-Saint-Germain, avec M. de Peyronnet et M. de Martignac, bien plus lié avec le premier qu'avec l'autre. Le 8 décembre, M. de Peyronnet fut nommé garde des sceaux. Je descendis, le lendemain, voir mon ci-devant collègue, devenu Excellence, et je parlai avec chaleur de l'importance de nommer un préfet de police ferme, dévoué et magistrat; je nommai plusieurs personnes, et notamment ce misérable Agier [1] (mais alors nous le croyions tout différent de ce qu'il est).

1. François-Marie Agier, député des Deux-Sèvres de 1824 à 1830; né en 1780, mort en 1848.

M. le garde des sceaux ne me répond ni oui ni non ; il va occuper l'hôtel du ministère, place Vendôme, et quarante-huit heures après, le préfet de police est nommé et se trouve être M. de Lavau. A la première séance de la Chambre, je vais trouver au banc des ministres M. de Peyronnet, et je lui dis que mon gendre ayant été nommé préfet de police et les choix se faisant en Conseil, je ne doutais pas qu'il ne lui eût été favorable et que je l'en remerciais. « Mon ami, me dit-il, nous avons tous été unanimes; je vous ajouterai que, comme chef de la justice, j'ai voulu interroger l'opinion de la Cour, et que jeunes et vieux n'ont eu qu'une voix laudative à son égard. Mais, me dit-il, vous souvenez-vous du Bon La Fontaine, de la chaleur avec laquelle vous me recommandiez celui-ci, celui-là, pour préfet de police? Je disais intérieurement : ils ne sont pas ambitieux dans cette famille-là. »

Cela me rappelle qu'il n'en était pas ainsi dans toutes. Un des petits ambitieux et des grands intrigants qui se démena le plus et le plus inutilement, à cette époque, pour être préfet de police, préfet de la Seine, voire même directeur général des postes, ce fut M. le comte de ***, préfet de ***. Toutes ses démarches n'aboutirent à rien; il revint à *** préfet comme devant, à son grand dépit et déplaisir : il n'y eut que justice. Mais le hasard, qui m'amena dans ce département en 1822, m'a fait tomber entre les mains le discours prononcé au conseil général par M. le comte; je l'ai montré, à mon retour, à M. de Villèle, la péroraison étant un chef-d'œuvre de charlatanisme et un moyen oratoire de paillasse.

« Qu'il me soit permis en finissant, Messieurs, de vous occuper un instant de moi et de me féliciter *bien sincèrement* de me retrouver au milieu de vous.... Diverses circonstances, qui ne vous ont pas été inconnues, *m'avaient fait craindre d'obtenir* un avancement qui m'eût été sans doute fort honorable, comme une preuve de la confiance du gouvernement, mais qui m'aurait séparé de vous.... *Le ministre actuel a bien voulu accueillir mes représentations; et c'est une obligation réelle que je lui ai*, puisqu'en restant au milieu de vous, Messieurs, je conserve l'avantage de témoigner aux habitants de ce département toute ma reconnaissance des sentiments qu'ils veulent bien m'accorder, et de leur consacrer plus longtemps mes soins et mon dévouement. »

Ce qui est le plus gai et de meilleur goût, c'est le peu de mots que m'a dits M. de Corbière, à son mercredi qui suivit l'entrée en fonctions de M. de Lavau. Je lui disais : « Permettez-moi de remercier Votre Excellence.... — Oui, mon ami, me dit-il, nous avons fait votre gendre préfet de police, parce que c'est votre gendre ou quoique ce soit votre gendre. »

Note D (voir page 22)

Je distingue trois hommes dans M. de Chateaubriand : l'homme littéraire, l'homme politique, l'homme ordinaire, et par les hommes ordinaires j'entends cette immense partie de la société qui n'est ni littéraire ni politique.

Comme homme littéraire, je place M. de Chateaubriand au-dessus de tous les littérateurs de l'époque. J'admire son style, qui est toujours pur, bien qu'original. J'admire ses pensées, qui sont toujours développées avec une netteté sans pareille. J'admire aussi son imagination si brillante, quoique parfois désordonnée.

Comme homme politique, je mets M. de Chateaubriand à la tête d'une troupe d'enfants dont il est le plus grand, dont il sera le plus sage, si vous voulez.

Comme homme ordinaire, j'accorde à M. de Chateaubriand le droit commun à tout le monde de se tromper, de commettre des fautes, parce que nul n'est impeccable sur la terre, et je déplore ses fautes sans que mes regrets diminuent mon admiration pour l'auteur immortel du *Génie du christianisme* et des *Martyrs*.

Note E (voir page 34)

M. Z. Z. Z., rédacteur de l'*Aristarque* (le sieur Sarran) disait, n° 56, lundi 25 octobre 1824 : « Nous sommes bien aises

« de dire à l'*homme* qui paie de tels écrivains *pour parler* « que nous allons nous occuper d'apprendre au public com- « ment cet homme nous a offert par écrit *de nous payer pour* « *nous taire :* quant à ceux qu'il emploie et qui *ont été mendier* « auprès de cet homme les pensions et les faveurs *que nous* « *n'avons pas voulu accepter, etc., etc....* »

M. Z. Z. Z. Sarran de Montpellier, volontaire royal au 20 mars dans le Midi, le prend bien haut. Le ministre de l'intérieur pourrait montrer les requêtes les plus basses et les plus humbles de places, de pensions et de faveurs, signées Sarran, requêtes toutes mises au rebut par cela même qu'elles étaient signées Sarran.

CHAPITRE II

La campagne d'Espagne. — L'ordonnance d'Andujar. — L'entourage du duc d'Angoulême. — Conflit du duc avec le duc de Bellune. — Malentendus. — Démission du duc de Bellune. — Sa nomination à l'ambassade de Vienne. — Il refuse ce poste. — Nomination du baron de Damas comme ministre de la guerre. — Création de pairs royalistes. — Création d'un ministère des affaires ecclésiastiques et de l'instruction publique. — La loi de septennalité. — La loi sur les rentes. — Son rejet. — Renvoi de M. de Chateaubriand. — Du journalisme; accaparement des journaux. — *Le Drapeau blanc.* — *La Quotidienne.* — Ma commère Michaud. — M. Berryer. — Michaud l'académicien.

Je n'entreprends pas la relation de l'expédition d'Espagne, mais il faut suivre les amis d'Ouvrard, les ennemis de M. le maréchal entourant le prince généralissime, et les lui voir emmener jusqu'à Cadix malgré eux. Le capitaine A., ex-officier d'artillerie, me racontait qu'il rencontra M. de Lostende, le susdit aide de camp de Guilleminot, et, comme on le complimentait sur le poste honorable qu'il allait occuper au quartier général et la gloire que l'armée libératrice allait acquérir, il déclara tout haut : « Qu'il regrettait beaucoup d'aller combattre contre la plus belle et la plus noble des causes. »

Il y en avait plus d'un de son avis sur le bord de la Bidassoa; mais le coup de canon fatal, et dont tous les révolutionnaires d'Espagne, de France et d'Europe entendirent le contre-coup, fut tiré, on sait par quel ordre, mais on ne sait par quelle main, et la qualité nominale de la main faisait tout dans la circonstance. Ceux qui durent être étonnés de ce manque de respect à l'endroit du drapeau tricolore, ce furent le colonel Fabvier [1], ou autres *ejusdem farinæ* qui avaient de fortes et secrètes raisons d'espérer un accueil plus fraternel. Sauf cette inconséquence du coup de canon antirévolutionnaire, lequel eut des suites, parce que c'était le début, il n'y a pas de procédés que les ordres du major général ou son influence *royaliste* n'aient valus aux généraux des Cortès : tout ce qu'il a pu procurer de passe-droits, de déboires aux officiers tels que M. de Vitré [2], M. d'Autichamp [3], jusqu'au vénérable prince de Hohenlohe [4], il ne les a pas épargnés. Avant l'entrée à Madrid, M. le marquis de la Chasse-Vérigny [5] était venu amicalement trinquer avec ce magnanime général Zayas, une heure après l'exécrable massacre qu'il avait ordonné dans les rues, sans distinction d'âge et de sexe. A l'entrée triomphale du prince généralissime, le major général et les hommes de son bord voulurent ménager la sensibilité des *descamisados* vaincus. L'armée libératrice partageait l'ivresse nationale de la population espagnole; le silence fut commandé aux troupes : c'était assurément plus qu'une attention. Ce marquis de la Chasse-Vérigny, dont nous venons de parler, aujourd'hui maréchal de camp, exerce par vicariat la place qu'avait et qu'a toujours à la guerre M. l'ambassadeur Guilleminot, celle de directeur du dépôt des cartes;

1. Charles-Nicolas, baron Fabvier, colonel, lieutenant général en 1839, pair de France en 1845; né en 1782, mort en 1855.

2. Le comte de Vittré, maréchal de camp en 1819, lieutenant-général en 1823.

3. Charles-Marie-Auguste-Joseph de Beaumont, comte d'Autichamp, lieutenant général, pair de France le 17 août 1815; né en 1770, mort en 1859.

4. Louis-Aloys-Joachim-François-Xavier-Antoine de Hohenlohe, prince de Waldenbourg-Bartenstein, lieutenant général, maréchal de France en 1827, pair de France le 5 novembre 1827; né en 1765, mort le 31 mai 1829.

5. Le marquis de la Chasse-Vérigny, colonel d'état-major, maréchal de camp le 23 juillet 1823, directeur général par intérim du dépôt de la guerre, tué le 29 juillet 1835 par l'explosion de la machine infernale de Fieschi.

tous ces hommes sont faits sur le même moule et de même avisement. M. le baron Mounier, directeur général de l'administration des communes du royaume et pair de France, n'en avait pas moins conservé sa place d'intendant des bâtiments de la couronne et les quarante mille francs qui y sont attachés. Où en serait le très noble et très illustre pair de France, s'il n'avait pas pocheté cette poire, cette place de subalterne, pour la soif? *O cæcas principum mentes!....* Mais poursuivons.

La fameuse ordonnance d'Andujar, voilà le coup de maître! Faisons-la d'abord connaître :

Considérant que l'occupation de l'Espagne par l'armée française sous mes ordres nous met dans l'indispensable obligation de pourvoir à la tranquillité de ce royaume et à la sûreté de nos troupes.

ART. 1er.

Les autorités espagnoles ne pourront faire aucune arrestation sans l'autorisation du commandant de nos troupes dans l'arrondissement duquel elles se trouvent.

ART. 2.

Les commandants en chef des corps de notre armée *feront élargir tous ceux qui ont été arrêtés arbitrairement et pour des motifs politiques, notamment les miliciens rentrant chez eux;* sont toutefois exceptés ceux qui, depuis leur rentrée dans leurs foyers, ont donné de justes motifs de plainte.

ART. 3.

Les commandants en chef des corps de notre armée sont autorisés à faire arrêter ceux qui contreviendraient au présent ordre.

ART. 4.

Tous les journaux et journalistes sont placés sous la surveillance des commandants de nos troupes.

Fait à Andujar, le 8 août 1823.

Les frères et amis de Paris lui ont donné l'ovation dans tous leurs bouges, dans tous leurs journaux. Cette désastreuse ordonnance n'a pas eu sa pleine et entière exécution : elle aurait fait massacrer tous les Français. Elle fut rapportée le lendemain, mais elle eut un résultat bien apprécié par les malintentionnés : elle a éteint en un quart d'heure, pour ne jamais revenir, cet enthousiasme, cette idolâtrie électrique qui animait tout ce qui s'appelait Espagnol, à la vue seule d'un vivandier français. Voilà dans la vérité le résultat de l'ordonnance d'Andujar. C'était là ce que s'en promettaient, faute de mieux, ceux qui ont trompé le prince en le conseillant, et en cela les misérables n'ont que trop bien réussi.

Signalés ainsi, les *descamisados* français de l'armée se montraient fidèles à l'alliance européenne qui les liait aux *descamisados* d'Espagne. Le principe de la Sainte-Alliance est le maintien des pouvoirs légitimes ; le principe de l'alliance révolutionnaire en Europe est le renversement de ces pouvoirs : la conviction de cette vérité politique est le fil unique, quoique bien simple, qui conduit avec sûreté dans ce labyrinthe de roueries, toutes hostiles contre la monarchie des Bourbons, celle qui nous touche de plus près, toutes hostiles contre ses plus fidèles serviteurs. Et en dégageant ainsi la question et mettant les deux camps en présence, certes les ministres du Roi sont comme nous les premiers ennemis de ses ennemis.

Suivons la série des faits révélateurs : suivons pas à pas, de Madrid à Cadix, les perfides conseillers qui entouraient le prince, dans leur système de temporisation calculé. C'est malgré l'avis de Guilleminot — je nomme le coryphée de la clique — que le Trocadéro a été attaqué et que Cadix a ouvert ses portes. Par un heureux instinct, le généreux duc d'Angoulême a préféré le conseil de la gloire, émis par la fidélité, aux perfides insinuations des traîtres qui l'entouraient. Ce n'est pas de l'avis de Guilleminot que le contre-amiral Hamelin [1], féal ami des Cortès et du comité directeur de Paris, a été remplacé par Duperré [2] et des Rotours [3] : le port de Cadix fut fermé aux convois de contrebande, et le fort Santi-Petri fut pris, au grand désappointement du Guilleminot et compagnie. Tous ces messieurs susnommés, ou signalés pendant le siège de Cadix, ordonnaient à leurs chargés d'affaires de jouer à la baisse à la bourse. Que d'espérances déçues ! quelques jours faisaient gagner des mois : or, sans le rapport de l'ordonnance d'Andujar, l'Espagne se soulevait contre tout ce qui portait le nom de Français, et la révolution triomphante pouvait redevenir continentale. Il y a eu, dès le lendemain, un mécompte pour les factieux ; mais, comme on l'a dit plus haut, il n'a pas été sans dédommagement. Ah ! si du moins le prince eût cédé aux suggestions spécieuses, aux fausses difficultés qu'on lui présentait, aux obstacles mensongers dont on cherchait à effrayer son inexpérience, le Trocadéro n'était pas attaqué ; on gagnait du temps ; le pis aller était de traiter ; le moindre contact avec les Cortès consacrait les révolutions ; la légitimité rendait foi et hommage ; la doctrine des rébellions armées était reconnue ; le comité directeur félicitait ses féaux au retour. Au lieu de revenir victorieux et honoré, un Bourbon revenait compromis et blâmé ; enfin, en tout état de cause, les alentours du prince, les protecteurs d'Ouvrard ne demandaient que du temps ;

1. Jacques-Félix-Emmanuel, baron Hamelin ; né en 1768, mort en 1839.

2. Victor-Guy, baron Duperré, vice-amiral, nommé pair de France le 16 juillet 1830 ; né en 1775, mort en 1846.

3. Jean-Julien, baron Angot des Rotours, contre-amiral, gouverneur de la Guadeloupe en 1826 ; né en 1773, mort en 1844.

traîtres et fripons, fripons ou traîtres, ils connaissaient le prix d'un jour, d'une semaine, d'un mois, puisqu'ils avaient dans le fameux marché leur salaire de patrons, mensuel, hebdomadaire, quotidien.

Rétrogradons un peu, pour faire marcher parallèlement les hommes et les événements; car il y avait unité de temps, mais il n'y avait pas unité de lieu: il y avait deux théâtres, l'un en Espagne, l'autre à Paris.

On voit de quels hommes le prince se trouva entouré, quand il vint prendre à Bayonne le commandement de l'armée. Il avait demandé surtout des capacités ; M. le maréchal m'a dit qu'il avait presque indiqué Guilleminot, comme capacité positive et fidélité équivoque, par une manière de voir qu'il ne m'appartient pas de caractériser. Il paraît que Son Altesse Royale, dès qu'il y avait capacité, ne tenait pas à ce que le poids fût égal dans l'autre balance. Quand il n'y eût eu que la raison de cette différence, M. le maréchal, repartant de Bayonne pour Paris, pouvait dire au prince plus que Villars à Louis XIV, c'est-à-dire qu'il le laissait non seulement au milieu de ses ennemis, mais *au milieu de leurs ennemis*. Ce qui faisait la joie et la sécurité de la France faisait l'effroi et le désespoir de tous les traîtres ; le modèle de l'honneur, de la probité et du dévouement, M. le duc de Bellune, était ministre de la guerre. Mgr le duc d'Angoulême était entouré jour et nuit de ces capables, de ces *utilités* par excellence ; le maréchal était reparti, il était loin ; la triple ligne de circonvallation était assurée d'empêcher la vérité d'arriver jusqu'au prince ; le major général le bloquait ; aussi ne fut-il pas difficile à cette ligue ennemie d'accuser, de calomnier, d'aigrir le prince et de perdre le ministre. On présenta à Son Altesse Royale le marché Ouvrard comme d'urgence, vu que, par la faute du duc de Bellune, les magasins n'étaient pas approvisionnés. Les intéressés ne dirent pas au prince généralissime qu'ils partageaient avec Ouvrard les infâmes profits de ce marché scandaleux et exorbitant. Son Altesse Royale crut réellement que M. le maréchal, comme ministre de la guerre, n'avait que des vertus et le plus entier dévouement. Je pense que la clique fut trop adroite pour l'attaquer sous d'autres rapports que ceux d'administration. Cependant, de retour à Paris, M. le maréchal refusa d'approuver le fameux marché Ouvrard. Le prince avait cru d'impérieuse nécessité de le signer : la querelle s'établit donc entre Son Altesse Royale, généralissime de l'armée, neveu du Roi, fils de l'héritier présomptif de la couronne, et M. le maréchal duc de Bellune, ministre de la guerre, croyant tous deux avoir raison. M. le maréchal s'appuyait sur la probité de son intendant général de l'administration de la guerre, et la garantie de sa vigilance, prévoyance et capacité consistait dans une pile d'états et de contrôles signés d'intendants, de sous-intendants militaires, de chefs de service et de gardes-magasins ; mais il y avait bien des semaines que l'on avait averti en temps utile que l'intrigue, la trahison, la friponnerie étaient sur pied pour surprendre la bonne foi du ministre, ou plutôt de M. de Perceval, dans l'exécution des ordres, des mesures, par tous les moyens, ne fût-ce que par des états faux. M. le maréchal avait des états des approvisionnements de Bayonne, M. le général Digeon en a produit de contradictoires, faits par les mêmes agents. Il est indubitable que ce sont les états faux, qui ont trompé le général Digeon lui-même, qu'on a mis sous les yeux du prince généralissime.

Lors de son apparition à Bayonne, il paraît que M. le maréchal lui-même, placé entre ces doubles états contradictoires, ne put s'empêcher d'être étonné et incertain ; et c'est sans doute cette pénible perplexité qui, la veille du passage, vu l'urgence du moment, le décida à une approbation provisoire.

Il suffira, dans la position des choses, de se représenter l'attitude du prince et celle du ministre pour ne pas aller chercher dans ses collègues des ennemis ou des jaloux tramant sa disgrâce. Il paraît que, dès l'époque du refus d'approbation des marchés d'Ouvrard, Mgr le duc d'Angoulême se refusa à correspondre en aucune manière avec le maréchal : dès lors il fallut bien que tel ministre son collègue s'entremît dans les rapports indirects, mais continus, mais forcés, entre le quartier général et le ministre spécial de l'armée. Le prince, dans ses dépêches, le maréchal, dans les siennes, se répandaient en récriminations dont il fallait amortir l'effet déplorable. Au milieu des succès, au milieu de la campagne, quel éclat funeste ne se serait pas manifesté si, à la connaissance réciproque du texte même de leurs dépêches, le prince eût demandé la démission du ministre, ou que, de mécontentement, le ministre l'eût donnée! Certes, cet incident n'eût pas servi la bonne cause ; il aurait réjoui tous les ennemis de la monarchie. Il fallait donc remanier les dépêches mutuelles, n'en communiquer que le sens et l'esprit, en adoucissant l'aigreur des mots. C'est ce qu'on ne pouvait pas dire à M. le maréchal, quand il m'observait qu'il trouvait une certaine obscurité, un certain louche dans les communications traduites qu'on lui transmettait, et qu'on ne répondait pas précisément et catégoriquement à ce qu'il écrivait.

Cet état de choses dura jusqu'à l'arrivée du prince. Il affligeait le conseil du Roi, qui savait bien que le duc d'Angoulême était très mal entouré, avait été mal conseillé. Ne devait-on pas le lui dire ? On le pouvait. Le ministre avait été trompé ; Perceval avait été joué par des traîtres et des fripons ; le prince avait été joué d'une autre manière par leurs protecteurs et leurs complices.

On va juger de l'esprit et du dévouement de tous ces hommes. Un officier, atteint de folie périodique, était à Charenton ; dans un de ses moments lucides, il déclara plusieurs fois qu'il avait d'importantes communications à faire, et qu'il fallait profiter de ses moments de raison. Il dit et répéta, de la manière la plus circonstanciée, que plusieurs officiers corses du régiment.... avaient promis et juré de tirer sur le prince à la première occasion ou affaire qu'il se trouverait à portée de l'un d'eux. L'avis fut envoyé avec toute la prudence possible ; cette note confidentielle fut jetée sur les bureaux de l'état-major, traîna sur les tables ; et les commis se disaient en ricanant et en haussant les épaules : « Est-ce toi qui veux empêcher « le prince d'être tué ? voilà de leurs gobe-moucheries de « Paris ! »

Dès que M. le maréchal sut que le prince irait jusqu'à Cadix, il s'empressa de lui envoyer un très beau plan, qu'il en avait fait lever dans le temps ; il y avait joint une note courte et modeste, où il expliquait qu'ayant fait autrefois le siège de cette place, il aurait fait telle disposition s'il eût eu une marine à ses ordres ; qu'il aurait osé telle autre attaque s'il n'eût pas eu contre lui la marine anglaise, portugaise et espagnole. Son intention fut si indignement interprétée qu'on remit la carte au prince en lui disant : « Voici les ordres que le précepteur de Votre Altesse « Royale lui envoie de Paris !!! »

On laissa donc M. le maréchal dans son aveuglement, et Son Altesse Royale resta dans l'erreur. On eût loué le président du conseil s'il eût parlé, s'il eût dit ce qu'il savait : il était suffisamment instruit ; presque placé entre le ministre et le prince, abusés tous deux, il les voyait constamment abonder dans leur sens, lequel n'était pas la vérité, puisqu'elle n'était ni d'un côté ni de l'autre. M. le maréchal avait été trompé : le prince, éclairé, l'aurait plaint encore plus que blâmé. Le président du conseil aurait acquis de nouveaux droits à la confiance, à la reconnaissance publique, s'il eût défendu son collègue. Il est vrai qu'il l'eût défendu *sans son aveu*, car M. le maréchal commence à peine à soupçonner aujourd'hui l'infidélité de ses agents : un vieux guerrier sans peur et sans reproche peut-il croire aisément aux fourbes et aux fripons ? M. de Villèle resta neutre ; il eût parlé sans doute s'il eût été interrogé ; mais le prince était bien loin de croire avoir besoin d'être éclairé. M. de Villèle ne prit pas l'initiative : le rôle était beau à jouer, il était bien difficile, vu l'obstination réciproque du prince et du ministre, convaincus tous deux qu'ils avaient chacun raison. M. de Villèle garda le silence, il laissa arriver l'explosion. M. le maréchal méritait mieux que cela : triple appui de la monarchie, avec M. de Villèle et M. de Corbière, appelé comme eux par les vœux publics à ce ministère royaliste du 8 décembre dont ils formaient à eux trois la base, il était juste, politique, noble et glorieusement royaliste de prendre la défense du brave et digne maréchal. M. de Villèle n'osa rien, ne dit rien, ne fit rien. Il a certainement toute l'habileté de tête et d'esprit, et toutes les qualités de cœur nécessaires pour apprécier M. le maréchal ; il n'ignorait pas combien son nom, ses mérites, ses services, sa fidélité le rendaient précieux à conserver pour la dignité, l'union, l'affermissement du ministère lui-même. A Dieu ne plaise aussi que je fasse au président du conseil l'injure de penser que les cancans et les caquets qui n'ont que trop couru d'une maison dans l'autre soient arrivés jusqu'à l'atteindre, et que ces misérables influences aient contribué à sa neutralité ou à son silence dans une circonstance dont on doit se figurer toutes les difficultés. Quoi qu'il en soit de ces préventions, fondées ou non, qu'avait fini par laisser mettre en question M. le maréchal, sans y croire précisément, je dois dire à la louange de ce loyal et excellent duc de Bellune que, lui parlant à cette époque-là de la monarchie, de lui-même, de ses collègues et du président du conseil, il me dit : « Je crains d'avoir « à me plaindre de lui ; mais je désire autant que vous que « le Roi n'éloigne jamais du gouvernement un semblable « ministre. »

Oui, tout le conseil sans exception rendait réciproquement à M. le maréchal la justice qui lui était due, et lui portait la bienveillance et l'intérêt qu'il inspirait. N'en regardera-t-on pas comme la preuve la nomination improvisée de M. de Lauriston [1] comme maréchal de France à la mort du maréchal Davout [2] ? Un bâton de maréchal était à donner : il était politique de le laisser espérer à plusieurs généraux de l'armée d'Espagne, surtout au milieu de la guerre. Il fut donné sur-le-champ à M. de Lauriston, qui était à Paris, pour gagner de vitesse la demande que le prince en allait peut-être faire pour son chef d'état-major, et pour épargner ainsi au duc de Bellune la plus sanglante mortification.

Cependant le prince généralissime revenait victorieux : l'arc de triomphe de l'Étoile était préparé pour son entrée.

1. Jacques-Alexandre-Bernard Law, marquis de Lauriston, pair de France le 18 avril 1815, ministre de la maison du Roi du 1er novembre 1820 au 4 août 1824, maréchal de France le 6 juin 1823 ; né en 1768, mort le 11 juin 1828.

2. Anne-Louis-Nicolas Davout, duc d'Auerstædt, prince d'Essling, maréchal de France, pair de France le 5 mars 1819 ; né en 1770, mort le 1er juin 1823.

Le prince était aigri, irrité contre le digne maréchal. La lutte n'était pas égale ; ils ne pouvaient pas se trouver en présence ; il fallut demander au ministre de la guerre, à M. le maréchal duc de Bellune, à ce père des soldats, à ce soutien de la monarchie légitime, il fallut lui demander sa démission ! Le Roi déclara qu'il n'en aurait pas le courage ; l'idole des Français, le prince aimable et chéri à qui il est donné de consoler toutes les douleurs et d'adoucir toutes les injustices, Monsieur, remplit la mission si triste pour tous deux de demander, grand Dieu ! la démission au fidèle et bon maréchal... *Transeat calix iste* [1].

A cette douloureuse nouvelle, je courus chez ceux qui étaient dignes de sentir et de partager ma douleur. J'allai chez M. de Corbière ; je trouvai ce brave et honnête homme, ce Français primitif, ce franc Breton, ce qui s'appelle consterné. « Mon ami, me dit-il, je m'afflige encore « plus pour ce que je crains que pour ce que je vois.... » Je quittai au bout de peu d'instants ce digne ami du digne ministre malheureux, et je volai pour aller mettre sur mon cœur la main de M. le maréchal ; il était parti pour Mesnars. Je ne manquai pas à mon devoir de député et de royaliste, je me rendis dès le lendemain matin chez M. de Villèle, qui avait la bonté et presque l'habitude de me recevoir et de m'écouter ; je lui lus et lui laissai la note suivante :

Tout ce qu'il y a de gens de bien en France sont consternés de la démission de M. le maréchal. Ce qu'il y a de fâcheux, c'est qu'on ne peut pas dire la vérité au public, et dans le public beaucoup affecteraient de ne pas la croire. On ne conçoit pas la démission forcée du meilleur serviteur du Roi,

1. Voir la note A, à la fin du chapitre, p. 81.

quand elle n'a été voulue ni par le Roi, ni par le Conseil, ni par les Chambres. De là les conjectures les plus inquiétantes, les plus absurdes, les plus odieuses, et toutes, fondées ou non, les plus désavantageuses à la confiance que méritent les ministres du Roi Il est le plus instant possible de faire cesser cet état d'anxiété, cet état pénible et très dangereux. Un moyen se présente de remettre l'opinion dans la bonne voie : le maréchal est universellement estimé, admiré, regretté de tous les gens de bien. Dans l'intérêt de la monarchie, dans l'intérêt du gouvernement lui-même, il est bon, il est instant de donner une satisfaction à l'opinion publique; la joie des jacobins vous apprend que cette satisfaction est aussi politique que juste : rétablissez sur-le-champ, pour le fidèle et digne maréchal, la place qu'avait sous Bonaparte le maréchal Moncey [1], la belle et très utile place d'inspecteur général de la gendarmerie de France *travaillant avec le Roi.* Il ne s'agira plus que de faire consentir M. le maréchal : par patriotisme, il acceptera; je vous offre de courir le lui proposer.

Ainsi vous atteignez un double but : la démission du maréchal est un malheur qui n'est pas de votre fait; mais le public ne juge que sur ce qu'il voit : il n'aura plus rien à dire contre vous, et vous l'aurez pour vous, tel que vous l'aviez favorable avant ce malheur, et vous ne gouvernerez pas sans avoir l'opinion pour vous. Ainsi vous lui parlerez par des faits, vous fermerez la bouche aux journaux, puissance bâtarde, mais réelle, que vous ne pouvez pas mépriser. Je m'adresse à vous parce que, président du Conseil des ministres, c'est sur vous que tout porte, c'est vous que les apparences compromettent, et avec vous le ministère royaliste, et avec lui la monarchie.

M. de Villèle m'écouta attentivement, selon sa louable coutume quand on lui parle. Avec autant de justesse que d'aptitude dans toutes les spécialités, il m'observa que

1. Bon-Adrien Jeannot de Moncey, maréchal de France en 1804, créé en 1808 duc de Conegliano, pair de France le 4 juin 1814, rayé au retour de Louis XVIII de Gand, rétabli le 5 mars 1819; né en 1754, mort en 1842.

l'inspection générale de toute la gendarmerie de France placerait le maréchal sous la dépendance et les ordres du ministre de la guerre, du ministre de la justice, du ministre de l'intérieur, et qu'il ne pouvait pas accepter quelque chose de fort inférieur au poste que la bienveillance et la reconnaissance du Roi lui destinaient ; et il m'apprit en même temps que Sa Majesté venait de le nommer ambassadeur à Vienne.

En effet, quelques jours après, M. le maréchal revint à Paris, mais pour être retenu au lit par la goutte. Il me dit que cette mission ne lui convenait guère, mais qu'un fidèle sujet ne savait qu'obéir, et il me laissa prendre communication de la lettre du Roi, ainsi conçue :

Mon cousin, la connaissance que j'ai de votre mérite, de votre zèle pour la gloire et l'honneur de ma couronne et de votre attachement à ma personne m'a porté à vous nommer ambassadeur à Vienne. Le bien de l'État exige aujourd'hui que vous alliez sans plus de délai occuper la haute place que j'ai à cœur de confier à votre fidélité. En vous faisant part moi-même de ma volonté, j'ai entendu vous donner une marque toute particulière de mon estime et du prix que j'attache à vos services.

Cette lettre n'étant à autre fin, je prie Dieu, mon cousin, qu'il vous ait en sa sainte et digne garde.

Signé : Louis.

En notre château des Tuileries, le 30 novembre 1823.

Cependant M. le maréchal, retenu par la goutte, ne partait pas. La découverte d'une bévue faite chez le ministre des affaires étrangères dispensa le duc de Bellune d'aller remplir la brillante mission qui paraissait ne pas lui convenir. La cour de Vienne prévint qu'à Aix-la-Chapelle M. le duc de Richelieu, dirigé par la haute spécialité diplomatique, par M. le baron Mounier, avait consenti à ce que les Français ayant des noms et des titres de ville et de territoire dans lesquels l'Autriche était rentrée ne porteraient point ces qualités en Allemagne; qu'ainsi M. le maréchal devait s'attendre à tous les témoignages de considération et de respect, mais sous le nom du maréchal Victor, et non pas sous celui du maréchal duc de Bellune, qualification qu'on se refusait à reconnaître. Sous cette condition, M. le maréchal se refusa tout naturellement à partir, et on ne pouvait que le trouver fort simple. M. de Chateaubriand insista et, en fort ministre des affaires étrangères, il assurait que M. le maréchal n'avait qu'à toujours partir et que cela s'arrangerait ensuite; cette diplomatie romantique ne persuada pas M. le maréchal, et on ne parla plus de l'ambassade de Vienne.... Hélas! quinze jours après on ne parlait plus à Paris de M. le maréchal lui-même!.... Il n'était plus que dans le cœur et dans les regrets des gens de bien!

Je crois avoir assez prouvé que sa retraite ne pouvait pas être reprochée aux ministres ses collègues. Après les justes regrets donnés à ce malheur, on conviendra que, dans l'opinion, le duc de Bellune ne pouvait pas être remplacé d'une manière plus rassurante pour les amis de la monarchie que par M. le général baron de Damas [1]. M. de Damas, d'un des plus beaux noms de la France, de la cour et de l'armée, avait appris son métier dans les rangs russes; il avait, comme général de division, concouru glorieusement aux triomphes de l'armée libératrice; il avait vaincu en Catalogne; il était disposé à suivre les errements et les plans de M. le maréchal; M. du Coëtlosquet, l'ami du duc de Bellune, restait auprès de M. le

1. Ange-Hyacinthe-Maxence, baron de Damas, lieutenant général, pair de France le 9 octobre 1823; né en 1785, mort en 1862.

baron de Damas. Les amis de la monarchie devaient être affligés du départ de M. le maréchal, mais les ennemis du Roi n'avaient pas à se réjouir de l'arrivée de son successeur : les sentiments, le dévouement, le zèle monarchique n'étaient pas moins unanimes dans le ministère, tous ses actes en faisaient foi.

Ce fut vers ce temps qu'on fit une nouvelle création de pairs de France, et certainement les noms les plus honorables y furent compris : nombre de pairs ecclésiastiques attestèrent l'esprit religieux et monarchique qui avait dicté les choix aux ministres du Roi. Les Bonald [1], les du Bouchage, les Marcellus [2], les Juigné [3], les Charette [4], avaient été repoussés sous les ministères métis qui avaient précédé le ministère de décembre 1821. Dans ce ministère, ce n'étaient plus, il est vrai, tous les mêmes hommes, mais c'était assurément toujours le même esprit ; jugez les œuvres, jugez les actes, jugez par cette amélioration de l'esprit public : il revenait visiblement à la monarchie et à la religion ; le trône et l'autel s'affermissaient à vue d'œil. Ce miracle s'opérait par gradation ; les conditions religieuses et monarchiques recevaient leurs développements, grâce à l'adoption et à la persévérance dans le seul bon, dans le seul vrai système dont les ministres et le président du conseil étaient les fidèles exécuteurs. Les ministres du Roi, le président du conseil à leur tête, aux yeux de tout bon Français, de tout observateur impartial,

1. Louis-Gabriel-Ambroise, vicomte de Bonald, député de l'Aveyron de 1815 à 1823, pair de France le 23 décembre 1823 ; né en 1754, mort en 1840.

2. Marie-Louis-Auguste de Martin du Tyrac, comte de Marcellus, député de 1815 à 1823, pair de France le 23 décembre 1823 ; né en 1776, mort en 1841.

3. Charles-Marie Le Clerc, marquis de Juigné, pair de France le 23 décembre 1823 ; né en 1764, mort le 11 janvier 1826.

4. Athanase-Charles-Marie, baron de Charette la Contrie, pair de France le 23 décembre 1823 ; né en 1796, mort en 1848.

de tout homme que la passion n'égare pas, ces ministres ne sont ni romantiques ni idéologues ; ils sont dévoués, positifs, et savent ce qu'ils veulent. Les voulez-vous parfaits ? allez chercher des anges. M. de Villèle et M. de Corbière, les deux contre lesquels les malins et les niais unis se sont le plus déchaînés, mensongèrement et criminellement, ne sont des hommes ni ambitieux ni intéressés dans l'acception vulgaire de ces deux mots. Ni l'un ni l'autre n'accaparent de trésors, et sous le rapport d'ambition pour leurs familles, M. de Corbière a fait son fils substitut, non pas même à Paris, mais à Rennes, et M. de Villèle a fait nommer le sien auditeur à la Cour royale, ce qui prouve qu'il n'est pas pressé de le voir arriver bien vite et bien haut. C'est encore aux dépens des attributions de M. de Corbière que le ministère royaliste vient de faire récemment l'acte si louable et si monarchique de la création d'un ministère des affaires ecclésiastiques. Ainsi un prélat est entré dans le conseil du Roi et le même qui est chargé de l'instruction publique ; et la mauvaise foi se refuse à rendre hommage au ministre qui sacrifie des attributions qui lui appartenaient par dévouement au bien public, et à rendre justice au gouvernement auquel on doit le bienfait monarchique et religieux de ce nouveau ministère donné à Monseigneur d'Hermopolis ! Il y a honte ! il y a vertige !

Ainsi les ministres du Roi avaient fait beaucoup ; ils n'ignoraient pas qu'il leur restait beaucoup à faire. Pour arriver graduellement au bien, il fallait que la Chambre des députés cessât d'être renouvelée tous les ans par cinquième ; que le cinquième de la France ne fût plus saisi tous les ans de la fièvre électorale, et que la septennalité donnât le temps humainement nécessaire pour proposer et achever des institutions et des lois en harmonie avec la charte et la monarchie : elle se servait provisoirement des lois et des pratiques révolutionnaires et impériales. La Chambre de 1823 fut donc cassée, avec la ferme volonté et espérance de la part du gouvernement de voir revenir les mêmes bons et loyaux députés. Sauf les ennemis, les soi-disant libéraux, aucun électeur ne s'est mépris, et tous les députés réélus le furent par tous les collèges, sous l'intention de la loi de septennalité.

Cette loi fut proposée à la Chambre des pairs, qui se conduisit plus tard d'une si étrange et si monstrueuse manière. Ce ne fut pas par inconséquence que la septennalité passa aux pairs : c'était bien la vraie loi la plus fondamentale qu'on pût porter, car sans elle on n'avait le temps de rien faire ; mais les coteries n'étaient pas encore organisées dans la Chambre haute, où les malins y virent un couteau à deux tranchants qui pouvait leur servir à eux-mêmes comme à ceux qu'ils voulaient renverser. C'est ainsi qu'on peut expliquer comment et pourquoi la septennalité a passé si facilement aux pairs. Ce n'en était pas moins la seule loi, la loi mère, la loi vitale, dont le rejet par un des pouvoirs aurait compromis l'existence du ministère. Les canards l'ayant passée, les députés la passèrent sans difficulté, sans arrière-pensée, sous le sentiment presque général de son utilité, de sa nécessité.

Nous voici arrivés à la loi sur les rentes. Il n'en fut pas de même : la Chambre des députés l'adopta de confiance ou de conviction, et tous dans l'intérêt des Français, qui ne sont pas tous des pairs, et dans l'intérêt de la France, qui n'est pas Paris. La preuve que, dans cette pétaudière de très nobles et très illustres anciens conventionnels, révolutionnaires, sénateurs impériaux, et ministres déportés dans cette moderne arche de Noé, l'opposition fut presque toute machiavélique et calculée hors de la question, c'est que le principe de la réduction de l'intérêt, la rente étant au pair, ne fut pas nié, et que le droit de remboursement fut reconnu : on rejeta, soi-disant à cause du mode, qu'on affectait de trouver vicieux.

Assurément M. de Villèle, à qui l'Europe accorde d'être au moins un excellent financier, n'avait pas présenté légèrement cette loi de finances ; il n'avait pas préféré sans examen le mode qu'il proposait et qu'il a si éloquemment, si clairement, si habilement soutenu à la Chambre des députés, et mieux encore à la Chambre des pairs ; mais il n'y a pires sourds que ceux qui ne veulent pas entendre. Certes il fallait qu'il se crût bien fort en raisons et en intentions, qu'il fût bien pénétré de l'immense avantage que l'industrie, le commerce, l'agriculture, la France entière allaient retirer de sa loi, que dis-je, allait, on en sentait déjà les bienfaits précurseurs à la seule acceptation par la Chambre des députés ; il fallait qu'il crût enfin qu'à la Chambre des pairs l'amour du bien public dominerait, car il ne se dissimulait pas que les intérêts qu'il froissait n'étaient qu'à Paris, qu'il n'avait pas l'avantage du terrain, et, ce qui nous persuadait encore mieux de sa croyance dans la bonté de sa loi, c'est que nous savions bien que, plus adroit qu'audacieux, il aimait mieux tourner les redoutes que les emporter d'assaut : il aime mieux dénouer patiemment les nœuds gordiens que les couper. En cette circonstance, M. de Villèle s'est montré meilleur citoyen qu'homme d'État ; il devait connaître la Chambre des pairs ; il lui a cependant fait plus d'honneur qu'elle n'en mérite. Je veux que, parmi les bons pairs, M. de Kergorlay [1], — son nom vaut tout éloge, — ait été, comme on

1. Louis-Florian-Paul, comte de Kergorlay, député de l'Oise de 1815 à 1816 et de 1820 à 1823, pair de France le 23 décembre 1823 ; né en 1769, mort en 1856.

me l'a dit, opposant à cette loi ; M. de Kergorlay a mal vu, il n'en répondra pas devant Dieu, il a parlé selon sa conscience ; mais enfin il a parlé contre. Sur sa parole, plus d'un bon pair qui disait : *que sais-je ?* aura voté d'après lui. D'autres, très bons hommes, apportant les scrupules d'un juré de la rue de la Lune appelé pour un délit intellectuel, auront cru les forts de la spécialité, les Mollien [1], les Roy, les Barbé-Marbois [2] ; absolument comme les belles et bonnes âmes qui, juges de Louis XVI, ont voté avec M. Lepelletier de Saint-Fargeau, parce qu'il devait se connaître en criminalité, puisqu'il avait quatre ans présidé la Tournelle. Pendant ce temps Pasquier, l'aérien, voltigeait ; le mielleux Barante alléchait ; ils allaient négocier de groupe en groupe. On insinuait, on sait à qui, que la loi n'était qu'une question d'hommes, que ce ministère-là était trop négatif, que celui du lendemain le serait beaucoup moins, ce qui ne déplaisait pas même à quelques oreilles de la cour ; on chuchotait des ministres qui se paieraient de mauvaises raisons ; des supériorités et M. de Chateaubriand signaient un acquiescement au pacte d'alliance ; enfin l'honnête C. me dit le lendemain que, dans la Chambre des nobles pairs, c'était un scandale à huis clos, et que les boules noires se cotaient comme les effets à la bourse [3]. Voilà les turpitudes, voilà les infâmes manœuvres dont M. le vicomte de Chateaubriand, le coryphée des royalistes par excellence, était le jouet ou le complice, à son choix !

La loi des rentes fut donc rejetée ; M. de Chateaubriand

1. François-Nicolas, comte Mollien, pair de France le 5 mars 1819 ; né en 1758, mort en 1850.

2. François, marquis de Barbé-Marbois, pair de France en 1814 ; né en 1745, mort en 1837.

3. Voir note B, à la fin du chapitre, p. 84.

fut chassé du conseil des ministres. Ministre solidaire, quel était son maintien pendant la présentation, l'examen, la discussion de la loi des rentes, devant le Roi? Il garda une perfide, lâche et silencieuse neutralité armée. S'il blâmait la loi, son devoir était de la combattre dans le conseil, en face du ministre son collègue qui la proposait. Le romantique vicomte, homme d'État de hasard, parlant spécialité, parlant chiffres, intérêts du pays, eût été honteusement battu par M. de Villèle ; il a préféré attaquer en Parthe son ennemi. La loi n'était que le prétexte : lui et compagnie voyaient dans le rejet de la loi la chute du président du conseil et le renversement du ministère. Le pilote et la chiourme en expectative furent désappointés ; la flèche frappa sur un corps dur, et revint sur l'archer : M. de Chateaubriand fut chassé du ministère des affaires étrangères et du conseil. Il le méritait comme faux frère, comme mauvais ministre, et encore plus mauvais Français. La lettre qui lui signifiait son congé fut laconique et sèche, et c'est en cela qu'elle fut bien : l'homme ne méritait pas mieux [1]. Ce grand événement jeta dans un risible délire ce prodige littéraire, gonflé de toutes les vanités : il n'a pas fait une demi-chute, il est tombé tout habillé, la tête la première, ex-ministre, pair de France, cordon bleu, non pas dans l'Éridan comme Phaéton, mais dans la boue du journalisme, où il salvandise et patauge ; à chaque article, à chaque pamphlet, il croit lancer contre son ennemi le mont Pélion ou le mont Ossa.

La sortie forcée de M. de Chateaubriand a mis ses affranchis dans une telle colère qu'ils ont laissé tomber leurs masques. Le patron n'avait pas déménagé de la rue Neuve des Capucines, que le Bertin de Vaux avait déjà mis

1. Voir note C, à la fin du chapitre, p. 85.

tout Paris dans son véritable secret : il a révélé au public, qui le croyait le conseiller intime, la trompette officielle, le stipendié du ministre du Trésor, son conseiller d'État pour services rendus, qu'il fallait reporter tout cela de M. de Villèle à M. de Chateaubriand ; enfin qu'il était l'homme, non de M. de Villèle, mais du noble pair. Cela a donné le mot d'une énigme, à la honte et à l'honneur de qui de droit.

J'ai prononcé le nom du journalisme ; c'est ici le lieu et le moment de parler de cette étrange puissance, de ses prétentions, de ses alliances, et des scandales que cette magistrature très extraordinaire a causés.

Voici ce qu'on lit dans la *Quotidienne* du 3 décembre 1824 :

Pendant tout l'intervalle qui a séparé les sessions, et cette fois il a été long, les journaux dépendants n'ont pas manqué de répondre aux attaques les plus modérées et aux réclamations les plus légitimes par une espèce de fin de non-recevoir, fondée sur l'illégalité de tout ce qui pouvait se dire en dehors des Chambres contre l'administration actuelle. Sans nier que ces assemblées aient un caractère d'opinion légale qui leur donne un grand avantage pour faire triompher la vérité, il est par trop extraordinaire de prétendre qu'en leur absence il soit interdit de faire entendre cette vérité, au nom de l'opinion publique.... pour remplir la mission qui nous paraît imposée, à tous les organes de l'opinion publique, et qu'on ose nous dire s'il est faux et usurpé.... [*Risum teneatis, amici ?*]

Qu'est-ce donc qu'un journaliste ? qu'est-ce que ce fonctionnaire qui n'a reçu en France de mission pas même d'un village? Au nom de son opinion qu'il appelle l'opinion publique, il dit : *on veut, on croit, on pense, on blâme*. Un journaliste n'est pas autre chose que la particule *on* : on dit, et on n'est qu'un sot. Or le journaliste est la particule *on* qui interroge les ministres du Roi.

Pope demandait en goguenardant à un officier s'il savait seulement ce que c'était qu'un point interrogant; le militaire répondit au petit bossu : « Un point interrogant est une figure crochue, tortue, qui fait la question. »

Le principe de ce pouvoir hétéroclite serait dans l'article 8 de la Charte : « Les Français ont le droit de publier et de faire imprimer leurs opinions, en se conformant aux lois qui doivent réprimer les abus de cette liberté. » Il y a tant d'ellipses et de sous-entendus dans cet article que, pour le mettre dans la Charte, on n'a pas consulté le bon sens. Ainsi la loi aurait dit : rêvez, écrivez, imprimez à tort et à travers, je vous punirai après. La loi religieuse avertit, elle est paternelle, elle empêche le chrétien de se nuire avec l'arme du libre arbitre ; l'article 8 de la Charte est une loi tout humaine : elle ne prévient pas, mais elle promet de punir. L'essence d'une bonne loi est de prévenir le mal, et non pas de le réprimer quand il est fait. Tout a été dit et senti à cet égard par les gens éclairés et de bonne foi ; mais rien n'a été fait, tout est à faire dans cette législation. Hors du droit de légitime défense, du droit de pétition en cas de déni de justice, du droit de contrôle sur les actes du gouvernement, du droit de conseil, pourvu que ce soient les rêves d'un homme de bien, la liberté de la presse politique, qui a engendré le journalisme, n'est-elle pas grosse de l'anarchie ? Le journalisme est un levier d'une incontestable puissance ; il est dans l'arsenal des armes offensives et défensives ouvert à tout le monde sous ce qu'on appelle le gouvernement représentatif, monstre dans l'ordre social qu'il est à la mode d'apprivoiser et d'alimenter dans le royaume de France. Depuis la Restauration, le journalisme était donc exploité pour ou contre la monarchie par les royalistes ou les libéraux ; le *Conservateur* a vaincu la *Minerve*, et le 8 décembre 1821, la monarchie a triomphé; le Roi s'est placé du côté droit de la France; il y a pris tous ses ministres. Les journalistes royalistes sonnaient des fanfares; ils se rengorgeaient à peu près comme le sacristain qui, à la sortie d'un excellent sermon, disait au public satisfait : « Messieurs, c'est moi qui l'ai sonné. » Le *Constitutionnel* et le *Courrier*, car il faut personnifier, se débattaient, écrasés par le Trône comme Encelade sous la Sicile, avec l'astuce et l'esprit qu'ils tiennent du diable. M. l'abbé de la Mennais [1], M. de Saint-Victor [2], le marquis de Bellissen [3] (on s'abstient de rire) dirigeaient la batterie royaliste connue sous le nom de *Drapeau blanc;* l'auteur des *Croisades*, du *Printemps d'un proscrit*, l'académicien, le lecteur du Roi, ma commère Michaud, gouvernait maternellement, en bonne femme, sa fille *la Quotidienne*, qu'il avait eue à lui tout seul dès le temps de la république, *prolem sine patre creatam.* La *Quotidienne*, en fille sage, ne faisait pas précisément parler d'elle, quoiqu'elle fût fort répandue dans le monde : c'était un petit ruisseau qui coulait de deux sources bien pures, ayant naissance sous le trône et sous l'autel; mais c'était de l'eau à l'eau. Il n'importe; ce n'est pas là où est son crime. Poursuivons et arrivons à la circonstance, moins ridicule encore que déplorable, de l'accaparement des journaux aux dépens de qui il appartient.

Quæque ipse miserrima vidi.

Il faut savoir que chaque journal a des actionnaires dont

1. Jean-Marie-Félicité-Robert de La Mennais, né le 19 juin 1782, mort le 27 février 1854.

2. Jean-Baptiste de Saint-Victor, rédacteur du *Journal des Débats*, né en 1775.

3. Jacques-Henri-Gabriel, marquis de Bellissen, député de Tarn-et-Garonne de 1822 à 1830; né en 1779, mort en 1869.

l'influence dans la rédaction ou dans l'insertion d'articles politiques est à raison du nombre d'actions dont ils sont propriétaires. N'importe par quels motifs ou par quelles suggestions, le *Drapeau blanc* prenait une couleur fausse et mauvaise. Son ton devenait acerbe, violent; sa tendance était à l'injustice, au mensonge, à l'injure, en un mot à l'hostilité. La majorité des actionnaires, dans l'intérêt de l'entreprise et dans la couleur de son opinion, désavoua cette direction; M. l'abbé de la Mennais et M. de Saint-Victor, ne pouvant plus imprimer le mouvement qui leur convenait, voulurent vendre toutes leurs actions. Sur douze, M. de Maizières [1] en avait quatre à lui déjà; M. Raoul Rochette [2] deux, en commun avec M. de Bellissen, pour lequel il se portait fort. Ces messieurs vinrent me trouver; j'écoutai leurs intentions et propositions. Je leur dis que je blâmais comme eux toute opposition hostile, de la part de royalistes comme nous, contre des ministres aussi royalistes qu'aucun de nous, mais que je professais une opposition stimulante et une résistance raisonnée toutes fois et quand je la trouverais de saison et de devoir; qu'avec ces principes, qui étaient non seulement les miens, mais ceux d'au moins soixante de mes collègues dont je leur déclinai les noms, ils placeraient le *Drapeau blanc* au milieu du côté droit, aussi loin de La Bourdonnaye que de Piet [3]. Après beaucoup de pourparlers, je me refusai à la négociation, et je sortis du cercle vicieux. La transaction se fit comme toutes les transactions commerciales; il me paraît que tout le monde fut content. J'y gagnai, si l'on veut, la confirmation d'une

1. Cyprien Anot de Maizières, publiciste, professeur de l'Université; né en 1794, mort en 1879.
2. Désiré-Raoul Rochette, membre de l'Institut; né en 1790, mort en 1854.
3. Jean-Pierre Piet-Tardiveau, député de la Sarthe de 1815 à 1819 et de 1820 à 1827; né en 1763, mort en 1848.

opinion presque innée dans mon esprit. Par un inconcevable changement de langage du jour au lendemain, par le subit passage d'une reconnaissance basse et d'une flatterie exagérée aux reproches les plus grossiers et les plus injustes en arrière d'un ministre honnête homme, je me confirmai dans l'idée que rien n'égale la suffisance, la cupidité, l'amour-propre, la petite ambition, l'égoïsme et l'insolence d'un gent de lettres.

L'affaire de la commère Michaud fut absolument de la même nature ; elle ne lui en fait pas plus d'honneur. C. Q. F. D. [1]. Il faut savoir qu'il y avait déjà quelques mois qu'en qualité de puissance, par la grâce de Dieu sait qui, le fondateur, protecteur et directeur de la *Quotidienne* s'était transporté le matin chez une autre puissance, mais celle-là par ordonnance du Roi, comme qui dirait le président du conseil, afin de demander et savoir ce que le ministère avait dans l'âme, et puis ce qu'il contait à l'Europe et ce que l'Europe lui contait, vu qu'en le laissant dans cette ignorance le gouvernement l'exposait à dire au public ce qu'il ne savait pas et à ne pas savoir ce qu'il disait. Il paraît que M. de Villèle n'a pas consenti à cet épanchement-là, d'autant que, pour qu'il fût plus confidentiel, Michaud s'était fait accompagner d'un acolyte, de cet innocent de Lau.... Je lui en ai fait mon compliment, qui n'a pas eu de succès. Je ne sais pas si ce fut le rédacteur en chef Le Sollier [2], le malencontreux cultivateur de la *Ruche d'Aquitaine* (et qui la quitta après que les abeilles et les abonnés l'eurent quitté) ; je ne sais pas si ce fut M. Capefigue [3], si connu pour un spécial par

1. Ce qu'il fallait démontrer.
2. Jean-Baptiste-Augustin Soulié, poète et journaliste, conservateur de la bibliothèque de l'Arsenal ; né en 1780.
3. Jean-Baptiste-Honoré-Raymond Capefigue, historien de la Restauration, né en 1802, mort en 1872.

toute la diplomatie européenne, ou quelqu'un de ces hommes d'État ou de ces élèves publicistes qui, le matin, l'arme au bras, c'est-à-dire la plume chargée, attendent que le grand Lama, à son petit lever, apparaisse dans son cabinet dans le simple appareil de sa robe de chambre et de ses pantoufles, et dise à ses Thibétains : « Bonjour, mes enfants, comment avez-vous arrangé l'Europe, que je vous corrige? » Le fait est qu'il y eut des malins qui rendirent la *Quotidienne* quinteuse ; ils mirent des diabolini dans une citrouille fricassée dans de la neige ; l'honnête Michaud croyait faire de l'opposition parlementaire ; il assurait que c'en était, il rendait du La Bourdonnaye tout pur, et ne le sentait pas. On s'en apercevait pour lui, et, dans son intérêt, il lui fut proposé de vendre les actions de son journal en quantité suffisante ; bien entendu que, la majorité faisant la loi, il ne conserverait pas la direction qu'on voulait redresser. Autrement tombe-t-il sous le sens qu'on eût acquis les actions de la *Quotidienne* pour lui en laisser la direction qu'on craignait, qu'on blâmait, à tort ou à raison : la question n'est pas là. Il y a dans un marché ce qu'on y met, et ma commère Michaud ne pouvait pas vouloir vendre et garder. En effet, le bonhomme fut bien loin de l'entendre ainsi ; les malheureux lui ont prévenu l'esprit depuis. Voici comme le fait se passa. Figurez-vous une table ronde, papier, plumes et encre dans le milieu. Ici M. S. de la R., ici M. P., ici M. Michaud et près de lui M. Berryer [1] (il faut mettre tout le monde en scène). L'acte de vente se rédige et se signe : « Hélas! dit Michaud, cette pauvre *Quotidienne* dont je « suis le père, que j'ai élevée dans les temps les plus dif-

1. Pierre-Antoine Berryer, né en 1790, mort en 1868, déjà célèbre comme avocat, et qui entra à la Chambre des députés le 26 janvier 1830, comme député de la Haute-Loire.

« ficiles, et toujours dans les meilleurs principes pos-
« sibles selon le temps, et il y en a eu de durs!!.... Je
« vais donc me séparer d'elle, de mon enfant!!.... je ne
« serai plus son directeur!!! » On lui répondit : « Qu'à
« cela ne tienne : conservez la direction, pourvu que la
« tête vous revienne et que vous journalisiez dans le sens
« du gouvernement, c'est-à-dire dans le sens, les vues et
« la direction de ministres auxquels vous ne reconnaissez
« plus talents, dévouement, intentions, principes reli-
« gieux et monarchiques depuis que je ne sais qui ou quoi
« vous a fait perdre la raison. Car on ne vous a jamais
« vu comme ça, bonne femme. »

Cet excellent Michaud entra en composition très bénignement; il ne fit plus de façons que sur ses gages de directeur. On proposa six mille francs : il observa discrètement que six mille francs, pour M. Michaud l'académicien!!.... Ce qu'il en disait, c'était uniquement par respect pour l'illustre corps des Quarante!.... Pour sauver l'honneur de l'Académie, on offrit de doubler les gages. Ma commère trouva le procédé très noble, remercia beaucoup, mais la prude poussa un soupir en façon de scrupule; le sensible et bon Michaud fit du marmiteux, comme dit Brantôme, et on le vit théâtralement regarder, la larme à l'œil, son cher ami Berryer : « Mon pauvre ami, lui dit-il
« d'une voix risiblement lamentable, vous le voyez, mon
« ami, je ne puis plus rien pour vous; je vous avais
« promis une part dans les profits de notre spéculation,
« de ma *Quotidienne :* vous voyez, mon pauvre Berryer,
« je ne puis plus rien pour vous dans cette affaire-ci, à mon
« grand regret! — Est-il vrai, monsieur Berryer, dit M. de
« la R., que M. Michaud ait pris des engagements avec
« vous et que ce nouveau traité vous fasse un dommage
« notable? Puisqu'il en est ainsi, acceptez cette action en

« compensation. » Maître Berryer accepta comme Basile et trouva très bon qu'on lui mît dans la main cinquante mille francs. Voilà les clauses du traité, qui en était un comme un autre, sauf la notabilité des négociants; je ne sais pas ce qui en a entravé l'exécution. Ce qu'il y a, c'est qu'on voit qu'il s'en faut du tout au tout que ma commère Michaud, qui a la chair flasque, et notre ami Berryer, qui a la chair faible, aient dit à leur ami le public la vérité [1].

Pour donner, en finissant ce chapitre, une idée juste du journalisme et de ses droits à la régence dans le royaume de l'opinion, j'ai recueilli un oracle de son coryphée le plus à plaindre dans ses erreurs. On demandait à cette honnête créature qui s'appelle M. Michaud, l'académicien, quels étaient ses griefs comme citoyen contre les gouvernants : « Ma foi, mon ami, il y a assez « longtemps qu'ils y sont; il faut qu'ils fassent place à « d'autres. » C'est absolument comme ce bon M. Bellart [2], qui le premier a proclamé les Bourbons en 1814 dans Paris, et ainsi par suite dans toute la France; il était, sans le savoir et sans le vouloir, hors de la ligne droite en 1816-1817-1818, plus ou moins; son digne ami Quatremère de Quincy [3], qui n'a jamais donné à gauche, lui disait, après une vive discussion : « Eh bien, mon ami, « où veux-tu nous mener? — Ma foi, mon ami, lui répond « naïvement le candide procureur général, nous n'en « savons rien. — Rien! reprit l'autre, quand je te dis « depuis dix ans que tu n'es qu'un grand niais! »

1. Pour contrôler ce récit, il faut lire l'ouvrage de M. Charles de Lacombe : *Vie de Berryer, d'après des documents inédits*, t. I, p. 236-243.

2. Nicolas-François Bellart, procureur général, député de la Seine de 1815 à 1820; né en 1761, mort le 7 juillet 1826.

3. Antoine-Chrysostome Quatremère de Quincy, secrétaire perpétuel de l'Académie des beaux-arts, député de la Seine de 1820 à 1822; né en 1755, mort en 1849.

C'est ainsi qu'au milieu des niais et des malins le gouvernement du Roi a marché depuis trois ans, marche et marchera, si le Roi le veut. Le voudra-t-il? toute la question pour la monarchie est là. Tel ministre a fait quelques fautes, quelques gaucheries ; sans doute il y a eu de la part du ministère des omissions, en fait de personnes, de commises. Il y a eu faute et gaucherie envers le respectable M. de Lastours [1] ; il fallait le faire au moins conseiller d'État en service extraordinaire, ayant mis en activité Saint-Géry [2] et Frenilly, ce qui d'ailleurs est très bien en soi. Il y a plus que faute et gaucherie à oublier le modeste, utile et dévoué Franchet, et à le laisser sciemment manger son modique patrimoine dans une place importante où l'on sait bien qu'on ne le remplacerait pas. Le pire, c'est que les ministres répondent à tout cela: « Nous n'y avons pas pensé. » Que les ministres nos amis s'attachent donc, à chaque oreille, un avertisseur ; que les révérences que leur font tels qui les approchent le plus et qui les aiment le moins, ne leur persuadent point qu'ils ont les oreilles aux pieds. Mais le ministère du Roi n'a pas, depuis trois ans, fait fausse route en fait de choses monarchiques.

1. Marie-Joseph Dor de Lastours, député du Tarn de 1815 à 1830 ; né en 1758, mort en 1846.

2. Jean-Jacques-Augustin Rey, marquis de Saint-Géry, député du Tarn de 1815 à 1816, de 1820 à 1827 et en 1830 ; né en 1771, mort en 1847.

NOTES DE L'AUTEUR

Note A (voir page 62)

Note importante et curieuse sur les marchés Ouvrard et sur les agissements de M. de la Bourdonnaye [1].

« Ce jour 27 avril 1826, écrit, comme *memorandum*, l'honnête Garnier du Fougerais [2], l'ami de M. de Corbière, ce jour 27 avril, le président du conseil, M. de Villèle, donne lecture en conseil de la lettre qu'il a écrite en mars 1823 au prince généralissime à Bayonne, par laquelle il prévient Son Altesse Royale *que le sieur Ouvrard a eu l'impudence de venir prendre ses ordres, en lui annonçant qu'il se rendait au quartier général pour faire les fournitures et approvisionnements des bouches de l'armée; que Son Altesse Royale devait être en garde contre les intrigues de ce misérable, et qu'appelé à recueillir une ample moisson de gloire en Espagne, il fallait apporter un soin tout particulier à ne pas s'exposer à la voir flétrir plus tard par des désordres et des dilapidations inévitables si l'on usait des moyens du sieur Ouvrard.*

« M. de Villèle rappelle encore que cette lettre avait eu la sanction du feu Roi et qu'elle fut aussi accompagnée d'une autre de Monsieur à son fils pour le fortifier dans l'opinion de M. le président du conseil sur le sieur Ouvrard, que cette lettre appelait aussi l'attention du prince sur l'intendant général Sicard, qui venait de demander qu'on mît de suite à sa disposition une somme de vingt-quatre millions de plus que ses prévisions et ses plans arrêtés quelques jours avant ne comportaient. *Que cependant, contrairement à ces faits et*

1. François-Régis, comte de la Bourdonnaye, député de Maine-et-Loire, pair de France le 27 janvier 1830; né en 1767, mort en 1839.

2. Jean-Baptiste-Laurent Garnier du Fougeray, député d'Ille-et-Vilaine de 1815 à 1828; né en 1768, mort en 1843.

aux dépens de la vérité, dans la séance d'hier 28 avril, M. de la Bourdonnaye, dans un discours véhément et calomnieux, avait signalé à la tribune le président du conseil comme l'auteur des marchés Ouvrard et des opérations scandaleuses qui en ont été le résultat; que rien n'étant plus précieux que l'honneur, M. de Villèle supplie Sa Majesté de l'autoriser, pour sa justification, à faire connaître la lettre qu'il a écrite à Son Altesse Royale, à Bayonne.

« Alors, M. de Corbière exposa au Roi que si ses sujets, et plus particulièrement ses ministres, lui devaient les sacrifices de leurs talents et de leur zèle et d'un dévouement sans bornes, ce sacrifice, cependant, avait ses limites et ne pouvait pas s'étendre jusqu'à l'honneur, car, dès cet instant, ils ne seraient plus dignes de servir les Bourbons; qu'il suppliait à son tour Sa Majesté d'adresser la lettre de M. de Villèle au président Ravez [1], *avec ordre* d'en donner lecture à la Chambre pour répondre à l'accusation de M. de la Bourdonnaye. Sur cette proposition de M. de Corbière, qui n'avait pas été mis dans la confidence de la démarche de M. de Villèle, Son Altesse Royale Mgr le Dauphin a dit qu'il donnait l'autorisation verbale de faire ce qu'on voudrait, mais qu'il se refusait à ce qu'on donnât l'ordre à M. Ravez d'en donner lecture à la Chambre; sur quoi M. de Villèle a répondu qu'il ne ferait aucun usage de la lettre et *que son parti était pris.*

« La séance du Conseil levée, les ministres se sont rendus à la Chambre, où M. de Charencey [2] devait développer sa proposition tendant de nouveau à nommer de suite une commission spéciale pour l'examen des comptes d'Espagne. Ce développement fait et appuyé par M. de Cambon [3], le commissaire

1. Auguste-Simon-Hubert-Marie Ravez, député de la Gironde de 1816 à 1829, président de la Chambre pendant dix sessions, à partir de 1819; premier président de la Cour royale de Bordeaux le 6 octobre 1824, pair de France le 10 août 1829; né en 1770, mort en 1849.

2. Charles-Guillaume Gouhier, comte de Charencey, député de l'Orne de 1822 à 1830; né en 1773, mort en 1838.

3. Jean-François-Auguste, marquis de Cambon, député de la Haute-Garonne de 1824 à 1831; né en 1774, mort en 1836.

du Roi, M. de Caux [1], donna quelques explications, et la Chambre rejeta la proposition à une forte majorité. Le Vasseur, chargé de porter un billet qui annonçait cette nouvelle au Roi, rapporte qu'un valet de pied a dit qu'on allait envoyer une réponse qui, en effet, est arrivée peu après à la Chambre. Sa Majesté, qui avait très bien pénétré le dessein de M. de Villèle, lui écrit de la manière et dans les termes les plus affectueux, en l'assurant qu'il ne peut pas se passer de ses services.

« Mais M. de Villèle était décidé, si la proposition eût été prise en considération, à se placer le lendemain près de M. Piet et à attendre, sur son ancien banc, le résultat de l'enquête provoquée par M. de Charencey, que la faiblesse de la Chambre eût admise *par la résistance que Mgr le Dauphin aurait apportée à l'éclairer sur les véritables sentiments et la conduite du président du Conseil dans les marchés Ouvrard.* »

Que de réflexions pénibles! Passe pour un ambitieux comme La Bourdonnaye, *qui a connaissance de la lettre, et qui accuse M. de Villèle d'être l'auteur des marchés Ouvrard;* passe pour une ganache comme Charencey, qui fait la proposition d'une enquête basée sur cette calomnie; passe pour un Cambon qui l'appuie; mais le Dauphin, l'héritier présomptif de la couronne, qui défend que la vérité soit connue, dans la crainte, non pas qu'un Ouvrard, mais que son entourage, un Guilleminot, un Bordesoulle [2], un duc de G., et *tutti quanti*, ne soient exposés au pilori de l'opinion publique! Et puis lisez la *Quotidienne* de l'année 1826!!!

« A propos de calculs, cette semaine aura enfin vu la fin d'un drame dont on ignore encore le secret. M. Ouvrard a été jugé, a été acquitté; et comme M. de Villèle nous a dit à la tribune qu'il y avait eu pour les affaires d'Espagne d'effroyables dilapidations, et que nos magistrats, du haut de la chaise curule,

1. Louis-Victor, vicomte de Caux, lieutenant général le 30 juillet 1823, conseiller d'État, membre du comité de la guerre, ministre de la guerre du 4 janvier 1828 au 8 août 1829; né en 1785, mort vers 1845.

1. Étienne Tardif de Pommeroux, comte de Bordesoulle, lieutenant général, pair de France le 9 octobre 1823; né en 1771, mort en 1837.

viennent d'absoudre M. Ouvrard, on peut, ce nous semble, demander à M. de Villèle, sans être trop curieux, où est donc et quel est donc l'auteur de ces dilapidations? Mais M. de Villèle, qui, s'il ne sait jamais réussir, a du moins tant d'habileté pour masquer ses fautes, a une réponse toute prête pour les indiscrets : « Je n'ai pas pu faire mieux; je ne puis m'en mêler « davantage; en portant l'affaire devant la Chambre des pairs « et devant les tribunaux, j'ai tout livré à l'opinion publique. »

« Ainsi M. le président du Conseil sera même parvenu cette fois à cacher un secret sous une procédure, sous des débats, et enfin à étouffer une affaire sous la publicité. Ainsi voilà M. Ouvrard rendu à la considération publique et à Sainte-Pélagie; le voilà dans des rapports moins hostiles avec le ministère et le gouvernement, et sans doute que l'auteur va suspendre ou même cesser la publication de ses mémoires, pour que le munitionnaire général puisse poursuivre sa liquidation. Une remarque assez singulière se présente ici; c'est que ce procès, qui commença par les sommités de la société, vient de finir par d'imperceptibles célébrités, qui ne datent même que de l'acte d'accusation dirigé contre elles. Cette étrange procédure ne rappelle-t-elle pas (sans comparaison toutefois) la fable des animaux malades de la peste, et n'a-t-on pas fait haro sur les innocents qui n'avaient pu causer que bien peu de dommages sur le bien d'autrui?

« Le gouvernement représentatif, qui devrait être tout de responsabilité, aura été, à propos de l'Espagne, moins heureux que l'ancien régime, où l'on dilapidait comme ailleurs, mais où les dilapidateurs étaient du moins punis. Aussi serions-nous tentés de répéter, avec un avocat qui parlait hier dans le procès des biographies : « Le gouvernement représen- « tatif ne sera compris et stable en France que lorsqu'un bud- « get aura été rejeté et un ministre mis à Vincennes. »

Note B (voir page 70)

Je parlais, vers cette époque, à M. de Villèle de la Chambre des pairs, de sa vicieuse composition dès 1814, sous le parrainage des Talleyrand et des Pasquier, et de pis en pis par la fournée des soixante pairs Decazes ; il me dit ces paroles : « Tu ne les connais pas encore tels qu'ils sont. Je leur « parle d'une loi que j'ai préparée consciencieusement dans « l'intérêt du pays ; je leur en développe tous les avantages ; « tel me répond en souriant : « Je suis plus que convaincu de « tout ce que vous me dites ; mais allons au fait : si je la « vote, que m'en reviendra-t-il ? »

Note C (voir page 71)

Voici les circonstances secrètes concernant le renvoi ; je les consigne ici, parce qu'elles sont connues de peu de personnes et ignorées de beaucoup. M. de Chateaubriand, éconduit *brutalement*, disait sa coterie et répétait le troupeau innombrable des gobe-mouches, envoya un de ses amis chez M. de Corbière, Breton comme lui, et qu'il a toujours paru estimer et affectionner, s'il estime et affectionne quelqu'un. L'intermédiaire venait de la part de M. le vicomte se plaindre du renvoi et de la forme. M. de Corbière lui dit d'engager *l'illustre* plaignant à venir le voir et qu'il lui donnerait *des explications satisfaisantes*. M. le vicomte, très loin de croire au plaisir qu'il aurait de savoir le mot de l'énigme, courut dès le lendemain chez son ami Corbière. Il entre. « Bonjour, mon ami ; asseyez-vous là. » Et tous deux furent quelques moments à entamer le dialogue ; enfin, le Breton ministre dit au vicomte, tranquillement : « Je sais ce qui vous amène ; vous désirez avoir de moi plus de détails que je n'en ai donné à M. N., qui est venu me voir hier de votre part ; vous voulez que je vous parle de la lettre de congé, de sa forme, de son laconisme ; et vous y avez répondu avec les mêmes conditions, sans vous en être peut-être rendu compte de vous-même : c'est [que], quand deux hommes supérieurs s'attaquent l'un l'autre, ils apportent par instinct l'inspiration de leur génie dans l'attaque comme dans la défense ; ainsi il y avait dans votre réponse autant de phrases, autant de lignes, presque aussi peu de mots que dans le billet qui vous était écrit; vous ne vous en êtes peut-être pas aperçu. Mais voici à présent les nécessités et considérations qui ont motivé sa teneur, vu votre situation hostile, ou plutôt la neutralité armée contre Villèle. Au conseil des ministres, mon ami est allé déclarer au Roi que vous et lui ne pouviez pas rester ensemble conseillers de la couronne, et il a supplié Sa Majesté d'accepter sa démission. Le Roi lui a répondu : « Premièrement, je veux « que vous restiez; secondement, je veux que M. de Cha« teaubriand sorte sur-le-champ, et je ne veux pas le revoir « au prochain conseil; écrivez d'après cet ordre. » Voilà l'origine et la cause du billet qui a dû vous courroucer, tant que vous avez ignoré ce précédent. Quant au laconisme du billet, je l'ai d'abord blâmé et j'ai essayé d'en faire un moins acerbe, qui remplît le même but. J'en ai fait et recommencé plusieurs: les voilà sur mon bureau. En partant des données que je viens de vous donner, sans mettre le Roi en jeu, tenez, voyons si vous serez plus heureux; mettez-vous là, et écrivez-vous à vous-même ce billet de congé. » M. de Chateaubriand court au bureau, prend la plume, écrit un billet, deux billets, trois billets, n'est content d'aucun, se lève et va embrasser M. de Corbière, et convient que, dans les circonstances données, on ne pouvait pas lui écrire autrement ni dans d'autres termes. Voici la lettre de renvoi et la réponse, pour l'intelligence de la note ci-dessus :

Lettre du président du conseil.

« Monsieur le vicomte,

« J'obéis aux ordres du Roi, et je vous transmets l'ordon« nance ci-jointe. JOSEPH DE VILLÈLE. »

Réponse.

« Monsieur le comte,

« J'ai quitté l'hôtel des affaires étrangères; le département « est à vos ordres. CHATEAUBRIAND. »

Sortie de M. de Chateaubriand du ministère en 1824, le 19 mai. (Note écrite en 1834, au château de Ham, par mon digne ami le vicomte de C., sous la dictée de M. de Peyronnet.)

« A peine M. de Chateaubriand était-il entré au ministère que les flatteurs qui l'entouraient lui persuadèrent facilement qu'un homme de son mérite ne devait pas se trouver en seconde ligne. Il s'occupa donc aussitôt, et avec l'assistance d'une coterie, dont plusieurs membres figuraient au premier rang des gens de cour, à supplanter M. de Villèle. Celui-ci ne fut pas longtemps à s'en apercevoir, mais il n'en fit pas semblant; il dissimula et chercha à clore la session des Chambres avant de s'occuper de cette affaire intérieure. Cependant, M. de Chateaubriand, qui, dans le conseil, ne faisait aucune résistance, ne travaillait pas moins à en susciter au dehors. La loi sur la réduction des rentes lui en fournit une favorable occasion. Elle touchait aux intérêts des capitalistes : il fut facile d'exciter le mécontentement des habitants de Paris, qui presque tous ont des fonds publics. Une grande partie des pairs et des députés étaient rentiers eux-mêmes, et quand la presse eut attaqué cette mesure financière, on eut beau jeu pour fausser l'opinion publique et préparer dans les deux Chambres une formidable opposition. M. de Chateaubriand était l'âme de celle de la Chambre des pairs : il ne s'en cachait pas; il assistait souvent en personne aux réunions où se traitaient les moyens d'opposition, et quand, contrairement à la Chambre des députés, la Chambre des pairs eut rejeté la loi, il ne put résister à revendiquer sa part dans ce fatal triomphe, et se crut tellement assuré par le succès de renverser M. de Villèle, que son indiscrétion passa toutes les bornes et qu'elle le porta jusqu'à s'applaudir de pouvoir faire violence à son souverain. Cependant l'intrigue de M. de Chateaubriand n'était pas la seule qui se tramât à cette occasion, en dehors du conseil. Une femme, fort avant dans la confiance du Roi, avait accueilli des propositions avantageuses de la part d'un des banquiers qui se mettaient sur les rangs pour le remboursement des rentes. Avertie par ses relations étendues de l'impudence de M. de Chateaubriand et froissée dans ses calculs d'intérêt, elle prit conseil d'un de ses amis et se détermina à faire connaître au Roi la conduite de son ministre. Louis XVIII en fut irrité au plus haut degré, et, ne se possédant plus, il envoya chercher M. de Villèle pour lui donner l'ordre de lui présenter une ordonnance pour éloigner à l'instant M. de Chateaubriand de ses conseils, et déclara qu'il ne voulait pas que cet homme se trouvât désormais en sa présence. Cette résolution formelle transmise à M. de Villèle, il ne put pas faire ajourner une mesure que toutefois sa prudence lui faisait considérer comme insolite; il ne se dissimulait aucun des inconvénients que cette prompte justice produirait sur l'esprit public, au milieu de la session des Chambres; mais le Roi se regardait offensé personnellement; sa résolution était irrévocable, il fallut obéir.

« Lorsque cette ordonnance fut signée, M. de Villèle ne s'occupa plus que des moyens d'amortir l'effet que sa publicité devait produire. Il se rendit chez M. de Peyronnet pour s'entendre avec lui. Celui-ci était d'avis que M. de Villèle devait la porter lui-même à celui qu'elle concernait. M. de Villèle y trouva plusieurs inconvénients qui l'empêchèrent de se rendre à cette opinion. M. de Peyronnet insista. Il comprenait tout le parti qu'on pouvait tirer d'une lettre d'envoi, quelle qu'elle fût, et il proposa de porter l'ordonnance lui-même. Les raisons qui avaient empêché M. de Villèle de prendre ce parti le déterminèrent à rejeter la proposition de son collègue, et il ne lui dissimula pas que le mécontentement du Roi était tel qu'il serait blessé d'un pareil ménagement pour un homme qu'il regardait comme étant sorti de toutes les convenances à son égard.

« Telles furent les raisons de la lettre d'envoi qui accompagna l'ordonnance royale renvoyant M. de Chateaubriand des conseils de Sa Majesté.

« Ces choses se passaient dans la soirée du samedi. Après la signature qu'il avait donnée, le Roi ne put s'en tenir de déclarer aux gens de son service, à l'ordre du soir, la justice qu'il avait faite d'un homme dont il avait résolu de ne jamais souffrir la présence devant lui. Il se trouva là beaucoup de gens qui appartenaient à la coterie de l'ex-ministre et qui coururent l'avertir de tout ce qui se passait. On tint conseil, et il fut résolu que M. de Chateaubriand trouverait un asile dans le palais même du Roi, qu'il prétendrait cause d'ignorance de l'ordonnance, qu'on lui apporterait ses habits de ministre (chez Mme de Gontaut [1]) et qu'il braverait son Roi.

« Cette résolution prise ne fut pas tellement secrète qu'elle ne parvînt jusqu'aux oreilles du premier gentilhomme de la Chambre (M. de Duras [2]) ; il avait entendu les plaintes du Roi et ses recommandations; il se trouva dans une grande perplexité, et il consulta M. de Peyronnet et M. de Villèle, qui s'abstinrent de prononcer sur la conduite qu'il avait à tenir pour exécuter les ordres de Sa Majesté dans sa maison, mais conseillèrent à M. de Duras de prévenir M. de Chateaubriand qu'il y avait au ministère des affaires étrangères des papiers importants dont il était nécessaire qu'il prît connaissance avant de se présenter devant le Roi.

« Le duc de Duras trouva plus commode d'en charger un huissier de la chambre, qui s'acquitta de la commission aussitôt que M. de Chateaubriand se présenta.

« De ces détails, il est facile de comprendre qu'après n'avoir que trop mérité son renvoi, il a convenu à M. de Chateaubriand de faire scandale de sa chute et que, par le bruit qu'il fit faire alors, il n'a que trop réussi à nuire à cette monarchie à laquelle son talent et sa position auraient pu être si utiles. »

1. Marie-Louise-Joséphine de Montaut, vicomtesse de Gontaut, créée duchesse en 1827, après la mort de son mari, gouvernante des enfants de France.

2. Amédée-Bretagne-Malo de Durfort, duc de Duras, maréchal de camp, pair de France en 1814, membre de l'Académie française; né en 1771, mort en 1838.

CHAPITRE III

La Chambre septennale. — M. de la Bourdounaye. — M. Benjamin Constant. — M. Ferdinand de Berthier. — M. de Marchangy. — Le gouvernement représentatif. — Le rétablissement de la censure. — Attaques des journaux contre le ministère. — M. de Corbière. — M. de Villèle. — Résultats obtenus par le ministère royaliste.

Ces observations m'amènent chronologiquement à l'époque de la convocation de la Chambre septennale, renouvelée intégralement en mars dernier : c'est le cas ou jamais de mettre en scène bien moins les niais que les malins, pour l'instruction des hommes de bonne foi.

Les royalistes arrivèrent en foule à ce réappel des députés de la Chambre introuvable ; les élections de mars 1824 furent à peine entachées des noms de vingt révolutionnaires. Le mal naquit du bien lui-même : tant que l'opposition révolutionnaire avait eu apparence d'existence, de puissance, elle présentait aux royalistes une apparence de danger, et un instinct commun les unissait en masse contre les communs ennemis. Une fausse sécurité d'un côté, un esprit de vertige de l'autre, donnèrent naissance à la coterie se disant royaliste, qui prit les armes contre les ministres royalistes, dans le seul but de leur ôter le pouvoir et de l'exercer à leur tour ; et c'est ainsi que, dans l'intérêt de leur amour-propre, de leur jalousie, de leur ambition, dans leur intérêt particulier enfin, ces excellents citoyens, ces sages ne voient et ne veulent voir dans les questions de choses qu'une question de personnes. Cette coterie s'appelle l'extrême droite, les pointus, les trente, car ils sont bien quinze pelés et autant de tondus. Quelques-uns sont en expectative en dehors, tels que M. de Lalot et M. de Marchangy. Quant aux collègues présents à l'appel, atteints de la ministromanie, dont la tactique est la force ouverte, il y a M. de la Bourdonnaye. La Bourdonnaye est un chien de tête, mais un chien courant qui chasse pour son compte, qui chasse tout seul. Comme ministre en herbe, La Revellière[1] l'a lithographié au naturel, parlant à sa personne, quand il lui dit il y a trois ans : « Tenez, La Bourdonnaye, cela n'ira bien en France que « quand nous aurons un ministre de la maison qui sera « vous, un ministre de la guerre, des affaires étrangères, « de la justice, des finances, de l'intérieur qui sera vous, « vous, vous, encore vous ; et, au bout de trois jours, je « ne voudrais pas parier que ce ministère-là fût d'accord « et s'entendît. »

Mais je n'ai l'intention et le droit de parler que de M. de la Bourdonnaye député, orateur, législateur, et réputé hors de la Chambre pour chef et oracle de l'opposition royaliste hostile et armée. Dès 1815, M. de la Bourdonnaye s'est fait remarquer dans la majorité, ainsi que M. de Corbière et M. de Villèle, et plusieurs autres sans rang assigné. Je le dispense des preuves de royalisme positif sous l'Empire et dans les Cent-jours, et il doit m'en savoir gré. Il obtint de tous les royalistes ses collègues une estime et une confiance relatives par le talent et l'énergie avec lesquels il combattit pour la cause commune dans toutes les occasions ; mais on lui préféra généralement, aux mêmes titres, M. de Villèle et M. de Corbière, parce qu'ils méritaient mieux que lui : M. de la Bourdonnaye

1. Louis Revellière, député de la Loire-Inférieure de 1820 à 1827 ; né en 1775, mort en 1866.

les a devinés avant nous ; c'est une justice à lui rendre. Il n'y avait pas six mois que nous étions collègues, que M. de la Bourdonnaye professait hautement haine et mépris contre M. de Villèle et M. de Corbière; ces sentiments n'ont fait que croître et embellir. A leur place je ne voudrais pas d'éloge plus flatteur. M. de la Bourdonnaye est un singulier chef de parti : tous ses adhérents se défendent de partager ses exagérations; ils se tiennent tous de lui à distance, parce que *fenum habet in cornu*. Il n'a pas d'amis, ne cherche point à s'en faire, parce qu'il vise à un but et n'a pas de plan; il n'a pas d'esprit de conduite, parce qu'il a du talent et pas d'habileté ; il a le regard dur, la voix rauque, la bouche pleine du fiel élaboré dans ses insomnies par la haine dans ce qu'on appelle le cœur chez les autres hommes ; il ne peut pâlir que de colère; il ne sait sourire qu'amèrement; il ne se commande pas à lui-même et veut gouverner l'État. Énergique, éclairé, capable, éloquent, journalier, par tempérament ou par caractère, M. de la Bourdonnaye n'a pas de pire ennemi que lui-même; il a trop d'esprit pour ne pas se l'être dit avant moi. Cependant ce chef breveté de l'extrême droite, ce royaliste parmi les plus chauds, ce royaliste au delà de ce qu'il y a de plus positif, ce chef de l'opposition royaliste sous un ministère tout royaliste, me permettra de lui demander comment il s'abaisse à avoir le matin des colloques avec M. Tissot [1]. On dit que ces colloques avaient pour but de traiter de l'acquisition du *Pilote* : ce motif en fait-il plus d'honneur à l'honorable et royaliste collègue ? Comment ! il se permet à la tribune de mentir contre sa conscience, ainsi qu'il l'a fait dans la

1. Pierre-François Tissot, membre de l'Académie française, né en 1768, mort en 1854.

discussion sur l'admission de Benjamin Constant [1], en osant dire sans rire qu'il fallait l'admettre parce qu'on allait, en le repoussant, alarmer tous les religionnaires. Comme si le Roi eût refusé des lettres de grande naturalisation à tout religionnaire, bon Français et royaliste, atteint, depuis le premier jusqu'au dernier, du prurit de la pairie ou de la députation! De quels ennemis le monarque voulait-il donc préserver la monarchie par ses ordonnances de 1814, si ce n'était de M. Benjamin Constant et de ses semblables, en supposant qu'il en eût? Le Roi conservant ou n'abrogeant pas les lois de la Révolution, il est évident que son ordonnance spéciale de 1814 était présentée comme antidote aux poisons.

Au reste, il est bon, à ce propos, de rappeler le mouvement oratoire de M. Benjamin Constant et la sainte colère à froid avec laquelle il a invoqué, contre M. Dudon [2], les mânes de son père à quatre-vingts ans de vertus. Voici, dans le vrai, ce qui nous a valu ce Français de plus.

Le père de M. Benjamin était, en 1787, colonel d'un régiment suisse au service de Hollande. Le régiment fut consigné à Amsterdam dans une église ; les soldats, mal disposés, se mutinèrent à cette mesure ; le colonel accourut à ce désordre, et on le somma de déclarer si c'était par son ordre que le régiment était consigné. Le colonel s'en défendit, et chargea du fait un bas officier : les soldats le massacrèrent. Poursuites, informations ; soldats pendus, punis selon la part qu'ils avaient prise au délit ; mais il resta presque prouvé que l'ordre venait du colonel. Nouvelle poursuite de la part de la haute Cour militaire suisse. Le colonel fut emprisonné provisoirement. Le

1. Benjamin Constant de Rebecque ; né en 1767, mort le 8 décembre 1830.

2. Jean-François-Pierre-Cécile, baron Dudon, député de l'Ain de 1820 à 1827 et en 1830 ; né en 1778, mort en 1857.

procès fut très long. Enfin il fut condamné à être dégradé et renfermé vingt ans et un jour dans une citadelle. Il s'évada avant que le jugement lui eût été signifié officiellement. Quelque temps après, le colonel Constant envoya une lettre au stathouder où, en exprimant sa douleur, il mandait qu'il mettait fin lui-même à son existence, et qu'il ne pouvait pas survivre à la honte de son sort. On ne parlait plus de lui et on le croyait mort. La révolution française ouvrit un asile en France aux criminels de tous les genres. M. le colonel, mort vivant, parut en 1791 à la municipalité de Dole et ressuscita citoyen français. Voilà le vertueux vieillard dont le vertueux fils ne veut pas qu'on parle mal ; soit bien, soit mal, il doit souffrir qu'on en parle vrai.

Je demanderai à M. de la Bourdonnaye ce que c'est que cette pantalonnade de venir, après le discours de la couronne, après l'adresse des Chambres en réponse, discours et adresse qui annonçaient à son de trompe à toute la France que l'indemnité des émigrés était la pensée des gouvernants comme des gouvernés, de venir, dis-je, réclamer l'initiative de cette loi. Et c'est de ce mauvais lazzi, de cette levée de boucliers que le très noble et très illustre M. de Chateaubriand s'obstine à congratuler l'honorable M. de la Bourdonnaye, dans sa lettre à un pair sur la loi d'indemnité des émigrés ! ! !

La loi des rentes avait été rejetée à la Chambre des pairs : le résultat pur et simple de son acceptation était, pour tout bon Français, vingt-huit millions annuels de dégrèvement sur la contribution foncière ; mais M. de la Bourdonnaye voyait dans le rejet de la loi d'autres conséquences : il croyait toucher du doigt au moins un portefeuille à son choix, s'il ne pouvait pas les avoir tous. M. de la Bourdonnaye a donné à la Chambre une preuve nouvelle de son aveuglement et de son inconséquence; on l'avertit de ne pas faire cette proposition, inutile au point où en étaient les choses; on lui observa enfin que, par magnanimité, un grand nombre de députés se refuseraient à l'appuyer, étant intéressés à la loi : M. de la Bourdonnaye répondit avec assurance qu'il aurait les deux tiers de ses collègues pour le soutenir. Ils se sont levés quatorze, en le comptant lui-même, qui a surgi comme un zéro.

Parmi les insurgés, qu'il était aisé de remarquer ni plus ni moins que des quilles, s'est élevée cette grosse mouche du coche qui se nomme M. Lemoine-Desmares [1]. Je n'en parlerais que pour en rire; mais M. Ferdinand de Berthier [2] offre un problème religieux, politique et moral plus intéressant et plus déplorable à résoudre. Fils de la première victime de la Révolution, le 14 juillet 1789, M. Ferdinand de Berthier et sa famille ont donné toutes les preuves désirables de leur attachement à leur Dieu et à leur Roi. M. de Berthier avait, comme de raison, été destitué par M. Decazes : le ministère royaliste s'était empressé de le réintégrer dans les honneurs et les fonctions. Il était conseiller d'État, et exerçait un haut emploi dans le gouvernement. L'estime et la confiance étaient réciproquement établies et méritées entre M. de Berthier et les ministres, nos amis et les siens. Il désira être député de Paris; il demanda l'appui de ces mêmes ministres dont il avouait la communauté de dévouement, de bonnes intentions, enfin de conditions monarchiques et religieuses. Dans l'intérêt du trône et de l'autel, toute

1. Gilles-Robert-Pierre Lemoine des Mares, député de la Manche de 1822 à 1827; né en 1774, mort en 1852.

2. Anne-Ferdinand-Louis, comte Bertier de Sauvigny, député de Seine-et-Oise en 1815-1816, et de la Seine de 1824 à 1827; né en 1782, mort en 1864.

l'influence du gouvernement fut employée à faire nommer député à Paris M. Ferdinand de Berthier. Assurément, la monarchie ne l'obtint pas sans peine; et voilà l'homme qui, dès le lendemain qu'il fut nommé député, a changé de confiance et d'estime pour ses amis de la veille! Il est aussi vrai que remarquable qu'à l'occasion de l'élection péniblement préparée de M. Ferdinand de Berthier, Louis XVIII dit à M. de Corbière ; « Vous n'aurez pas à « vous en louer, il a sur le front une ligne transversale « en manière de coup de sabre; son cerveau est divisé en « deux compartiments : il y en a un de vide. »

J'ai pris ces deux exemples dans les notabilités de l'opposition en dedans de la Chambre; je dois en prendre un au dehors, et la préférence est bien due à M. de Marchangy.

La tribune de la Chambre n'est rien moins que le parquet d'une cour judiciaire; elle n'y ressemble pas du tout. M. de Marchangy, arrivé à la Chambre par Lille et par Nevers, le 20 novembre 1822, était l'homme du moment à cause de son réquisitoire européen : il n'a pas gagné à être vu de près. A sa première élection, toute la majorité royaliste lui portait bienveillance et intérêt; c'est avec regret que, dans l'examen de ses impositions, on a vu et dû voir qu'il ne possédait que depuis neuf mois la maison qui faisait la base de son impôt; la lettre de la loi est précise : il faut posséder depuis un an. M. de Marchangy a prétendu que ces neuf mois en valaient douze, d'abord parce qu'il s'agissait d'un royaliste comme lui, ensuite parce que les royalistes étaient en majorité: c'est à peu près le canevas qu'a brodé son éloquence. Avec la meilleure volonté du monde, on ne sait pas où prendre un pot sans anse : tout le monde se taisait. Dudon lui-même, notre homme de ressource, se grattait le front; il n'en sortait rien en faveur d'un ami dans l'embarras. M. de

Vaublanc, qui a de beaux moyens, de la verve, de la représentation, et une tête jeune sous de vieux cheveux, se lança pour l'honneur du pavillon : il en fut bien récompensé ; c'était le jour des parades. M. de Marchangy réescalade la tribune, et déclare qu'il vient approfondir une matière que M. de Vaublanc n'a fait qu'effleurer ; M. le comte, scandalisé, murmurait sur son banc : « J'effleure, moi, j'effleure !.... je jette en bronze. » Pendant ce temps M. de Girardin [1] répondait aux mouvements oratoires de M. de Marchangy en lui montrant son contrat d'acquisition, qu'il avait levé chez le notaire, et M. Casimir Périer [2] disait solennellement : « M. de Marchangy, « magistrat, doit savoir que nous sommes dans la France « constitutionnelle et non pas dans la *Gaule poétique.* » L'admission fut impossible et l'élection fut nulle pour cette fois. Une nouvelle chance se présenta : M. de Marchangy possédait alors depuis une année ; il était éligible, et il était à désirer qu'il fût élu. L'Europe n'aurait pas compris que les royalistes n'eussent pas voulu ou n'eussent pas pu faire nommer député un homme qui vaut bien moins au reste que sa réputation ; il fut réélu le 17 avril 1823. Jamais député ne sera aussi difficile à asseoir ; jamais député n'a figuré dans de plus ridicules incidents : ce petit homme se remue toujours et perd son aplomb. En 1823, élu et reconnu légalement député, mais proclamé tout au plus à la dernière séance, à peine la session fut-elle finie que M. de Marchangy jugea à propos de vendre la maison dont l'impôt constituait son éligibilité. Je ne demande pas mieux que de croire qu'il aurait remplacé la

1. Cécile-Stanislas-Xavier-Louis, comte de Girardin, député de la Seine-Inférieure de 1819 à 1827 ; né en 1762, mort le 27 février 1827.

2. Casimir-Pierre Périer, député de la Seine de 1817 à 1832 ; né en 1777, mort en 1832.

propriété qu'il vendait en en acquérant une autre ; le fait est que, quelles que fussent ses intentions, la Chambre de 1823 fut dissoute avant la double opération, et le malencontreux Marchangy se trouva n'être plus éligible, mais cette fois-ci par ses propres œuvres. Un homme de génie n'est jamais embarrassé. Compris dans la réélection générale le 25 février 1824, quoique sa fatuité eût désenchanté beaucoup de ses admirateurs, voici la pièce qu'il nous présenta pour être admis : contribution foncière, 2,000 fr., plus ou moins, pour une maison située rue des Prêtres Saint-Germain l'Auxerrois. Jusqu'alors la maison n'avait pas été louée par bail au delà de 3,445 fr., prix approximatif de toutes les maisons semblables et voisines de la rue. La condition des habitants de la maison était à l'avenant : c'étaient tous patentés les plus minimes, en supposant qu'ils le fussent. Le principal locataire était un cordonnier ; les autres étages étaient occupés par des ouvriers en chambre demeurant en commun. M. de Marchangy nous présenta un bail sous seing privé, daté en temps utile et porté au prix de 6,000 fr. annuellement, ce qui donnait 862 fr. 80 d'impôt foncier ; 114 fr. 83 pour portes et fenêtres ; total, 977 fr. 63. Aucune garantie du motif d'une telle disproportion de prix ; aucune formalité en faveur de cette nouvelle évaluation, comparée à l'évaluation cadastrale et à la valeur et location des maisons voisines. Seulement M. de Marchangy avait trouvé un subalterne, un contrôleur, qui avait établi l'évaluation sur son dire, et un principal locataire qui avait souscrit le bail de six mille francs avec contre-lettre. C'est en s'appuyant sur ces deux moyens de comédie que ce magistrat ne craignit pas d'attaquer, dans un gros mémoire imprimé, les autorités administratives, ne craignit pas d'en imposer à la Chambre. Il fit une troisième ascension à la tribune, et en costume cette fois, pour plaider sa mauvaise cause. « Vous allez voir, dit-il à ses amis de « l'extrême droite où une place d'honneur l'attendait, « vous allez voir, dans une assemblée comme celle-ci, ce « que c'est que le pouvoir de l'éloquence. » Il ne nous fit voir que son dos, quand il se déroba, éconduit, de la Chambre. Ses idées se trouvèrent réduites au simple, et il alla tout d'un temps rue des Prêtres, faire part de son accident à son bottier locataire ; ils firent l'échange du bail et de la contre-lettre de complaisance, dont le feu du poêle fit raison. Ainsi, depuis six mois, il n'est plus question de M. de Marchangy, ni de son habit de député, ni de son bail, ni de sa bonne foi : *ecce homo.*

J'ai parlé de sa fatuité. On dit que M. de Marchangy, étant chez M. le garde des sceaux, s'était amusé à dire : « Voilà comme je serai dans quinze jours ! » Je ne le croyais pas, parce que les gens d'esprit font des sottises et n'en disent pas ; mais, peu après que ce bruit s'est répandu, M. de Marchangy a protesté chez Piet qu'il n'avait pas tenu le propos. Oh ! j'y crois, à présent.

On voit que le gouvernement représentatif est, par excellence, le gouvernement du scandale. C'est faute de s'appuyer en France sur la seule base fixe de monarchie constituante, et non pas sur la base fausse de monarchie constitutionnelle. Il n'y a que trois sortes de gouvernements : celui dont le principe est monarchique ; celui dont le principe est aristocratique ; celui dont le principe est démocratique. Le caractère de ce principe se reconnaît dans le droit et dans l'exercice de l'initiative : tout est là. En France, l'initiative est au Roi ; il se l'est réservée. Il a dû le faire, sous peine d'être dominé ; il a pu le faire, car il a octroyé la charte et ne l'a pas reçue. Ainsi nous sommes régis en France par une charte selon la monarchie, et non par une monarchie selon la charte. Ce n'est pas là le catéchisme romantique de M. de Chateaubriand ; mais c'est le catéchisme français, c'est en France le catéchisme de la bonne foi et du bon sens. C'est ainsi que le Roi, fondateur et bienfaiteur, l'a entendu ; c'est dans ce sens que le ministère royaliste comprend ses devoirs et marche dans la bonne voie. Cette proposition est claire. C'est une déclaration de principes, une profession de foi à rejeter ou à admettre par oui ou non. La reconnaissance de cette vérité apprend les droits et les devoirs des sujets. Le paradoxe de la monarchie selon la charte introduit la concession de la liberté de la presse, qui proclame la monarchie selon les journaux, c'est-à-dire l'ochlocratie, dont l'élément est la boue. C'est pourtant en appliquant littéralement le principe de la monarchie selon la charte, et non celui de la charte selon la monarchie, que la magistrature s'est fourvoyée d'une si déplorable manière dans le procès entre le gouvernement et le journal appelé *l'Aristarque*. Par sa décision très étrange, la cour royale, sans en avoir l'intention, a brisé le frein qui empêchait la liberté de dégénérer en licence.

Le gouvernement du Roi a donc dû rétablir la censure, puisque la presse se trouvait sans loi pour la contenir dans ses limites. Par cet acte simultané, qui a suivi à la minute le signal de détresse, de grands scandales, dont on a révoqué en doute les fausses terreurs, de grands scandales ont été épargnés pendant la maladie sans espérance et la longue agonie du feu Roi. On n'avait rien à craindre des journaux, disent beaucoup de niais, sur le dire des malins : j'aime mieux, pour mon pays, qu'on n'en ait pas subi l'épreuve. On peut juger de la sagesse, de la prévoyance, de l'esprit de justice que le journalisme aurait montrés dans le passage du règne passé au règne présent, par les excès qui le vouent depuis deux mois à la pitié, à l'indignation ou au mépris de la France, en exceptant la coterie des intéressés dans ces fabriques d'outrages, d'extravagances et d'impostures systématiques, qui n'ont pas même pour excuse la légèreté de l'ignorance ou la bonne foi de la stupidité. Tout leur secret est celui de Don Basile : « Calom« nions, calomnions, docteur, il en restera toujours « quelque chose ! » Il suffit de dire qu'il n'y a pas un reproche, en fait d'actes, qui ne mérite un éloge aux ministres du Roi ; qu'il n'y a pas un seul mensonge écrit, c'est-à-dire qu'il n'y a pas une seule parole des journaux hostiles soi-disant royalistes, depuis qu'on a retiré la censure, que ces prétendus organes-nés de l'opinion publique répétassent à la tribune des Chambres sans être conspués.

Quel orateur aurait le courage de dire de M. de Corbière : « Pourquoi (M. de Villèle ministre) trouverait-il « mauvais que toute la France dise que M. de Corbière, « avec les vues rétrécies et le vain parlage d'un avocat « du troisième ordre, avec les connaissances d'un biblio« mane, n'a ni l'étendue d'esprit, ni les lumières, ni l'acti« vité nécessaires pour être un ministre de l'intérieur « même médiocre ? » (*Journal des Débats*, 1er décembre 1824) ; de M. de Villèle : « Une médiocrité intrigante et « égoïste. Elle règne par la corruption ; elle administre « par des fraudes ténébreuses ; elle s'appuie sur les inté« rêts les plus vils, sur une foule d'instruments abjects, ca« pables de tout ; elle est liée à l'agiotage et à toutes « sortes de spéculations. Si, sans précaution, vous lui ar« rachez l'État, sa proie, elle et ses adhérents se venge« ront même au péril de la chose publique » (*Journal des Débats*, 1er décembre).

M. Méchin [1], M. de Chateaubriand, M. de la Bourdonnaye, M. de Girardin, frères de haine et de passion, trouveraient tout fort bon; mais M. Duplessis-Grenedan [2], M. Basterrèche [3], M. Leclerc de Beaulieu [4], M. Bourdeau [5], M. Casimir Périer, unis d'opposition antiministérielle, ne souffriraient pas ces absurdes et odieux outrages faits mensongèrement au caractère, à l'honneur, aux vertus d'aussi gens de bien. Les deux Chambres crieraient : « A bas l'orateur ! »

Quand de grandes petites femmes et de petits grands hommes auront dit de M. de Corbière qu'il n'a pas ce qu'on appelait autrefois usage du monde, qu'il n'a pas le jargon avec lequel on parle sans rien dire, qu'il ne sait pas être comme les ministres d'autrefois froids et polis, qu'il est plus homme de cabinet qu'homme de salon, ce sot public aura peut-être dit une vérité dont cet homme simple et vertueux ne se formalisera pas [6]; mais c'est là l'homme privé, qui n'appartient qu'à lui-même. Il est question de l'homme public qui, dans les hautes places, appartient à tous. M. de Corbière est ministre bien plus par devoir que par goût, et encore moins par ambition. Comme ministre, cherchez en lui, vous trouverez des réalités. Est-il intègre, religieux observateur de la justice, ami du bien public, du bon ordre ? a-t-il l'esprit juste, le

1. Alexandre-Edme, baron Méchin, député de l'Aisne de 1819 à 1831; né en 1772, mort en 1849.

2. Louis-Joseph-Anne-Marie, comte du Plessis de Grenedan, député d'Ille-et-Vilaine de 1815 à 1817 et de 1820 à 1830; né en 1767, mort en 1842.

3. Jean-Pierre Basterrèche, député de Bayonne de 1824 à 1827; né en 1762, mort en janvier 1827.

4. François Leclerc de Beaulieu, député de la Mayenne de 1820 à 1828; né en 1769, mort le 10 novembre 1828.

5. Pierre-Alpinien-Bertrand Bourdeau, député de la Haute-Vienne de 1815 à 1831; né en 1770, mort en 1845.

6. Voir note A, à la fin du chapitre, p. 108.

cœur droit? parle-t-il avec autant de logique que de clarté? a-t-il de la fermeté, de la franchise, de l'impartialité, de la droiture? et quand on est arrivé jusqu'à lui, le trouve-t-on sans bienveillance? écoute-t-il avec légèreté, sans égards et sans attention? dans le conseil d'État, quand il le préside, ne se montre-t-il pas jurisconsulte savant, spécial sur toutes les matières, habile et clair dans toutes les discussions? dans le conseil des ministres, en présence du Roi, M. de Corbière est-il aussi nul et aussi muet que les bavards et les méchants se plaisent à le dire, les uns sans le savoir, les autres sans le croire? Son vote et son langage sont ceux d'un homme de bien, d'un homme de cœur, d'un ami de son Roi et de son pays. Dans toutes les grandes questions, soit de choses, soit de personnes, ses collègues savent ce qu'il pense, ce qu'il est et tout ce qu'il vaut. Si les Chambres ne lui rendaient pas en estime et en attachement toute la justice que ses vertus méritent et que les intrigants et les ambitieux lui refusent, il pourrait bien dire à bon droit : « O Athéniens, qu'il faut de choses pour mériter d'être loué de vous! »

Mais l'objet de toutes les préférences haineuses, le point de mire de tous les calomniateurs parlant ou écrivant, c'est le président du conseil. Beaucoup d'intrigants le détestent, parce qu'il les connait et qu'il est plus fin qu'eux; les journalistes le déchirent à belles dents; M. de la Bourdonnaye le dévore des yeux; mais M. de Chateaubriand en mangerait. Dans une des séances de la Chambre, vers la fin de la session, La Bourdonnaye était descendu, pour la seconde fois, tout verdâtre de colère et les lèvres tremblantes, à la suite d'une nouvelle attaque contre le président du conseil. Celui-ci répondit avec le calme que donne le sentiment d'une bonne cause. Il repoussa, avec autant de force, de vérité et de modération que de succès, les mensonges virulents et purulents de son adversaire. La Bourdonnaye se sentit atteint au défaut de la cuirasse, et s'écria : « Oh ! le mâtin ! » Cette exclamation de poissarde fit rire la Chambre de pitié.

Cependant, je ne vois, dans mon âme et conscience, qu'un reproche à faire à M. de Villèle, et qui n'appartient qu'à lui. M. de Villèle ne met point dans l'exécution de ses excellentes vues ce grandiose qu'on attend, qui aide même un ministre du Roi que son titre de président du conseil met hors de ligne ; il ferait douter s'il a ce grandiose dans le caractère. Il a pour devise : « Tout vient à point à qui sait attendre [1]. » C'est de l'esprit ; mais voilà tout, car c'est une règle fausse en France, où l'on reconnaît le dieu de l'à-propos. Dieu seul peut être patient, parce qu'il est éternel ; le meilleur ministre ne l'est pas. M. de Villèle dit comme Auguste : « Assez tôt, si assez bien. » Les hommes, les temps et les lieux ne se ressemblent pas. Il est très spirituel, son esprit lui a donné de la finesse, sa finesse de la ruse, la ruse on ne sait quoi de plus, mais c'est quelque chose de trop.... Je me hâte de dire que ce n'est pas de la fausseté ; mais il fait entrer dans la science pratique du gouvernement un procédé dangereux, parce qu'il blesse et qu'il aliène, parce qu'il éloigne et refroidit. M. de Villèle n'est pas un ministre négatif, mais un ministre consentant ; *prætereaque nihil.* Or, je fais la part de la bienveillance. Que M. de Villèle promette et ne tienne pas quand on a pris l'initiative pour demander [2] :

> Le bruit est pour le fat, la plainte pour le sot,
> L'honnête homme trompé s'éloigne et ne dit mot ;

1. C'était, depuis plusieurs siècles, la devise de la famille de M. de Villèle.

2. Voir note B, à la fin du chapitre, p. 109.

mais que M. de Villèle ne tienne pas parole quand il a offert, quand il a été provocateur, quand il a induit en tentation un brave homme qui n'y pensait pas ou qui n'y pensait guère, je ne vois plus là de part à faire au ministre du Roi, au président du conseil, du côté de la dignité.

Mais mettez, par justice aussi, M. de Villèle ministre, M. de Villèle président du conseil, devant ses devoirs d'homme d'État, devant notre Roi, devant Dieu, devant la monarchie, devant les intérêts du pays, mot français que personne n'a jamais prononcé mieux que lui. Lui parle-t-on affaires? sa mémoire est présente à tous les intérêts privés ou publics dès qu'ils tiennent à l'administration, fussent-ils étrangers à la sienne; il possède la spécialité de toutes les questions les plus disparates. Eût-il reçu de suite quinze personnes, l'ayant transporté chacune sur un terrain différent, il écoute, il est tellement à la chose qu'il vous présente l'objection que vous avez dissimulée ou que vous n'avez pas prévue, et souvent, pour complément de sa capacité presque incomparable, il lève la difficulté sans vous et mieux que vous, dont c'était l'affaire personnelle. Dans les discussions où il appelle des habiles pour l'éclairer, j'ai entendu dire à nombre de gens, qui ne sont pas suspects, qu'ils le voyaient et l'entendaient avec étonnement et profit. Au conseil des ministres, je n'ai jamais eu l'honneur d'y assister, mais je m'en rapporte à tout ce que m'en a dit M. le maréchal. Dans la Chambre des députés, M. de Villèle n'a jamais avocassé, mais, sans phrases oiseuses, sans parler à l'heure, sans bavarder gracieusement et doucereusement comme Pasquier, M. de Villèle, député ou ministre, lisant ou improvisant, n'a cessé de prouver que ce qu'on conçoit bien s'exprime clairement. Voyant son but, ne divaguant jamais, tous les mots, qui étaient tous pleins et de bonnes pensées, allaient à la chose ; il dégageait la question qu'il défendait ou qu'il attaquait de tous les obstacles qu'on avait jetés sur le chemin. Exorde, exposition, analyse de controverse, résumé, conclusion, rien d'inutile ne s'était perdu en route ; et c'était l'adversaire que les factieux craignaient le plus, parce que son talent est de dire des choses et non pas des mots. Telle était sa méthode comme député : telle elle a été depuis qu'il est ministre, excepté que la réputation qu'il avait acquise à la Chambre des députés, la Chambre des pairs l'a confirmée, et même, dans les discussions si solennelles de 1824, il s'y est surpassé. Quant à ses actes comme ministre, ministre solidaire ou ministre dirigeant, j'en ai parlé dans tout cet écrit avec la justice et la reconnaissance que la France doit à lui et à ses collègues, ou à lui comme ministre dirigeant, ainsi qu'on voudra l'entendre.

Le but du ministère royaliste, le but de M. de Villèle, comme celui de ses collègues, comme le nôtre à tous, fidèles serviteurs de Dieu et des Bourbons, le but est en face de nous; mais il est à distance : beaucoup d'arbres et de rochers le cachent à nos yeux, nous qui sommes à terre. Le gouvernement représentatif n'est pas un jardin planté à la Le Nôtre ; c'est un jardin anglais, les allées ne sont pas droites. Cette direction de chemins courbes n'effraie pas M. de Villèle, pourvu qu'il avance, pourvu qu'il arrive ; il est habile, il aime son art, il ne hait pas les labyrinthes : Ariane lui a laissé son fil : « Je ne dévierai « jamais de la ligne monarchique, me disait-il il y a deux « ans, mais on ne me fera ni reculer d'un pas ni avancer « plus vite que je ne crois devoir et vouloir. » Depuis trois ans, il y aurait de l'injustice et de l'ingratitude à ne pas convenir que le ministère royaliste, que M. de Villèle, puisqu'on veut qu'il en soit le type pour s'attaquer à lui, ont fait sortir heureusement et habilement la monarchie du labyrinthe révolutionnaire. MM. les journalistes permettront-ils de demander si l'opinion publique, au lieu d'habiter les bouges où leurs scribes broient leur noir, n'était pas plutôt sur le Carrousel et dans les Tuileries, sous les fenêtres du Roi, mourant au milieu de ce peuple français de tout âge, de tout rang, de tout sexe. En s'attendrissant sur la longue agonie du vieillard Roi, que disait ce peuple ? « Pour connaître tout ce qu'on doit à « notre pauvre Roi, il n'y a qu'à voir dans quel état il a « trouvé la France, et dans quel état il la laisse. »

Ce changement prospère est, sans aucun doute, l'ouvrage des trois années depuis que Louis XVIII, détrompé des fausses théories et du système de bascule, a choisi ses ministres parmi les vrais royalistes, et a pris les plus dignes d'entre eux, ceux que l'opinion publique désignait unanimement. L'opinion publique après eux se tairait ; les prétendus organes de l'opinion le savent bien. Leurs clameurs ne s'élèvent pas plus haut que les coassements de nos marécages ; le *Journal des Débats*, la *Quotidienne*, l'*Aristarque*, toute la tourbe du journalisme, blasphèment les noms de nos ministres ; osent-ils proclamer leurs successeurs ? L'affaire de ces misérables n'est pas de bâtir, mais de démolir ; leurs maîtres maçons se disputeraient la brique, le mortier et surtout la truelle ; ils amèneraient la confusion des langues ; ils ne construiraient rien, pas même une seconde tour de Babel, fût-ce en pisé ; tout tomberait, excepté leur échafaud, au pied duquel ils se disputeraient le gouvernement, comme les Constituants et les Feuillants, avant que d'y monter révolutionnairement avec la monarchie. *Dixi.*

NOTES DE L'AUTEUR

Note A (voir page 102)

Ici, quelques traits de l'esprit fin, de la franchise bretonne et de la gaieté naïve de cet excellent homme. Il est connu que, travaillant avec le roi Louis XVIII, et suivant le cours de ses idées, il posa sur la table du Roi sa tabatière, un peu après son mouchoir. Ce prince lui dit en riant : « Mais, Corbière, « si vous n'y prenez garde, vous allez vider vos poches chez « moi. — Sire, il vaut mieux encore qu'on dise que je vide mes « poches chez vous, que si l'on disait que je les remplis. »

Mme de Colbert [1], petite-fille de M. de Malesherbes, demandait depuis longtemps avec insistance au ministre une préfecture pour son gendre, M. de Brancas [2], sous-préfet en Normandie. Malgré toute sa bienveillance, M. de Corbière jugeait la demande relativement intempestive et n'obtempérait pas. Enfin, Mme de Colbert l'invite à une réunion, comme ami de la famille ; il y vient, et les mêmes sollicitations l'assaillent de plus belle. On le conduit, de prières en prières, et de salon en salon, dans un boudoir où le portrait de M. de Malesherbes était en représentation. Mme de Colbert le lui montre solennellement, et, par un beau mouvement oratoire dont elle devait croire l'effet sûr : « Monsieur de Corbière, que « dirait mon grand-père, s'il savait que depuis si longtemps je « vous demande inutilement une préfecture pour son arrière-« petit-fils ? — Ah ! Madame, reprit Corbière, aussi heureuse-« ment que gaiement et spirituellement, que dirait mon grand-

1. Charlotte-Pauline-Christine de Montboissier de Beaufort-Canillac, mariée à Édouard-Charles-Victurnien Colbert, comte de Maulevrier, contre-amiral.

2. Antoine-Bufile Woldemar, comte de Brancas, marié en 1824 à Charlotte Colbert de Maulevrier.

« père, s'il voyait que moi, petit avocat de Rennes, je suis « aujourd'hui ministre du Roi Très Chrétien? de M. votre « grand-père et de mon grand-père, le plus étonné serait le « mien. »

Note B (voir page 104)

Voici une anecdote à l'appui. Le marquis de Bi., bien en position d'ailleurs d'être fait pair en 1814 ou en 1822, dit devant le comte de la F. et devant moi qu'il connaissait quelqu'un qui avait témoigné à M. de Villèle le désir d'être sur la liste des pairs, et que le président du conseil le lui avait promis formellement, en ajoutant que c'était lui-même qui dressait la liste et la présentait à la signature royale. Cependant la nomination des pairs eut lieu : le personnage n'y fut pas compris. Il se plaignit à M. de Villèle, qui lui aurait dit, sans le moindre embarras : « Est-ce qu'un homme comme vous « pouvait être confondu dans une fournée ? Vous êtes fait « pour être nommé seul, ou avec deux ou trois grandes nota- « bilités ; ce qui sera incessamment. » Le notable ne fut fait pair ni alors ni depuis ; mais M. le marquis de Bi., qui nous raconta l'anecdote, particularisa trop bien les circonstances pour ne pas laisser soupçonner qu'il était la partie intéressée.

Voici, en compensation, et au sujet de la pairie, la plus noble preuve de bienveillance et de loyauté que j'aie reçue de M. de Villèle. Au mois d'août 1827, j'avertis un de mes cousins, le comte de Pontgibaud [1], qu'il y aurait, sous quelques semaines, une nomination de pairs, et je l'engageai à faire une note de sa naissance, fortune, position sociale, que nous fîmes remettre au président du conseil par le cardinal de Latil [2], ami de sa famille. Quelques semaines après, de retour à Paris, je demandai à mon parent des nouvelles de la note.

1. Armand-Victoire Moré, comte de Pontgibaud, pair de France le 5 novembre 1827 ; né en 1786, mort en 1855.

2. Jean-Baptiste-Marie-Anne-Antoine, comte de Latil, cardinal-archevêque de Reims ; né en 1761, mort en 1839.

Il n'en avait pas fait usage. Le cardinal était à Reims, et je savais que la nomination de pairs était très prochaine. Je lui demandai la note, et je lui dis qu'il y avait urgence, que je ne voulais pas parler au ministre, mais que j'allais envoyer la demande, et que j'avais les moyens de la faire remettre à son adresse. J'écrivis au ministre que la note que je lui transmettais des droits du comte de Pontgibaud à la pairie et à la bienveillance royale contenait l'exacte vérité, et que j'en donnais pour garantie ma parole d'honneur. Le lendemain matin une estafette m'apporte officiellement une lettre du ministère, avec cette suscription : *à M. le comte de Pontgibaud* (le reste en blanc : j'étais chargé de remettre l'adresse de mon cousin et censé la savoir.) C'était sa nomination à la Chambre des pairs. Le *Moniteur* parut le lendemain matin, et son nom était dans le nombre des élus. Lui ne pouvait pas le croire, et moi je n'en avais pas douté, vu les qualités du candidat : M. de Villèle devait croire et a cru à ma seule garantie ; je lui ai su un gré infini de cette marque de confiance.

Peut-être cet acte juste et politique, dont je fus l'intermédiaire et le moniteur bénévole, fut-il, dans la réminiscence de M. de Villèle, une compensation indirecte et tacite de deux mécomptes qu'il avait sur la conscience à mon égard : je veux parler de la place de bibliothécaire du Roi et plus tard de celle de directeur général des forêts. Je ne l'accuse que du premier mécompte, l'autre fut volontaire de ma part, et j'ai fini par rire de tous les deux.

Je vais d'abord raconter le premier désappointement, avec ses inconcevables circonstances. Je m'accuse, dans un jour d'ambition, apparemment, d'avoir proposé à M. de Villèle de remonarchiser la bibliothèque du Roi, de lui en avoir communiqué le travail en réorganisation, améliorations et réformes d'abus, et je lui exprimai le désir d'être nommé bibliothécaire du Roi, tel que l'avait été avant 1789 M. Le Noir. La question n'est pas de savoir si j'avais ou si je n'avais pas de droits à de si hautes prétentions ; ce qui est certain, c'est que M. de Villèle, au lieu de me dire ce qui était tout simple, c'est-à-dire que les bibliothèques étaient dans les attributions du ministre de l'intérieur, de M. de Corbière, et qu'il emploierait en ma faveur ses bons offices auprès de lui, me dit sans hésitation que je pouvais compter sur cette place, que je me tinsse assuré que c'était comme si je la tenais, et que je dormisse sur les deux oreilles. Il me le confirma devant mon collègue Paul de Châteaudouble [1], il le répéta au duc alors marquis de Rivière [2], que j'avais prié de lui parler de son côté; et de telle sorte que le bon M. de Rivière m'écrivit qu'aux termes où j'en étais avec Son Excellence, je n'avais nul besoin de sa protection; que ce serait plutôt lui qui me demanderait la mienne auprès du ministre. Même réponse ou à peu près à Son Altesse Royale Monsieur, qui voulut bien lui parler de moi et de mon désir. Le jour de travail était le mercredi. Pendant un mois, un mercredi, deux mercredis, trois mercredis se passent. Vers la fin de la session, étant au bureau comme secrétaire de la Chambre, M. de Corbière, descendant de la tribune, m'engage à passer chez lui, pour que nous parlions de la bibliothèque. Je crus l'affaire faite et ne demandai le nom de la fonction qu'il me destinait. Mon collègue et ami Josse-Beauvoir [3], à qui j'annonçai ma bonne fortune, fut à son banc le lui demander. M. de Corbière répondit : « Nous ne lui donnons pas ce qu'il demande, mais ce sera l'équivalent. » Je supposai que le nom serait *directeur* au lieu de *bibliothécaire*, et j'allai le lendemain dans son cabinet, mon pied ne posant pas à terre. Je commençai par le remercier, et je demandai le nom de la fonction. Quelle chute, mon père! Il me dit qu'on allait me faire d'abord conservateur, comme les autres fonctionnaires de la bibliothèque, et qu'à la mort de

1. Jean-Antoine-Emmanuel Paul de Châteaudouble, député du Var de 1815 à 1831, sous-directeur de la Caisse d'arrondissement en 1821; né en 1774, mort en 1846.

2. Charles-François Riffardeau, marquis puis duc de Rivière, lieutenant général, pair de France le 17 août 1815, gouverneur du duc de Bordeaux le 10 avril 1826; né en 1763, mort le 21 avril 1828.

3. Auguste-Guillaume Josse-Beauvoir, député de Loir-et-Cher de 1815 à 1827; né en 1771, mort en 1853.

M. Dacier [1] on me donnerait la direction. Je lui dis en riant qu'il y avait un malentendu, que j'avais demandé à être chef, et non pas à avoir des compagnons, qu'étant simple conservateur j'irais partager seulement les abus dont je signalais l'utile redressement, que j'étais reconnaissant de ses bonnes intentions, mais que je lui demandais la permission de refuser. Je me retirai content, c'est voulant dire, mais je ne compromis personne.

Plus tard, la direction générale des forêts fut tout autre chose, et j'eus tous les honneurs de la renonciation. Pour abréger, même demande, mêmes promesses de M. de Villèle, mêmes intercessions de haut lieu, espérances plus vraisemblables encore, la place cette fois étant dans les attributions du ministre des finances. Voilà que le maréchal de Lauriston meurt presque subitement, voilà que le duc de Doudeauville [2], directeur général des postes, lui succède dans le ministère de la maison du Roi. Voilà que le marquis de Vaulchier [3] succède aux postes à M. de Doudeauville; d'où il résulte que M. de Bouthillier, administrateur des postes, donne sa démission, mécontent de ne pas avoir la direction générale. La préfecture de Versailles, où se trouve Rambouillet, ce qui met en rapport journalier avec les princes, convenait à M. de Bouthillier, vu le voisinage de sa terre d'Antouillet et de son beau-frère M. de Pinieux [4]; mais M. le duc d'Angoulême s'avise de lui dire qu'il désire bien qu'il soit replacé, mais qu'on laisse où il est à Versailles son ami Destouches [5]. Quelqu'un donna l'idée à

1. Bon-Joseph Dacier, de l'Académie française; né en 1742, mort en 1833.

2. Ambroise-Polycarpe de la Rochefoucauld, duc de Doudeauville, pair de France le 4 juin 1814, directeur général des postes le 22 septembre 1822, ministre de la maison du Roi du 4 août 1824 au 2 mai 1827; né en 1765, mort en 1841.

3. Louis-René-Simon, marquis de Vaulchier, successivement préfet du Jura, de la Corrèze, de Saône-et-Loire, de la Charente et du Bas-Rhin de 1814 à 1824, député du Jura de 1820 à 1830, directeur général des postes le 4 août 1824; né en 1780, mort en 1861.

4. Charles-Auguste du Bouexic, comte de Pinieux, député d'Eure-et-Loir de 1824 à 1830; né en 1779, mort en 1851.

5. Le baron Destouches, maître des requêtes, préfet de Seine-et-Oise.

M. de Bouthillier de demander la place de directeur général des forêts, qu'on va rétablir. Il a recours à l'amitié de M. de Rivière et à la bienveillance de Monsieur. Cependant il rencontre aux Tuileries le gros La Briffe [1], et lui témoigne son étonnement de ce que les puissances qu'il a priées de le servir ne lui ont, en définitive, dit ni oui ni non. M. de la Briffe, très répandu, lui dit que le silence n'était pas étonnant; que les mêmes personnages avaient parlé pour moi, et que la place m'était promise depuis deux mois. M. de Bouthillier, l'ami de mes enfants et de ma famille, accourt le soir même à la préfecture de police pour me parler. Ne me trouvant pas, il confie ses inquiétudes à M. de Lavau, qui lui confirme ce qu'il a appris. J'apprends à mon retour toutes ses sollicitudes et je le vois arriver le lendemain matin. J'avais écrit, dès le soir même, à M. de Villèle, à peu près en ces termes : « Les pro-« messes que Votre Excellence m'a faites et a réitérées à « M. de Rivière et à Son Altesse Royale Monsieur me per-« mettent d'espérer la place de directeur général des forêts. « M. de Bouthillier n'est plus administrateur des postes; il est « juste et politique qu'il soit placé convenablement. Il désire « la place de directeur général des forêts; je prie Votre Excel-« lence de permettre que j'y renonce en sa faveur, si je puis « m'exprimer ainsi d'une place que je ne tiens pas, etc. » — M. de Bouthillier : « Mon cher ami, on n'écrit pas une lettre pareille. « — Si, quand on est moi, et quand il s'agit de vous. Je ne « le ferais pas pour un autre. Tous vos biens ont été vendus. « Je ne suis pas dans la même position, et vous ferez la « place mieux que moi. — Je ne porterai pas une lettre « comme celle-là. — Je la porterai donc moi-même, » lui dis-je en riant. La lettre fut remise, et cette fois j'obtins ce que je demandais : M. de Bouthillier fut nommé le lendemain.

1. Pierre-Armand, comte de la Briffe, député de l'Aube de 1815 à 1821 et de 1827 à 1831; né en 1772, mort en 1839.

LIVRE II

CHAPITRE PREMIER

Avènement de Charles X. — Suppression de la censure. — Caractère de Charles X. — Caractère de Louis XVIII. — Travaux éventuels de la session de 1825. — Schisme dans le côté droit des deux Chambres. — Statistique des pairs en 1824. — La Chambre des députés en 1825. — Séance royale du 22 décembre 1824. — L'esprit révolutionnaire. — Conquêtes morales sur la Révolution. — Loi du sacrilège. — Loi des communautés religieuses. — Loi d'indemnité. — Partialité des journaux de l'opposition royaliste. — Discussion de la loi d'indemnité. — Discussion de la loi des rentes. — La vérité sur les hommes dite par M. de Boisbertrand. — De l'opposition royaliste hostile et de l'opposition royaliste stimulante. — Tactique diffamatoire de l'opposition royaliste et de l'opposition de gauche coalisées.

Le roi Louis XVIII mourut le 16 septembre 1824 et le règne de Charles X commença. La transition fut aussi paisible que celle de 1774, grâce à la prévoyance du ministère royaliste, qui avait suspendu *si sagement* la licence appelée liberté de la presse : si les niais l'ignorent, les malins le savent, il suffit. Le premier acte du nouveau règne ne fut pas sans importance : M. le duc d'Angoulême entra dans le conseil du Roi, et ce ne peut être sans fruit pour l'avenir, car ce prince religieux et bien intentionné n'a besoin que d'entendre la vérité au lieu du mensonge ; mais l'éducation est à faire. Le second acte fut d'une haute imprudence aux yeux de tous les hommes sages ; il appartenait à un homme supérieur de risquer une si rude épreuve : M. de Villèle l'osa, et l'interdit fut levé purement et simplement sur la presse, et notamment sur la presse périodique : dans le conseil il ne s'y opposa pas. Autant que je puis l'affirmer, M. le duc d'Angoulême déclara qu'il n'avait pas d'opinion arrêtée. Le Roi désira que la presse fût libre. L'excellent prince doit pourtant savoir que ce n'est pas toujours parce qu'un souverain est aimant qu'il est aimé, qu'on ne gouverne pas avec le sentiment. *Initium sapientiæ timor Domini.* Cela ne signifie pas autre chose, sinon : « les rois doivent craindre le Seigneur et les peuples leurs rois. » Cependant, sans grand inconvénient, Charles X a saturé, au dedans et même au dehors, le public français de mansuétude et de bonté ; la masse du peuple a répondu à ses intentions de bienveillance. Conduite digne d'éloge, s'il n'en fait pas une habitude : *Major a longinquo reverentia*, et le meilleur des pères a besoin, pour ses enfants eux-mêmes, d'en être respecté. Quoi qu'il en soit, on aime à savoir qu'un homme du peuple disait de lui : « C'est Henri IV second. » C'est également avec le plus sincère plaisir que j'ai recueilli le fait suivant.

Il faut se souvenir d'abord que, quoi qu'en disent ces bons modérés qui sourient à la Révolution et qui diraient feu M. de Robespierre, il faut se souvenir que, dans sa démence, la Révolution n'a pas épargné les sœurs de la Charité. N'en déplaise aux journaux libéro-jacobins, la Révolution a chassé ces admirables sœurs, pendant quatre années, de l'Hôtel-Dieu. Il a fallu les rappeler, car, comme le disait si véridiquement M. de Boulogne [1], le prélat que l'Église vient de perdre et après qui la chaire évangélique est veuve : « Avec leur or, s'écriait-il, tous « les révolutionnaires, jusqu'à la Restauration, ont pu bâtir

1. Etienne-Antoine, comte de Boulogne, évêque de Troyes en 1809, pair de France le 31 octobre 1822 ; né en 1747, mort le 13 mai 1825.

« des temples, des hospices ; ont-ils pu faire une sœur de la « Charité ? » Au moment de la visite du Roi à l'Hôtel-Dieu, un de ces mauvais gens de biens qui disent qu'ils croient au Roi et qui se vantent de ne pas croire en Dieu, enfin un fort esprit, avouait que, pendant le règne du bonnet rouge, les sœurs de la Charité avaient été chassées ; et il citait le dévouement de l'une d'elles qui, pour continuer son héroïque vocation à soigner l'humanité souffrante, s'était sécularisée jusqu'à se refuser d'aller aux offices ; mais, disait ce bel esprit : « Qui travaille prie. » Le Roi lui répondit sur-le-champ : « Il vaut mieux faire l'un et l'autre. »

Un artisan, voyant Charles X sortir de l'Hôtel-Dieu, s'écria : « Cet homme-là est dans le cas de faire cent mille royalistes par jour. » Il venait sans doute d'entendre Sa Majesté dire, à une place de la maison d'où l'on aperçoit les Tuileries : « Il est bon que du palais des rois on voie « l'asile du pauvre. »

L'excellent prince n'était-il pas connu depuis longtemps? Sollicité par les Decazes, Pasquier, Molé, de leur prêter son appui après l'ordonnance du 5 septembre, sous le prétexte que, s'il voulait les laisser faire, ils rendraient les Bourbons et la royauté plus puissants qu'ils n'avaient jamais été, Monsieur disait, *dans son intimité :* « Ils nous mettraient tous dans un mortier qu'ils n'en tireraient pas une once de despotisme. » Et ce fut sur ce refus que ces messieurs inventèrent contre ce prince les correspondances privées et le gouvernement occulte.

Encore un trait qui peint toute son âme. Il y a quatre ans, le marquis de Rivière revint de l'ambassade de Constantinople. M. de Rivière est un des plus honnêtes hommes de la cour, et certes *apparent rari nantes in gurgite vasto.* Il se présenta devant son prince ; dès que

Monsieur l'aperçut, il lui ouvrit ses bras en s'écriant : « Embrassons-nous, mon ami ; il y a si longtemps que « nous ne nous sommes vus ! » L'instant d'après, il lui répéta : « Embrassons-nous donc encore, mon cher Rivière, « cela fait tant de bien. » Il faut se transporter à l'époque et aux pénibles angoisses auxquelles ces misérables Decazes et consorts avaient condamné notre malheureux prince, par leurs calomnies auprès du Roi son frère. Après ces premiers épanchements, Monsieur sortit, et revint tenant contre sa poitrine et caché par ses deux mains, je dirai quoi tout à l'heure. « Te rappelles-tu, dit-il « à M. de Rivière, que, lors de ta condamnation à mort, « ils t'ont enlevé mon portrait que je t'avais donné ? Je l'ai « fait refaire, et, pour que ce fût mieux le même, je me « suis fait peindre plus jeune de vingt ans, comme j'étais « dans ce moment où tu pensais si bien à moi : tiens, le « voilà; je te le rends.

Tel était le prince adorable qui régnait, sous le nom de Charles X, depuis le 16 septembre 1824 que le roi Louis XVIII avait fermé les yeux.

Le feu Roi, sur la mémoire duquel j'imiterai le respectueux silence des Ottomans sur leurs monarques défunts (jamais un mot de blâme n'est proféré par eux quand les sultans sont morts), le feu roi de France, dans ses derniers moments, paraît avoir exprimé deux regrets : l'un de n'avoir pu fermer la dernière plaie de la Révolution en fixant le sort des Français spoliés par elle ; l'autre d'avoir vu rejeter la loi financière de l'an passé. « Parce « que, disait-il très sagement, une loi de réduction de « rentes est moins fâcheuse à faire à la fin qu'au commen- « cement du règne. » La tête de ce prince, plus vieux d'infirmités que d'âge, contenait beaucoup d'idées justes et profondes, et je crois qu'elles lui appartenaient. La loi dite d'indemnité pour les biens confisqués révolutionnairement, et la loi de la réduction de la rente devaient donc signaler le début du règne de Charles X. Ces deux lois, avec celles du sacrilège et des communautés religieuses, étaient attendues dans l'opinion, et dans l'intérêt de la religion et de la monarchie, comme les seuls travaux de la session des Chambres en 1825, avec l'accompagnement obligé du budget annuel.

Sous un prince aussi bien intentionné que Charles X, il eût semblé que la marche vers l'adoption de lois utiles, conservatrices et même vitales pour l'assiette, la gloire et la prospérité du royaume, n'auraient pas souffert de difficultés, et qu'une sorte de bonne foi aurait caractérisé les discussions : toutes ces lois ont passé, voilà le fait ; mais le sceau du blâme général sera mis par l'histoire sur le front des prétendus royalistes, des prétendus amis de la religion et de la monarchie qui ont exploité, par tous les moyens, par tous les mensonges, une opposition systématique aussi injuste envers les personnes que nuisible, si Dieu l'avait permis, à la chose publique, et par conséquent déshonorante pour les délinquants dans les deux Chambres. La question d'aujourd'hui n'est pas de savoir si la plante exotique qu'on appelle *gouvernement représentatif* se naturalisera en France : il s'agit d'observer et de déplorer de quelles sortes de personnes les éléments des deux pouvoirs se composent : alors on jugera des obstacles quotidiens que les hommes opposent, et par conséquent de l'habileté nécessaire aux gouvernants qui ont à lutter contre eux.

Entendons-nous : il y a dogme ici : « Il ne peut y avoir « dans une monarchie qu'une opposition démocratique : « il ne peut pas y avoir d'opposants sous le drapeau du « Roi.... » Ainsi, sous un ministère plus enclin au développement des principes démocratiques, on a pu concevoir notre opposition, qui réclamait, depuis 1816 jusqu'en 1821, pour les principes monarchiques. Sous une administration monarchique telle qu'elle a été et telle qu'elle est depuis cette époque, on ne peut imaginer qu'une opposition démocratique. Il ne saurait y avoir d'opposition royaliste sous un gouvernement royal : il ne lui resterait, pour échapper aux conséquences de sa position, qu'à soutenir, ou qu'elle entend la royauté mieux que le Roi, ou que l'administration actuelle n'est pas royaliste, et nous laisserions à l'opposition révolutionnaire, à l'opposition dite libérale, le soin de lui répondre sur ce point ; ou enfin qu'il ne s'agit, dans tout cela, que d'ambitions personnelles et de disputes de places, comme elle l'avoue tous les jours depuis quatre ans ; et dans ce cas nous penserions qu'elle a répondu pour nous. Or les ministres, depuis l'ordonnance du 5 septembre jusqu'au 8 décembre 1821, étaient-ils royalistes? le ministère qui leur a succédé depuis 1821 est-il royaliste ? est-il monarchique ? a-t-il des principes opposés à leurs doctrines fausses ou condamnables ? Toute la question est, dans le fait, oui ou non, l'explication de la conduite conséquente et louable des députés royalistes qui ont combattu cinq années les ministères ennemis, et qui soutiennent depuis 1821 un ministère ami qui est le leur. En est-il de même des députés royalistes qui ont fait schisme? Ils offrent ce problème bizarre, et je dirais absurde et risible, s'il y avait de quoi rire, c'est qu'il y ait une opposition soi-disant royaliste contre un ministère qui est royaliste, qu'elle sourie aux révolutionnaires et fraternise avec eux. Où en veulent-ils venir? tout simplement à ce que de braves gens comme eux, on ne saurait plus capables, à ce qu'ils disent les uns des autres, remplacent de braves gens comme ceux qui y sont, mais qu'ils déclarent on ne saurait plus ineptes.

La majorité pour les lois du gouvernement royal est et sera, pendant la septennalité, immense et homogène, parce que, dans ses intentions, la Chambre élective est royaliste et répondra toujours aux vœux de Charles X, exprimés par ses ministres, royalistes comme elle, puisqu'ils sont sortis de son sein et ont subi glorieusement pendant dix années les mêmes épreuves.

Mais en est-il ainsi de la Chambre héréditaire ? En 1823, elle se composait de 268 pairs de France, sur lesquels 62 ennemis, 41 équivoques, et 165 royalistes ou présumés tels. Telle était la statistique de la Chambre des pairs en 1823. Il est remarquable que, dans la fournée des soixante de M. Decazes, dix-huit votent avec les royalistes, seize sont conditionnels, et vingt-six seulement sont à son bon vouloir, ou plutôt il est au leur.

En 1823, le ministère royaliste a introduit trente-sept pairs nouveaux : il n'a pas pu compter sur eux plus que M. Decazes sur les siens ; car, en 1824, la loi des rentes a été rejetée aux pairs par une majorité de trente-quatre voix. Les mauvais pairs ne sont que soixante-deux : l'addition des quarante votes douteux n'aurait donné que cent deux boules noires à l'opposition, et il y a eu 128 boules noires sur 223 votants, 94 boules blanches ; différence, 34, vu un billet nul.

Il en faut conclure que, dans son état actuel, la Chambre des pairs est de nature à n'offrir qu'une majorité précaire, conditionnelle, et sur laquelle la monarchie ne peut pas compter avec sécurité. Les nobles pairs voteront bien ou mal aujourd'hui, bien ou mal demain, selon leur intérêt du moment. Citons un exemple. Un pair répondait un jour au ministre, qui lui expliquait et développait l'importance d'une loi : « Qu'est-ce qu'il m'en reviendra ? »

La masse est égoïste, insouciante ; le mot de bien public n'est pas dans le dictionnaire de la Chambre, prise en général, et cependant, par leur position politique et naturelle, les très nobles et très illustres pairs héréditaires ne doivent connaître que le Roi et voter selon le vœu du Roi. Nous reviendrons sur le mal, et nous parlerons plus bas du remède.

Quoi qu'il en soit, telle était la disposition suspecte et inquiétante de la Chambre des pairs, d'un des pouvoirs de l'État, lors de l'ouverture de la session de 1825. L'état moral de la Chambre élective était beaucoup plus rassurant ; je dis l'état moral, mais non pas la physionomie extérieure. La majorité des députés apportait le même instinct, les mêmes intentions parfaites qui avaient animé la Chambre introuvable. Un très grand nombre de nos nouveaux collègues s'inquiétaient de voir la Chambre de 1824 sans direction, sans mot d'ordre, sans chefs de file comme notre majorité en avait en 1815. Les anciens du côté droit n'y étaient plus tous réunis et agglomérés ; les nouveaux collègues avaient voulu faire une profession de foi visible en s'attroupant sur les bancs de la droite, et beaucoup de députés de 1815 avaient quitté leurs places pour les leur céder. Ensuite, il est vrai de dire que des noms connus de toute la France, comme ceux de Bonald et de Marcellus, de Kergorlay et de Bethisy [1] ne frappaient plus les oreilles des nouveaux venus : ces députés avaient été faits pairs. La seule présence de Bonald, Marcellus, Kergorlay, Bethisy ajoutait à la force morale de la majorité autant qu'à la force numérique : leur disparition décolorait la Chambre aux regards du public. Ajoutons

1. Charles, marquis de Béthisy, maréchal de camp, député du Nord en 1815-1816, et de 1820 à 1823, pair de France le 23 décembre 1823; né en 1770, mort le 24 novembre 1827.

que nos deux chefs universellement avoués, M. de Villèle et M. de Corbière, ayant été portés par nos efforts et par nos vœux au ministère, on n'avait ni voulu ni dû les remplacer. Les relations journalières de beaucoup de nos collègues avec eux semblaient établir les communications suffisantes ; il ne s'agissait plus de combattre, mais d'aider, d'agir de concert : une opposition parmi les royalistes n'était pas à supposer. Sans doute, il y eut une faute de faite lors de l'avènement au pouvoir de nos collègues MM. de Villèle et de Corbière : la faute fut de ne pas laisser vides les deux places contiguës qu'ils occupaient à la tête du premier banc du côté droit. L'idée était noble, flatteuse même pour nos amis, et digne de la Chambre et d'eux : ce soin de laisser leurs deux places inoccupées renfermait à la fois un hommage et un avertissement ; il signifiait : « Si, à l'user, vous ne justifiez pas nos espé« rances comme ministres de la monarchie, vos places à « notre tête vous attendent éventuellement, comme bons « et loyaux députés que vous serez toujours. » Mais cela n'a pas été compris du bonhomme Piet ; il a jugé à propos de quitter avec réflexion la place qu'il s'était affectée depuis 1815, sauf une lacune de deux élections auxquelles il n'avait pas su se faire renommer ; et ce sont ses ailes de pigeon et sa queue de rat qui sont venues se poser à la place de M. de Villèle. Personne ne devait s'y asseoir ; autrement c'était Chilhaud de la Rigaudie [1], ou Cardonnel [2], ou Lastours, ou le marquis de Causans [3] qu'on

1. Pierre Chilhaud de la Rigaudie, député de la Dordogne au Corps législatif de l'an XI à 1814, et à la Chambre des députés de 1815 à 1817, de 1820 à 1827 et de 1830 à 1831 ; conseiller à la cour de cassation en 1826 ; né en 1749, mort en 1834.

2. Pierre-Salvi-Félix de Cardonnel, député du Tarn de 1815 à 1820 et de 1824 à 1829 ; né en 1770, mort le 11 juillet 1829.

3. Jacques Vincens, marquis de Causans, député de Vaucluse de 1815 à 1819 et de 1820 à 1824 ; né en 1751, mort le 14 avril 1824.

devait y voir; mais cet excellent Piet n'a pas compris. Cependant, les plus petits actes extérieurs ont de l'importance dans une assemblée publique, et le bon collègue aurait dû remarquer l'impression de plaisir et d'approbation produite à la première apparition du ministère dans la Chambre, en décembre 1821, quand, au lieu d'aller s'asseoir comme leurs prédécesseurs au banc des ministres, au centre gauche, MM. de Villèle, Corbière, Peyronnet, sont venus prendre possession du banc, placé au centre droit, déclarer ainsi leur couleur et planter le drapeau blanc au milieu des députés de la monarchie. Tant il y a que plusieurs de nos nouveaux collègues, gens de bien, peu familiarisés avec la question préalable, regrettaient que beaucoup d'anciens ne fussent pas restés auprès d'eux pour leur donner de confiance le mouvement d'assis et levé. Je ne trouvai rien de mieux à leur indiquer comme règle que de leur dire : « Quand mes voisins « MM. Casimir Périer, Foy [1], Girardin, Thiard [2], Méchin, « Benjamin Constant, se lèvent, asseyez-vous ; quand ils « s'assoient, levez-vous, et vous serez toujours sûrs de « bien faire ; vous saurez pourquoi le lendemain, on vous « l'expliquera. »

Mais je viens de nommer les chefs de l'opposition révolutionnaire, hommes de corvée, destinés à faire, vu les pertes électorales, le double service d'officiers et de soldats à la tribune. Le dénombrement des chefs de l'opposition royaliste n'est pas plus long, mais il est plus bizarre : La Bourdonnaye, Duplessis-Grenedan, Bacot [3],

1. Sébastien-Maximilien, comte Foy, lieutenant général, député de l'Aisne de 1819 à 1825; né en 1775, mort le 28 novembre 1825.

2. Auxonne-Marie-Théodose, comte de Thiard, maréchal de camp, député de Saône-et-Loire de 1820 à 1834; né en 1772, mort en 1852.

3. Claude-René, baron Bacot de Romand, député d'Indre-et-Loire de 1815 à 1830; né en 1782, mort en 1853.

Lemoine-Desmares, Sanlot-Baguenault [1], Granoux [2], Clauzel de Coussergues [3]; tous, excepté Lemoine-Desmares, les plus estimables du monde; car, excepté La Bourdonnaye, qui n'est animé que par la haine; excepté Duplessis-Grenedan, qui prend l'entêtement pour le caractère, la vanité et l'ambition sont les deux mobiles qui travaillent et Berthier, et Bacot, et Lézardière [4], et Leclerc de la Bourdonnaye, dit Leclerc de Beaulieu : voilà les passions qui sont dans leurs cœurs, et la mauvaise foi sera dans leurs bouches; voilà les alliés royalistes des révolutionnaires formant l'opposition unie dans la Chambre: le sentiment commun est leur haine pour le même homme.

Ainsi l'opposition de droite en veut au pouvoir, parce qu'elle espère l'exploiter ; l'opposition de gauche en veut au système, parce que tout ce qui est monarchique lui fait horreur et agace ses nerfs. Cette double opposition a pour auxiliaires les deux brigades dont l'une a pour chef Royer-Collard [5], qui ne sait pas ce qu'il veut et n'est content que de lui-même, l'autre l'ex-procureur général Bourdeau, qui se croit M. Lainé [6] rempaillé, tandis qu'il

1. Adrien-Gustave-Thibaut Sanlot-Baguenault, député de la Seine de 1824 à 1827; né en 1782, mort en 1854.

2. Jean-Baptiste Pimpie, comte de Granoux, député de l'Ardèche de 1821 à 1828; né en 1752, mort le 12 juillet 1828.

3. Jean-Claude Clausel de Coussergues, conseiller à la cour de cassation, député de l'Aveyron de 1815 à 1820 et de 1821 à 1827; né en 1759, mort en 1846.

4. Eutrope-Charles-Athanase-Benjamin Robert, vicomte de Lézardière, député de la Vendée de 1824 à 1827, et de la Mayenne de 1830 à 1831; né en 1777, mort en 1866.

5. Pierre-Paul Royer-Collard, député au conseil des Cinq-Cents, député de la Marne de 1815 à 1842, membre de l'Académie française; né en 1763, mort en 1845.

6. Joseph-Louis-Joachim, vicomte Lainé, membre de l'Académie française, député de la Gironde de 1815 à 1822, pair de France le 23 février 1822; né en 1767, mort en 1835.

n'a ni ses qualités ni ses défauts. Toutes ces paroisses réunies, d'arrière-pensées si différentes, n'en forment pas moins un tout qui vote, et qui promet de quarante à quatre-vingts boules noires, selon la loi mise en question. Au grand complet, ces étranges alliés semblaient devoir être et furent en effet dans la proportion de quatre-vingts. Telle était à peu près la statistique de la Chambre élective, quand la session de 1825 s'ouvrit par la séance royale du 22 décembre 1824.

Je n'ai pas eu le bonheur d'entendre Charles X parler pour la première fois aux deux pouvoirs réunis de la monarchie constitutionnelle, devant l'Europe et la France : une funeste esquinancie me retint quinze jours en chartre privée. Ainsi je n'ai pas entendu ces belles paroles : « Je « connais tous les devoirs que m'impose la royauté ; « mais fort de mon amour pour mes peuples, j'espère, « avec l'aide de Dieu, avoir le courage et la fermeté néces- « saires pour les bien remplir. » *Amen.*

La première loi portée à l'une des deux Chambres, et ce fut à la Chambre des pairs, puisque ce ne sont que les lois de finance qui sont soumises d'abord à la Chambre des députés, la première loi portée fut la loi sur le sacrilège.

Or, il ne faut pas se faire d'illusion : l'esprit et le cachet de la Révolution sont encore en France dans les choses ; la monarchie n'est que dans les Tuileries et la place du Carrousel. Toute sa spiritualité est là, si vous le demandez aux commensaux et à M. le marquis de Brézé [1] ; mais, hors de cette enceinte, à chaque pas que le gouvernement royal veut faire, il rencontre partout une sentinelle révolutionnaire qui crie : « Qui vive ? on ne passe pas. » La

1. Henri-Evrard, marquis de Dreux-Brézé, grand maître des cérémonies, pair de France le 17 août 1815 ; né en 1766, mort le 17 janvier 1829.

monarchie, par rapport aux lois, aux institutions, aux règlements du bon ordre à rétablir dans ses intérêts comme dans ses devoirs, est entourée du filet révolutionnaire. En 1814 et en 1815, on n'a pas voulu le rompre ; on est réduit à l'user, à le ronger maille par maille. Ce n'est plus, il est vrai, qu'une vaste toile d'araignée ; mais dès que le génie du bien touche à ses bords, le monstre aux mille pattes arrive pour défendre l'entrée. Le réseau est mince, il faut en convenir, ce n'est plus un tissu de câbles ; mais, dès que, pour le triomphe du trône et de l'autel unis, dès que, pour le simple accomplissement de ses doubles devoirs envers la religion et envers elle-même, la monarchie touche aux intérêts matériels et moraux de la Révolution, la Révolution hurle et crie au despotisme, au jésuitisme, à l'arbitraire, au scandale. On dit trivialement, mais avec vérité, que le mal se fait vite et le bien lentement. Le besoin, le devoir de la régénération monarchique sont reconnus par le gouvernement ; mais elle ne peut s'opérer que par les hommes et avec les hommes. Il faut donc le temps qu'une jeune et nouvelle génération, sans habitudes vicieuses, occupe les fonctions, les états, les métiers. Il ne s'agit donc point d'aller vite, d'aller plus vite, mais d'avancer toujours, et de ne pas reculer.

Or, tout homme de bonne foi n'admirera-t-il pas les progrès du bien dans le retour aux idées saines? Combien y a-t-il de mois que, dans l'enceinte des Chambres, cent vociférations repoussaient le mot de religion et le député vertueux qui osait le proférer à la tribune? Pour le faire entrer dans la législation, il y a peu d'années, il a fallu se résigner à le voir enveloppé du nom de morale religieuse. L'an passé, même, le gouvernement n'a pas osé prononcer le nom de sacrilège et le dévouer à la peine de mort.

Plus confiant cette année, il a présenté la loi, et la mort a été attachée à ce crime. Et dans quel cas? ce sera lorsqu'un coupable aura commis ce crime avec effraction et en plein midi : c'est-à-dire quand le misérable aura réuni tous les caractères les plus évidents de la démence par un délit aussi extravagant, et qu'ainsi il se trouvera hors de la portée des lois criminelles. Ainsi l'humanité niaise ou fausse de tel noble pair pouvait être bien rassurée : il aurait dû et pu, s'il eût voulu, n'y voir qu'un hommage plus solennel rendu au respect ineffable dû à la religion et à la divinité de qui elle émane. Cependant le romantique auteur du *Génie du christianisme* ne s'en est pas moins écrié : « La religion que j'ai présentée à la vénération des « hommes est une religion de paix qui aime mieux par-« donner que punir, une religion qui doit ses victoires à « ses miséricordes, et qui n'a besoin d'échafaud que pour « le triomphe de ses martyrs. Si aucun changement n'est « apporté à ce projet, il me sera impossible de voter une « loi qui blesse mon humanité sans mettre à l'abri ma « religion [1]. »

Cette explosion, toute philanthropique et éminemment religieuse, fut corrigée quelques jours après par une légère inconséquence qui la réduit à une non-valeur : car M. de Chateaubriand et ses nobles alliés, Pasquier, Molé et consorts, condamnèrent sans hésiter à la peine capitale tout un équipage, dans la loi rendue contre la piraterie et la baraterie. Je m'abstiens de toutes réflexions, on les fera sans moi. Le mot de l'énigme, c'est que M. de Chateaubriand, de la branche Bertin de Vaux, espérait donner un soufflet à M. de Villèle sur la joue de M. de Peyronnet, par le rejet de l'article capital dans la loi du sacrilège, et que, dans la loi de piraterie et de baraterie, il n'y avait

1. Opinion de M. de Chateaubriand sur le sacrilège, 18 février 1825.

pas d'arçons à faire vider à son ennemi le président du conseil. La loi du sacrilège passa aux deux Chambres : tous les révolutionnaires du dedans et du dehors furent hors des gonds ; donc la loi est très bonne.

Le second pas du gouvernement du Roi en faveur de la religion et de l'humanité fut la présentation de la loi sur les communautés religieuses. On n'avait pas osé la présenter l'an passé ; cette année, les efforts des pervers et des malins se bornèrent à une tracasserie : ils voulurent, et on leur concéda, que toutes les communautés qui avaient explicitement ou tacitement l'autorisation royale seraient instituées par une simple ordonnance, mais que, dorénavant, elles ne le seraient que par une loi. Les ennemis de l'autel et du trône, car ceux qui haïssent l'un haïssent l'autre, se sont réjouis d'un avantage bien minime ; mais il ne saurait être louable de leur donner lieu à se réjouir. Quoi qu'il en soit, le gouvernement du Roi, confié à des hommes monarchiques, marchait dans les voies de la monarchie et de la religion, avançant toujours dans l'intérêt de l'une et de l'autre.

Le 3 janvier, le président du conseil, ministre des finances, apporta la loi d'indemnité.

« Le Roi mon frère, avait dit Charles X dans la séance « royale du 22 décembre dernier, trouvait une grande « consolation à préparer les moyens de fermer les der- « nières plaies de la Révolution ; le moment est venu « d'exécuter les sages desseins qu'il avait conçus. La si- « tuation de nos finances permettra d'accomplir ce grand « acte de justice et de politique, sans augmenter les im- « pôts, sans nuire au crédit, sans retrancher aucune par- « tie des fonds destinés aux divers services publics. Ces « résultats, peut-être inespérés, Messieurs, nous les de- « vons à l'ordre établi avec votre concours dans la for-

« tune de l'État, et à la paix dont nous jouissons. J'ai la « ferme confiance que vous entrerez dans mes vues, et « que cette œuvre de réparation s'achèvera par un accord « parfait de volontés entre vous et moi. »

Ces consolantes paroles étaient des paroles de vérité. La loi d'indemnité, par sa nature, ne prêtait aucune arme à l'opposition royaliste pour blesser mortellement le ministère royaliste, c'est-à-dire la personne du président du conseil, car il était le point de mire. Cette loi-là n'était pas vitale pour lui ; c'était tout au plus la loi annexée de la réduction des rentes. Il n'en est pas moins vrai que les lois du sacrilège et des communautés religieuses soulevaient tous les hommes sans religion ; la loi des indemnités soulevait tous les révolutionnaires dans leurs intérêts matériels et soi-disant moraux ; la loi de la réduction des rentes devait leur donner pour auxiliaires de leurs haines et de leur courroux tous les rentiers ou, du moins, la plupart, quelles que fussent leurs opinions. Avant même d'être présentées, toute la France savait que ces lois ne pouvaient manquer de l'être dans cette session. Ce n'est pas un ministère timide qu'un ministère qui n'a pas craint d'allumer à la fois tant de passions, de susciter contre lui tant de haines, causées par le vil mais universel motif de l'égoïsme combiné avec l'ambition, l'amour-propre, l'immoralité se prêtant secours. Certes, pour ne pas craindre le combat devant tant d'ennemis, il faut que les ministres, et surtout le président du conseil, unissent à un grand fonds de courage et d'habileté un bien profond sentiment de leurs devoirs et un grand amour pour le bien, comme aussi le plus admirable dévouement.

Les gens de bien peuvent-ils sans indignation, sans nausées, penser, pour complément à tous les obstacles, aux efforts de la puissance canaille qui, créée par la liberté de la presse, embouchait la seconde trompette que la fable donne à la Renommée, pour propager tous les mensonges au profit de toutes les passions. Tel a été, et tel est encore, le caractère des journalistes soi-disant royalistes de l'opposition, sans en excepter un seul. Les journalistes révolutionnaires ont fait et font leur métier dans la haine de la monarchie et du système qui la protège ; les journalistes royalistes de l'opposition ont menti et mentent dans la haine d'un homme de bien. S'il y avait un Botany-Bay français, ce sont ceux-ci que j'y enverrais les premiers : ce sont les plus coupables, en ce que ce sont les menteurs les plus dangereux. Quoi qu'il en soit, c'est sous le feu de cette artillerie croisée, dirigée des deux côtés opposés, que M. de Villèle, à la tête des ministres du Roi, a marché au but et y touche. Il me semble voir l'amiral Dukworth traversant le Sund par son milieu, malgré les feux trop courts des deux rivages, ou Elphinston s'arrêtant entre les deux fameuses batteries des Dardanelles pour mettre leur réputation terrible au néant.

La commission de la loi d'indemnité fut composée dans les bureaux, aussi bien que possible, d'un certain nombre de jurisconsultes, portion obligée, tels que MM. Descordes [1], Pardessus [2], Miron de Lépinay [3]; d'hommes sages et éclairés, tels que MM. de Lastours, Beauvoir [4], André de la Lozère [5]. Il s'y glissa Lézardière, député de la

1. Pierre-Jean-Baptiste Descordes, député de la Charente de 1820 à 1827; né en 1769, mort en 1836.

2. Jean-Marie Pardessus, député de Loir-et-Cher de 1815 à 1816 et de 1820 à 1830, conseiller à la cour de cassation en 1821, membre de l'Académie des inscriptions et belles-lettres; né en 1787, mort en 1866.

3. Jacques Miron de l'Espinay, député du Loiret de 1824 à 1827; né en 1782, mort en 1852.

4. Josse-Beauvoir. — Voir plus haut, p. 111.

5. Jean-Pierre André, député de la Lozère, d'abord au conseil des Cinq-Cents, puis de 1815 à 1830; né en 1767, mort en 1850.

Vendée, homme à petits moyens et à grandes prétentions, qui vise à l'effet, et que Curzay[1] nous a envoyé, crainte de pire. Il a remplacé Manuel[2]; il est tout fier d'avoir donné son nom à l'amendement Lézardière, qui fut l'œuvre revue, corrigée et augmentée de l'opposition de droite, et n'en valait pas mieux pour cela. La commission l'avait combattu et rejeté comme spécieux, mais inexécutable dans l'invention de commissions départementales. On le lui dit et on le lui prouva dans le comité présidé par M. Descordes; il ne tint compte de ce jugement, et en appela à la Chambre, qui en fit justice; mais il parla. La position de la Chambre était tout à fait fausse dans cette discussion, placée qu'elle était entre l'article 9 de la charte, qui consacre la plus monstrueuse des iniquités révolutionnaires, et la justice, ou comme le souvenir de tout droit divin et humain.

Mon voisin M. de Girardin me disait à ce sujet : « Il « n'y a qu'une chose juste, c'est de dédommager les ac- « quéreurs actuels et rendre la propriété aux anciens « maîtres. — Je suis bien aise que vous pensiez ainsi, « lui dis-je, je le pensais comme vous, mais je n'osais « pas le dire. — Cela n'empêche pas, continua-t-il, que « quelque chose qu'on dise, je parlerai toujours contre. « — Sans doute, lui répondis-je, vous vous devez cela. » Il monta, en effet, à la tribune, pour établir l'incompétence de la Chambre et prouver qu'elle devait se récuser. On refusa d'entendre son discours, vu l'inconvenance même du début. Il se fit imprimer dans le *Courrier* du lendemain. Dans sa statistique de la Chambre, il énumé-

1. François-Boceslas-Casimir Duval de Chassenon, vicomte de Curzay, député de la Vienne de 1820 à 1830, préfet de la Vendée, puis d'Ille-et-Vilaine, et enfin de la Gironde; né en 1780, mort en 1842.

2. Jacques-Antoine Manuel, député de la Vendée de 1818 à 1824; né en 1775, mort le 20 août 1827.

rait tant de princes députés, tant de ducs, tant de marquis, de comtes, de vicomtes, de barons, qui, suivant lui, devaient se récuser comme juges intéressés dans la cause. La Bourdonnaye, en lui répondant, eut un exorde très éloquent et très oratoire, beau comme ce qu'il dit quand il est dans le vrai, ce qui ne lui arrive pas souvent depuis le ministère de décembre 1821. « Vous êtes-vous récusés, « leur dit-il, dans la question des canaux, où tels de vous « étaient actionnaires? vous êtes-vous recusés dans les « questions de troubles, de séditions, de conspirations où « plusieurs d'entre vous étaient soupçonnés d'avoir pris « part?.... » Les journaux des révolutionnaires, ses alliés de circonstance, ont eu soin de rapporter son discours, sauf l'exorde. On conçoit que, dans la défense des intérêts moraux et matériels de la Révolution, l'opposition de droite ne pouvait pas prêter main-forte à l'opposition de gauche, et réciproquement.

Il n'en a pas été moins affligeant d'avoir à entendre le pathos révolutionnaire et furibond du général Foy, de Méchin, etc., et les hérésies anticonstitutionnelles de Duplessis-Grenedan, de M. de Beaumont [1] et du bon Coupigny [2], qui soutenait que l'article 10 expliquait, corrigeait, annulait l'article 9. Le taciturne et ténébreux Thiboust de Puisact [3] n'entrait du moins pas dans les détails : il monta à la tribune pour dire que la loi était absurde, immorale, injuste, affreuse, qu'il voterait contre, et qu'en son âme ot conscience, c'était tout ce qu'il avait à dire là-dessus. M. de Thiard, ancien aide de camp du duc d'En-

1. Christophe-Armand-Paul-Alexandre, vicomte de Beaumont, député de la Dordogne de 1824 à 1830; né en 1770, mort en 1841.

2. Valentin-Charles-Hubert Malet, baron de Coupigny, député du Pas-de-Calais de 1815 à 1816 et de 1821 à 1827; né en 1771, mort en 1844.

3. Jacques-Marie-François Thiboust de Puisact, député de l'Orne de 1820 à 1827; né en 1766, mort en 1834.

ghien, et devenu depuis ce que tout le monde sait, vint débiter à la tribune son récitatif obligé, tribut d'injures contre l'émigration, les émigrés, l'armée de Condé, lieux communs qui n'ajoutaient rien à ses droits acquis à la honte et au mépris général. Quand il eut tout dit, je lui demandai, historiquement parlant, à quelle somme allaient approximativement ses reprises éventuelles dans la loi d'indemnité. « Cinq ou six cent mille francs, me « répondit-il. — Ah ! ah ! tant mieux pour vous, lui « dis-je, vous mettrez donc une boule ? — Oh ! je dois à « mes camarades, dit-il, de mettre une boule noire ; mais, « diable, je la mettrais blanche si je croyais qu'il fallût « cela pour faire passer la loi. » *Ab uno disce omnes.*

Mais, dans cette discussion inévitablement scandaleuse, il n'y avait rien de vital pour le ministère. Il se contentait de répondre qu'il avait fallu faire cette loi, qu'on n'avait pas pu la faire parfaite, qu'il la croyait la moins défectueuse possible ; il combattait les amendements comme détériorant la loi. En effet, deux modifications, crues avantageuses, ont été improvisées : dès le lendemain on a été forcé de convenir que la variante ne valait pas le texte. L'établissement d'un fonds commun, proposé par la commission d'accord avec les ministres, a obvié, autant que possible, aux inégalités des deux catégories ; c'est tout ce qu'il y avait à faire. La loi passa à la différence de 259 boules blanches contre 124 opposants, sur 383 votants ; majorité, 135.

Mais ce fut contre la loi des rentes, autrement dit de la dette publique et de l'amortissement, que les deux oppositions de droite et de gauche se ruèrent, simultanément et tour à tour, sur le président du conseil ou sur son fauteuil, dont les coalisés espéraient le faire choir dans ce combat à outrance. L'opposition n'eut aucun ami dans la commission, car M. Humann, qui en a été, est un homme de sens, raisonnable, et qui n'est pas emporté par la passion. L'arrière-pensée était politique, mais la question était de métier, et le terrain était la finance. Casimir Périer monta et remonta à l'assaut: le président du conseil lui tint toujours tête, le renversa à toutes les attaques. Lazzis, paradoxes, injures, le banquier en fut toujours pour ses frais de paroles, et descendit toujours battu. Pour commentaire de cette triste et déplorable comédie, je dirai seulement que, forcé au silence, voici les paroles qu'il dit à son voisin M. de Maquillé[1] : « J'ai dit des bêtises, « mais c'est un mauvais terrain ; ma position me com- « mandait de parler. Allons, je n'en ai pas moins pour « cinquante millions de commissions dans la loi qui va « passer.... » La France sait-elle cela ? La loi des rentes passa en effet, à la différence de 237 boules blanches contre 119 boules noires, sur 356 votants, le 26 mars 1825, à la majorité de 118 voix.

C'est ainsi que la saine et nombreuse majorité de la Chambre royaliste répondait par son assentiment et son appui aux bonnes intentions du ministère, royaliste comme elle.

Jetons les yeux sur le tableau affligeant qu'il est nécessaire et instructif d'offrir, pour démontrer quelle honte, quelle pitié, quel blâme encourait l'opposition soi-disant royaliste par excellence, au grand scandale des gens de bien, et aux risques et périls de la cause commune. Je ne crois pouvoir mieux faire que d'emprunter ici à notre collègue Boisbertrand [2] ses propres paroles, dans la séance du 28 avril 1825.

1. Charles-André Dubois, comte de Maquillé, député de Maine-et-Loire de 1815 à 1816 et de 1824 à 1827 ; né en 1783, mort en 1859.

2. Étienne Tessière de Boisbertrand, député de la Vienne de 1824 à 1831 ; né en 1780, mort en 1858.

J'en appelle à vos souvenirs, Messieurs, lorsque vous fûtes choisis pour venir vous associer aux plus importants travaux du gouvernement, la France vous parut-elle mécontente de l'état des affaires? Êtes-vous venus ici pour attaquer ou pour seconder? Êtes-vous venus ici pour porter des plaintes ou pour exprimer de simples vœux sur ce qui restait à faire? Vous ne vous êtes pas séparés du ministère, parce que, sorti de vos rangs, il est resté dans vos rangs, et que ses ennemis n'y sont pas, du moins pour la plupart. Formé au sein de la confusion et dans un temps de détresse, il prit la direction des affaires lorsque la Révolution, maîtresse de tous les postes, résistait ouvertement en même temps *qu'elle ourdissait dans l'ombre* des complots d'autant plus redoutables que rien n'était prêt ni pour les déjouer ni pour les réprimer. En peu de jours cependant, la vigilance et la fidélité eurent raison de ces trames et de leurs auteurs; les orages amoncelés sur plusieurs parties du royaume furent dissipés; la Révolution comprit enfin qu'il ne fallait plus compter sur un autre 20 mars, et la France se rassura.

Depuis cette époque, le ministère a-t-il dévié? les choses ont-elles périclité? Aux yeux des hommes qui se sont jetés avec le plus de violence dans l'opposition, aux yeux des écrivains qui en sont devenus ou qui ont cru complaisamment en devenir les chefs, le ministère n'avait pas encore encouru, dans les premiers mois de 1824, les censures amères dont il est devenu l'objet, car voici ce que je trouve sous la date du 16 avril, dans une feuille qui est l'interprète le plus envenimé de la nouvelle opposition :

« Qui sait mieux que nous, dit le *Journal des Débats* du 16 avril 1824, et qui l'a exprimé le plus souvent et avec le plus d'abandon, l'immensité des services que l'administration actuelle a rendus à la cause royale? qui l'a secondé par des efforts plus constants dans la route du bien? et quels applaudissements ne lui avons-nous pas donnés toutes les fois que nous l'avons vu lutter intrépidement contre l'anarchie et l'esprit de révolte, les complots secrets et les conspirations patentes; rassurer les esprits timides par l'heureux mélange de la fermeté et de la prudence; asseoir les destinées du royaume sur la base d'un crédit devenu de jour en jour plus florissant; prodiguer au commerce, à l'industrie, aux arts, d'honorables et solennels encouragements; maintenir au dehors la considération de la France et nous présager enfin, par une loi appropriée à nos besoins, cet état de stabilité qui est le premier de tous les biens, puisque sans lui on ne jouit qu'imparfaitement de la prospérité présente, et qu'avec lui on jouit par anticipation de la prospérité de l'avenir. »

Mais d'où vient que les mêmes hommes attaquent aujourd'hui ce ministère que naguère ils préconisaient? Quel changement est survenu dans ses doctrines ou dans sa conduite? quelles mesures a-t-il adoptées ou proposées qui puissent justifier ces soudaines rigueurs? est-ce la loi des rentes? ils donnaient alors leur approbation à cette loi que depuis ils ont combattue avec la plus grande véhémence. Est-ce la loi des indemnités? la Révolution seule pouvait protester contre le principe de cette loi de conscience.

Le mot de l'énigme, c'est que le noble homme de plume, patron du Bertin de Vaux, le Chateaubriand était ministre au mois d'avril, et qu'au mois de juin suivant il avait été chassé. Mais poursuivons.

Cependant on ne se tient pas pour vaincu par l'évidence et la notoriété des faits; on veut se plaindre, on veut blâmer, on veut accuser quand même; et l'on ne sera pas, Messieurs, plus juste envers vous qu'on ne l'est à l'égard du gouvernement; ne l'espérez pas. Vous ne voulez pas servir les passions haineuses, les ambitions de coterie; vous ne voulez pas rouvrir la carrière à ces hommes de moyenne vertu politique, naguère si universellement abandonnés, et qui, depuis, ont contracté d'honorables alliances qu'ils sauraient bien méconnaître au jour du triomphe. Fermes dans vos principes, fidèles dans vos affections, vous soutenez un ministère qui met vos principes en pratique; on vous accusera vous-mêmes; on dira que vous n'avez plus de force, plus d'indépendance; et l'honneur, la garantie d'une vie sans tache ne vous mettront pas à l'abri des plus outrageantes suppositions. Il s'est formé dans le sein de l'opposition vraie une opposition factice, une sorte de protestantisme politique dont la doctrine mélangée s'accommode à tous les contraires, afin d'étendre son empire. Si vous ne vous ralliez pas à cette religion nouvelle, on dira que vous manquez d'élévation, d'énergie, de loyauté même. On le dira, car on l'a dit dans certaines feuilles qui sont réputées royalistes et qui pourtant sapent tous les jours dans leurs fondements les pouvoirs de la société; on l'a dit, on le redira tant que la Chambre ne fera pas justice de ces offenses dangereuses; et il ne manquera pas, pour le répéter dans nos salons, de ces politiques de bonne compagnie qui consultent les passions de l'auditoire quand ils veulent parler et leur conscience quand ils veulent se taire.

L'opposition royaliste hostile qui se dirige contre un homme est une position fausse. Son alliée, l'opposition révolutionnaire, lutte contre un système et combat son ennemie, la monarchie légitime. L'opposition de gauche est conséquente, l'autre est criminelle et sans excuse, parce qu'elle retarde, entrave pour le moins, la marche du gouvernement vers le bien, qu'elle prétend vouloir comme lui, mais savoir mieux que lui. Or, j'ai compris et vivement suivi une opposition hostile contre le ministère Decazes et le ministère Richelieu, entre lesquels je n'ai vu de différence que celle de la gueuserie à la niaiserie; mais je ne conçois pas une autre opposition depuis l'avènement au pouvoir d'un ministère selon nos vœux et nos principes; je ne conçois pas, dans mon âme et conscience, une autre opposition qu'une opposition stimulante, aussi loin de l'hostilité coupable que de l'approbation aveugle de notre ami Piet. Telle est la réputation de cet honnête et brave homme, je ne sais pas s'il la mérite.

c'est là le pire, on ne prête qu'aux riches ; mais voici l'apologue que les malins de l'opposition de droite et de gauche lui ont dédié : « Comment voterons-nous demain, « Monsieur et cher collègue ? — Eh ! eh ! ils n'ont rien « dit là-haut.... Ma foi, Messieurs, on votera selon sa « conscience. » Voilà pour les députés ; voici pour les pairs ministériels. Acceptons l'injure, elle retournera avant qu'il soit peu aux importants qui nous la donnent. La fille de M. de Villèle a, dit l'histoire, une surabondance de lait, et on aurait fait venir un petit chien à son secours. Un pair, que l'on nomme, aurait demandé comme une faveur qu'on lui fît présent du petit chien quand il ne serait plus nécessaire. « Je suis fâché de vous refuser, « mon cher comte, aurait répondu le président du conseil ; « vous venez trop tard : je l'ai promis à un député. » Voilà les outrageantes suppositions qui sont adressées en masse à mes nobles et constants collègues depuis 1815, tels que Cardonnel, Lastours, Chilhaud de la Rigaudie, Margadel [1], Macquillé, Bailly [2], d'Andigné [3], etc., tous hommes incapables de préférer une place à leur conscience, tous honorant celles que la justice leur a fait rendre ou que leur mérite leur a fait donner, beaucoup d'entre eux n'en ayant et n'en désirant aucune. Voilà les modèles de la Chambre, que la majorité a raison d'imiter et de suivre de confiance ; voilà les hommes que messieurs de la soi-disant extrême droite croient outrager et ridiculiser en les appelant *ministériels*, comme si un homme de bien ne

1. Louis-Joseph de Margadel, député du Morbihan de 1815 à 1816 et de 1820 à 1830 ; né en 1771, mort en 1838.

2. Charles-Gaspard-Élisabeth-Joseph Bailly, marquis de Fresnay, député de la Mayenne de 1815 à 1816 et de 1824 à 1827, pair de France le 5 novembre 1827 ; né en 1765, mort en 1850.

3. Louis-Gabriel-Auguste, comte d'Andigné de Mayneuf, député de Maine-et-Loire de 1815 à 1827 ; né en 1763, mort en 1839.

devait pas l'être aujourd'hui par le même devoir qu'il n'a ni dû ni pu l'être avant que la monarchie fût entourée de ministres monarchiques : j'ai nommé presque tous les guides de la majorité saine, « les hommes qui, impartiaux « et sages, rendent hommage à la vérité, défendent comme « moi les droits de la justice et prêtent à l'autorité un « appui dont la société profite. » Boisbertrand n'a eu d'autre tort, en proclamant ces grandes vérités, que celui de sa position de député, fonctionnaire amovible, attaché au ministère de l'intérieur. Toutes ses leçons auraient porté fruit, sorties de la bouche, non pas d'un plus honnête homme, mais d'un homme plus indépendant.

CHAPITRE II

Des journalistes qui se disent de l'opposition royaliste. — Doctrines royalistes du *Journal des Débats*. — Paraphrase du *Journal du Commerce*. — De M. le professeur Cousin, carbonaro fieffé. — La protestation du duc d'Orléans. — Crimes de la presse. — Inconséquences des conspirateurs. — Mandement de Toulouse. — Des notabilités ecclésiastiques du jour : l'abbé de Latil. — Société philanthropique en faveur des Grecs. — La vérité sur les Grecs modernes. — Commission pour l'examen des pensions au ministère de la maison du Roi.

Tandis qu'au dedans des Chambres, les séductions de l'amour-propre, les suggestions du mécontentement, les mouvements d'une ambition déçue, l'irréflexion, l'injustice calculée, l'inconstance, la légèreté, la mobilité d'humeur, l'esprit de parti enfin, qui se compose de tous ces éléments, occasionnaient tant de scandales et de tiraillements, manifestaient de si monstrueuses alliances et séparaient des esprits, même des cœurs, que l'amour de Dieu, du Roi, de la patrie, de la justice et de la vérité auraient dû tenir éternellement unis, les journalistes de l'opposition de droite et de gauche, délicotés depuis l'avènement de Charles X au trône, faisaient moralement, dans le public de Paris et des provinces, tout le mal qu'il est et sera toujours dans leur nature de causer à la tranquillité d'un État. Le journalisme d'opposition n'est pas autre chose qu'un commerce, qu'une industrie qui spécule sur la curiosité, la crédulité, la légèreté de ses lecteurs ; c'est un chiffonnier politique qui court les rues tout le jour, met les ordures dans sa hotte et les imprime la nuit, pour les livrer tout humides à l'avidité des oisifs dont il connaît les goûts, les passions ou l'ignorance. Il est assuré, non pas seulement de vivre, mais de s'enrichir de scandale et de calomnies. La paix universelle le tuerait, et il faut qu'il vive, comme chacun sait que le disait, pour excuse, un journaliste littéraire au lieutenant de police M. d'Argenson ; ce à quoi le magistrat des mœurs lui répondait avec grande raison : « Je n'en vois pas la nécessité. »

Mais nous sommes en 1825, sous l'empire d'une loi qui est censée favoriser la liberté et non pas encourager la licence. Cependant la longanimité du gouvernement du Roi peut-elle manquer d'exciter la surprise, le scandale, et de faire passer les meilleurs citoyens de l'indignation au découragement, quand on lit tous les jours des appels à la révolte, des doctrines marquées du vœu de l'illégitimité, des apologies de conspirations, des mensonges qui dévouent l'honneur au mépris et le devoir à l'exécration du public, si les faits avancés comme vrais n'étaient pas des impostures. Prouvons; souriez à vos alliés, messieurs de l'opposition de droite, *hæ tibi erunt artes!*

Prenez le *Journal des Débats* du 16 janvier 1825, vous y verrez :

L'autorité légitime doit remplir les conditions de son existence : elle est coordonnée avec les légitimités nationales ; et si la religion, les institutions, l'intégrité du territoire, la conservation de l'existence nationale ne peuvent plus se concilier avec.... de l'autorité légitime, alors on voit de ces révolutions que veut l'ordre céleste : le sceptre est transféré de la maison de Saül à la maison de David ; car il faut que la société subsiste : elle seule est revêtue du caractère de légitimité absolue, elle seule est nécessaire au monde et est émanée de Dieu.

Je crois que, sous la charte octroyée par le Roi, voilà

de la souveraineté du peuple. Quant aux conditions imposées, selon le journaliste royaliste, à l'autorité légitime, il y a faute du côté du Roi : son acte d'accusation est tout dressé, il ne manque plus que deux cent mille hommes d'un côté, et aucun opposant de l'autre, pour transférer le sceptre de la maison de Saül à la maison de David. L'intégrité du territoire impérial a été entamée par la Restauration : premier chef. Deuxième chef : la religion, les institutions, la conservation de l'existence nationale, toutes ces conditions-là sont altérées à l'heure qu'il est, et Dieu aidant, elles le seront bien davantage. L'accusation est consignée, pour être produite en temps et lieu, dans le *Journal du Commerce* (26 juin 1825), autre étrange allié de l'opposition de droite : les deux oppositions communiquent par le chemin couvert.

Arriver à la puissance par le crédit et au crédit par le développement des ressources nationales, tel est, nous en convenons avec un écrivain ministériel, le système qui a sauvé la France de l'invasion étrangère, et qui l'a rendue capable, après tant de calamités et en si peu de temps, de prétendre au plus haut degré de puissance et de prospérité où elle soit jamais parvenue. Le système de crédit n'a triomphé que grâce à l'ordonnance du 5 septembre; mais, depuis la loi d'indemnité et celle du sacrilège, le crédit est menacé d'imminentes atteintes; la loi d'indemnité a réveillé toutes les haines de la révolution; la loi du sacrilège et celle des communautés religieuses sont plus directement et plus sèchement menaçantes.

Comme toutes ces lois sont, ainsi que le dit le *Journal* dans sa doléance, dans le système de la Chambre de 1815 et non dans celui de l'ordonnance du 5 septembre, système tout révolutionnaire, il est certain qu'il y a combat; il y a même victoire du côté de l'autorité légitime contre les légitimités révolutionnaires, justement alarmées dans leur religion, leurs institutions, voire même la conservation d'existence ; il y a non-conciliation, et il est temps que la Révolution transfère le sceptre d'une maison à l'autre.

Les journalistes de l'opposition, dans leur fureur systématique et *selon l'ordre* de trouver du crime à tout, ont gourmandé le gouvernement du Roi sur l'arrestation en Prusse du professeur Cousin [1], et, sans le savoir ou en le sachant, ils se sont rendus les apologistes du savant professeur, si l'on veut, mais dans lequel les gouvernements étrangers n'ont voulu voir et n'ont dû voir que l'ami et l'associé des sandistes, des radicaux, des *carbonari* d'Italie et de France.

Si cela n'est pas assez clair, je vais le rendre intelligible. M. le professeur Cousin était le précepteur des enfants Montebello : on sait dans quels principes et traditions révolutionnaires ils sont élevés, et, certes, on ne les avait pas confiés à éduquer au savant professeur sans garantie de sa foi politique. Or, cet homme, tout aux lettres et aux sciences, a eu depuis longtemps des moments perdus à donner aux ventes jacobines dont il est membre, sœurs de parfaite ressemblance avec les exécrables sociétés secrètes ennemies de la religion chrétienne et des pouvoirs légitimes qui les poursuivent pourtant, sous peine d'être renversées par elles. Je crois que je parle français. Or, dès Paris, l'inoffensif savant, le professeur Cousin, était si exclusivement absorbé par l'amour des sciences et des lettres ; il était si inconnu à toutes les factions menées et conspirations françaises ou étrangères, que ce fut chez le professeur Cousin que son hôte et son

1. Victor Cousin, né en 1792, mort en 1867.

ami, caché à tous les regards, fut enlevé, grâce à la vigilance de l'autorité. C'était peut-être un savant aussi, mais ce n'était rien moins que l'âme de la révolte du Piémont, en chair et en os : le fameux *Santarosa*, signalé comme un conspirateur des plus adroits et des plus dangereux à tous les gouvernements de l'Europe. Et, pour dernière preuve des habitudes scientifiques exclusives de M. le professeur Cousin, ce fut chez lui que fut trouvée, par la même occasion, l'anacréontique et innocente chanson, non pas de Bérenger [1], mais d'un jeune et obscur *carbonaro* français, intitulée : *Le Cordon sanitaire.* Je la transcris pour qu'on en puisse juger :

Air : *T'en souviens-tu....*

Un Espagnol, du haut de la frontière,
A nos soldats le tenant arrêté,
Leur demandait d'une voix mâle et fière :
Qu'avez-vous fait de votre liberté ?
Nos vieux guerriers lui rappellent leur gloire ;
Mais l'Espagnol leur dit : Parlez plus bas ;
Soldats français, il n'est qu'une victoire :
C'est d'être libres et vous ne l'êtes pas.

Le Catalan près de nos feux s'élance,
Et malgré l'ordre on le laisse approcher :
Eh bien, dit-il, que firent pour la France
Tous vos succès qu'elle paya si cher ?
Que leur servit de fatiguer l'histoire
A répéter des marches, des combats ?
Soldats français, il n'est qu'une victoire :
C'est d'être libres et vous ne l'êtes pas.

Un roi couvert d'une gothique rouille,
Insolemment vient vous tyranniser ;
Et vous tremblez sous un sceptre en quenouille
Qu'un faible enfant suffirait à briser !
A vos exploits je refuse de croire,
Puisque la peur doit enchaîner vos bras.

1. Pierre-Jean Béranger, né en 1780, mort en 1857.

Soldats français, il n'est qu'une victoire :
C'est d'être libres et vous ne l'êtes pas.

Au mot de peur, nos guerriers en furie
Allaient répondre avec un plomb mortel;
Mais l'Espagnol sans s'émouvoir s'écrie :
Ce n'est pas moi qui dois rougir l'autel.
Si l'honneur veut un sang expiatoire,
A vos tyrans envoyez le trépas.
Soldats français, il n'est qu'une victoire :
C'est d'être libres et vous ne l'êtes pas.

Comme le vent chasse un léger nuage,
De nos guerriers le courroux a passé,
Et tous ensemble, adressant ce langage
A l'Espagnol qu'ils tiennent embrassé :
La liberté repassera la Loire,
Nous la suivrons, vieux et jeunes soldats;
Chacun de nous jure par la victoire
De vivre libre ou de ne vivre pas.

Soudain, pour faire un drapeau tricolore,
Un colonel donne un manteau d'azur;
Un grenadier, sur le lis qu'il abhorre,
Ouvre sa veine et répand un sang pur;
Comme un fanal, du haut d'un promontoire,
Le vieux drapeau brille sur nos climats,
Et tout Français jure par la victoire
De vivre libre ou de ne vivre pas.

M. Cousin, pour distraire ses savants loisirs, avait eu cette incendiaire et atroce philippique dans la primeur. Voilà tout ce que j'ai à dire de vrai, moins sur le professeur Cousin que sur les journalistes royalistes, ses défenseurs : est-il donc étonnant que les ministres de toutes les polices d'Europe ne l'aient pas pris pour un de ceux que Sterne appelle « voyageurs oisifs ? »

Et il y a à ce sujet une singulière réflexion à faire sur le passé, qui n'appellera le regret de personne, mais les méditations consolantes de chacun. A l'époque de la révolte du Piémont, de Naples et de l'Espagne, tous les éléments de conflagration générale étaient disposés en Europe, depuis la Pologne jusqu'à Cadix. On se demande comment, le gouvernement français les protégeant par la bienveillance, la légèreté ou la crainte, comment, dis-je, tous les factieux n'ont pas pris les armes partout? comment, en France, ils sont restés inactifs pendant le long espace de temps que le gouvernement était si bienveillant, si craintif et si faible, si dépourvu de moyens, et qu'au contraire ils n'ont agi que quand il était trop tard? C'est qu'ils ne supposaient pas qu'il suffisait pour les vaincre de la moindre opposition, et, pour les réduire à leur valeur, non pas numérique mais réelle, qu'il suffisait que l'action du gouvernement fût forte et unanime. Ils n'ont pas agi à force ouverte, quand il est permis de dire qu'ils le pouvaient, parce qu'avec le système suivi pour les personnes et pour les actes, depuis l'ordonnance du 5 septembre, sans violence, ils entraient en possession de tous les postes de quelque importance ; au milieu des doctrines dites libérales et des lois tricolores, la monarchie aurait existé de nom, la révolution aurait régné de fait. Peut-être le drapeau blanc n'aurait-il pas disparu : mais il n'aurait pas survécu au feu Roi : on aurait exhumé des journaux anglais la fameuse protestation, prétendue apocryphe, du fils de Philippe-Égalité contre la naissance du duc de Bordeaux, 30 septembre 1820 [1].

J'ai lu cette inconcevable protestation dans le *Sun* et dans le *Star* [2], et en 1820 le gouvernement du roi de

1. Cette protestation, publiée en novembre 1820, dans les journaux anglais, parut en France au lendemain de la révolution de juillet, dans le *Courrier français* du 2 août 1830. Elle a été reproduite par Louis Blanc, dans son *Histoire de dix ans* (t. I, p. 385-387); par Alexandre Dumas, dans son *Histoire de la vie politique et privée de Louis-Philippe*, en 1852 (t. I, p. 199-200), et par Laurent (de l'Ardèche), dans l'ouvrage *La Maison d'Orléans devant la légitimité et la démocratie*, publié en 1861 (p. 293-296).

2. Voir note de l'auteur à la fin du chapitre, p. 169.

France s'est tu à Londres comme à Paris ! ! ! Mais revenons sur nos pas ; nous en étions aux projets des révolutionnaires.

Il y aurait eu quelques mécomptes : le trône légitime aurait été surpris, comme Crémone, par un égout ; beaucoup de petits se seraient montrés fidèles ; beaucoup de grands se seraient cachés, selon leur coutume. M. de Serre, ministre, se serait indigné ; M. Pasquier aurait raisonné et souri, sans choquer personne ni blesser aucune convenance ; et, dans ce ministère solidaire, il n'y aurait eu d'étonné que M. de Richelieu. L'héritage utile de la monarchie tombait donc chaque jour entre les mains de la Révolution ; les ministres le trouvaient bon. Certes ils ne manquaient ni d'armes, ni de munitions, ni d'argent, ni d'organisation, ni d'hommes, ni de chefs : des armes, il y en avait des dépôts dans Paris, dans le Midi, dans l'Est ; de l'argent, tous les révolutionnaires, anciens bonnets rouges, acquéreurs de biens nationaux, jeunes ou vieux libéraux, riches ou aisés, payaient des contributions régulières qui servaient à solder les hommes utiles. Et cela a duré jusqu'à la fin de la campagne d'Espagne. Leur organisation était bien entendue : il y avait des orateurs, des prédicants, des frères visiteurs et des bouges partout, sous les noms de ventes, ventes supérieures, etc., qui toutes recevaient les ordres, instructions et avertissements des comités directeurs ; le comité par excellence comptait pour sénateurs les vingt députés les plus connus, dont voici les noms :

MM. Foy, Méchin, Salleron [1], La Fayette, Benjamin Constant, Manuel, Casimir Périer, d'Argenson [2], Kéra-

1. Claude Salleron, député de la Seine de 1822 à 1824 ; né en 1751, mort en 1833.

2. Marc-René-Marie le Voyer de Paulmy, comte d'Argenson, député du

try [1], Basterrèche, Girardin, Kœchlin [2], etc. Tous ceux-là avaient signé au registre.

Venaient ensuite vingt pairs de France ; mais ceux-là ne s'étaient peut-être pas aussi évidemment compromis. Voici néanmoins leurs noms :

MM. de Talleyrand, Suchet [3], Soult [4] (pas encore pair), Decazes, Barante, Lanjuinais [5], Pasquier, de Broglie, Boissy d'Anglas, etc., etc.

Quant aux officiers et aux soldats, ne les avaient-ils pas dans le rebut dont on avait purgé l'armée, et dans cette nombreuse et déplorable jeunesse de Paris et des provinces, étudiants de toutes les sortes égarés par l'ambition, l'athéisme, la vanité, l'exaltation de tête, et qu'on avait soin de tenir dans une effervescence calculée? Je les ai vus et de très près, on peut m'en croire. Certes si Mina, qui s'est montré sur le territoire français, eût osé s'avancer, je ne sais si l'effroi qui frappa la ville de Toulouse ne fût pas étendu jusqu'à Paris. Le célèbre Mina acheta des bœufs à la Barraque, les paya, et se retira ; il avait dépassé l'armée française commandée par Moncey : Mina eut peur, c'est fort heureux ; mais, s'il eût avancé, même à cette époque de la guerre d'Espagne, croyez que les amis étaient là.

Haut-Rhin de 1815 à 1824, puis de l'Eure de 1828 à 1829 ; né en 1771, mort en 1842.

1. Augustin-Hilarion, comte de Kératry, député de 1818 à 1824 et de 1827 à 1837, puis pair de France ; né en 1769, mort en 1859.

2. Jacques Kœchlin, député du Haut-Rhin de 1820 à 1827 ; né en 1776, mort en 1834.

3. Louis-Gabriel Suchet, duc d'Albufera, maréchal de France, pair de France le 4 juin 1814, rétabli le 5 mars 1819 ; né en 1772, mort le 3 janvier 1826.

4. Nicolas-Jean de Dieu Soult, duc de Dalmatie, maréchal de France, pair de France le 5 novembre 1827 ; né en 1769, mort en 1851.

5. Jean-Denis, comte Lanjuinais, pair de France le 4 juin 1814 ; né en 1753, mort le 15 janvier 1827.

Lisez cependant le *Constitutionnel* du 1er février 1825 ; vous y verrez ces innocentes paroles :

De quels artifices ne s'est-on pas servi pour calomnier la France dans toute l'Europe ? Où est le comité directeur placé comme une barrière entre le trône et la nation ? où sont les soixante mille *carbonari* armés, équipés, prêts à se mettre en campagne ? que sont devenus ces fantômes évoqués par l'esprit de parti pour légitimer ses vengeances ? Tout cela a disparu....

On conçoit fort bien que le journal officiel des *carbonari* français nie qu'ils aient jamais existé, aujourd'hui que leur armée est licenciée jusqu'à nouvel ordre ; on conçoit qu'il nie l'existence de la caisse dont Laffitte[1] était le trésorier et dont il est encore le dépositaire. Mais, ce qui passe les bornes connues de l'impudence et de l'imposture, c'est l'assertion qu'on va lire, proférée par le *Journal des Débats* du 14 mai 1825.

On a vu, dans la première partie de ces essais, tout ce qu'il y a de vrai sur ce qui a précédé la guerre d'Espagne, sur la nécessité reconnue de cette guerre, sur l'ouverture de la campagne à heure et à point, sur la nomination des chefs qui devaient servir sous le prince généralissime, sur les dispositions perfides de plusieurs d'entre eux, sur l'influence salutaire qu'a eue sur bien des fidélités l'arrestation de la diligence au mois de mars 1823 ; on a vu les détails de la tradition à Paris de l'aide de camp de Guilleminot, Lostende ; on a vu la double cause du départ précipité du maréchal-duc de Bellune pour Bayonne, le double complot des traîtres et des fripons : toutes ces infamies et ces dangers ont été signalés jusqu'à l'évidence. Lisez à présent comment le pendable *Journal des Débats* se

1. Jacques Laffitte, né en 1767, mort en 1844.

permet de présenter et de commenter ses mensonges sur ce sujet.

La guerre une fois résolue, dit-il, il était impossible de ne pas en donner la direction suprême au Prince que l'affection du Roi et la confiance nationale appelaient au commandement; mais la politique craintive et jalouse du ministère redoutait l'ascendant que la victoire et l'amour de l'armée pouvaient donner à son général, à un prince *connu par son attachement à la charte, aux sages institutions qu'elle a fondées, aux libertés publiques qu'elle a consacrées, à tout ce qu'on hait, à tout ce qu'on persécute, à tout ce qu'on voudrait étouffer et détruire.* Dès lors on conçut le projet de lui conférer un vain titre et de placer près de lui un homme qui, par l'éclat de sa vie militaire, paraîtrait revendiquer tout l'honneur de la campagne; et pour cela on fit choix du maréchal duc de Bellune, brave et fidèle guerrier, mais peu initié dans les secrets d'une politique machiavélique. Le maréchal ne vit pas le piège.

Toutefois, ce premier essai ne fut pas heureux. Le prince refusa le lieutenant qu'on voulait lui donner; il reconnut facilement le danger de la position dans laquelle on voulait le placer. En cas de revers, toute la responsabilité serait pour lui. Comment diriger une armée commandée par un fils de France qui contrarie les plans de la sagesse et de l'expérience? En cas de succès, comment ne pas vaincre avec une armée commandée par un des premiers lieutenants du grand Napoléon? Notre glorieux prince s'est indigné du rôle qu'on osait lui réserver; *il repoussa avec dédain toutes les insinuations ministérielles*, et, d'accord avec le Roi, plein de confiance dans sa destinée, il partit seul pour l'armée, et le maréchal resta à Paris.

Assurément le prince devait se croire au terme des épreuves; mais il en fut tout autrement.

Un beau matin, Paris se réveilla au bruit d'une grande conspiration découverte. Un général et quelques autres conspirateurs d'un ordre inférieur avaient été arrêtés. Une aigle et des cocardes tricolores avaient été saisies aux messageries, et cette aigle était adressée, à qui? au premier aide de camp du major général Guilleminot, de l'homme que le prince généralissime avait choisi pour être le premier exécuteur de ses ordres, le confident intime de ses pensées, le dépositaire de ses plans. Tout Paris fut consterné : on put se croire menacé d'une épouvantable trahison. L'effroi redoubla quand on sut qu'un aide de camp de M. le duc de Bellune était parti dans la nuit pour Bayonne, avec pouvoir de faire arrêter de grands coupables; et lorsqu'on lut dans le *Moniteur* une ordonnance royale qui nommait M. le duc de Bellune major général et qui donnait le portefeuille de la guerre, par intérim, au général Digeon, ce qui annonçait bien que le maréchal ministre était destiné à une longue absence, et que tout l'état-major du prince allait être bouleversé de fond en comble.

L'aide de camp du ministre, arrivé à Bayonne, fait arrêter M. de Lostende dans la maison même du général Guilleminot, *sans en prévenir ce général*, sans prendre les ordres du prince, et, peu d'heures après, le ministre arrive lui-même, muni de l'ordonnance qui le nomme major général de l'armée d'Espagne.

O prince, que la France reconnaissante entoure de son respect et de son amour, qu'elle contemple avec délices comme le boulevard de son avenir, quelles durent être les angoisses de votre noble cœur! *Étiez-vous, en effet, entouré de traîtres et d'assassins?* Vos plus redoutables ennemis étaient-ils autour de votre personne sacrée, dans votre camp, sous votre tente? ou tous *ces complots étaient-ils imaginaires, exécrables fantômes créés par une politique jalouse qui cabalait contre votre gloire, qui conspirait contre votre indépendance? Heureusement il est dans les grands cœurs un instinct de générosité qui les domine, qui les entraîne : le Dauphin eut foi à l'honneur français, il conserva ses serviteurs, les guerriers de son choix; et le canon de la Bidassoa, en foudroyant l'étendard tricolore, justifia la confiance du héros.*

Que serait-il arrivé si le prince eût cédé aux vaines terreurs dont on l'obsédait, s'il avait admis la possibilité d'une trahison au milieu de son armée, composée des débris de l'Empire et de la Vendée ? Que de méfiances, que de soupçons et bientôt que de délations! que d'accusations et bientôt peut-être la guerre civile!.... *Voilà pourtant à quoi nous exposait cette conspiration imaginaire, si habilement ourdie dans Paris! Et cette fraude ténébreuse est restée impunie!*

Qu'on vienne maintenant nous demander comment le prince a pu désirer de se dégager des liens d'une administration qui se montrait si hostile pour ses serviteurs et pour lui-même. La disette, réelle ou factice, qui affligeait son armée, n'a-t-elle pas dû lui paraître un des moyens *de la conspiration organisée dans Paris* contre son indépendance de général, et sa sagesse ne lui faisait-elle pas un devoir de ne s'en reposer que sur lui-même du soin de nourrir son armée et d'assurer sa marche triomphale? Gloire donc à lui, mais à lui seul! Honte éternelle à tous ceux qui n'ont pas craint d'affliger son noble cœur!

Hélas! la victoire même n'a pu le soustraire *aux persécutions d'une politique jalouse*. Elle trouva le secret de chagriner sa gloire en repoussant la fameuse ordonnance d'Andujar, tout empreinte du génie de la charte de Louis XVIII, et qui, sans les obstacles élevés, aurait assuré la paix de l'Espagne en même temps que le triomphe de la légitimité, et aurait permis à la France de retirer quelques avantages solides d'une campagne, glorieuse sans doute, mais stérile dans ses résultats [1].

Il est impossible de mentir plus impudemment et de plus grossièrement insulter le prince que le sieur Salvandy [2], je crois, ne le fait dans ces articles ; mais l'im-

1. *Journal des Débats*, 25 mai 1825.

2. Narcisse-Achille, comte de Salvandy, ministre de l'instruction publique sous le gouvernement de juillet, membre de l'Académie française ; né en 1795, mort en 1856.

posture comme l'adulation sont organisées autour du malheureux duc d'Angoulême. Se pourrait-il qu'il ne vît pas les piéges les plus apparents? il serait le seul en France.

J'ai dit dans la première partie de cet écrit que le comité directeur de Paris, les ventes ses succursales, que les révolutionnaires français enfin, militaires ou civils, généraux ou écrivains, en un mot de quelque rang ou de quelque métier qu'ils fussent, espéraient faire tourner la guerre d'Espagne au profit de la Révolution, non seulement espagnole, mais française, mais européenne; que le plan n'était pas moins vaste, et que, malgré l'issue de la campagne de 1823, il était encore existant; ils ont seulement converti le siège du trône légitime en blocus ; ils ont changé de stratégie, d'armes et d'uniformes. Tous ces flatteurs, tous ces néophytes enthousiastes du Roi et du duc d'Angoulême, tous ces dévoués en paroles, tous ces dévoués d'hier ne sont-ils pas les mêmes hommes qui feignaient, le 13 février, de croire *à un crime isolé?* ne sont-ils pas les assassins ou les amis des assassins du duc de Berry? Leur tactique est pourtant aussi aisée à reconnaître que leurs intentions sont visibles et publiques. On dirait presque qu'il n'y a pas de perfidie, et l'on se demande si c'est du côté des trompeurs ou des trompés qu'il faudra bientôt admirer la stupidité. A quels signes plus certains veut-on donc que les révolutionnaires se trahissent eux-mêmes? Après les précautions oratoires, le protocole obligé des louanges mensongères; après les éloges de rigueur adressés au Roi et au prince généralissime son fils, les insultes, les outrages, les calomnies les plus absurdes et les plus révoltantes inculpations sont adressées, vomies, lancées à coups de plume contre les plus dévoués, les plus irréprochables serviteurs de la monarchie elle-même, contre le prince, contre le Roi. Non, ils ne sauraient être assez crédules, assez aveugles pour en douter : nous nous écrierons alors, avec toute la France royaliste et chrétienne, en nous servant des mots de M. Salvandy : *Et cette fraude reste impunie !!!* Celle-là n'est pas ténébreuse, elle est patente aux yeux de tous.

Dans leur conspiration permanente, les révolutionnaires font marcher de front toutes les colonnes d'attaque contre la religion et la monarchie légitime. Leurs soi-disant lettrés changent le sens des livres saints, et les sociétés bibliques remplissent la mission d'établir, dans de nouvelles traductions de l'hébreu, que les Bossuet, les Fénelon, les Pascal ne savaient pas lire dans l'Ancien Testament, et qu'il faut y voir aujourd'hui tout autre chose que ce que ces personnages, aussi doctes que religieux, y ont vu dans le grand siècle. Les sociétés de la morale chrétienne exploitent révolutionnairement *la forêt des préjugés religieux :* frères des théophilanthropes, ils professent et prêchent le nihilisme, sans doute pour donner plus de dignité à l'homme en l'assimilant à la brute. Les compilateurs associés, incapables d'inventer, travestissent la vérité dans les *résumés historiques* qu'ils publient chaque jour, et qu'ils mettent à la portée même du peuple par la modicité du prix ; ils ont besoin que la foule ignorante, sans moyens de comparaison, suce dans des sources corrompues le mensonge, l'irréligion, l'athéisme, le matérialisme, toutes les hérésies religieuses et politiques ; ils sont possédés de la haine de toute organisation religieuse, ou monarchique, ou antirévolutionnaire, de la haine des corporations amies de l'ordre, surtout des corporations religieuses, et, comme il faut un mot de ralliement, quiconque veut Dieu, le Roi, une police morale, politique ou industrielle, est un jésuite.

C'est un prodige de désordre, a dit M. de Bonald [1], même après la Révolution française, que la réimpression de tous les écrits impies, séditieux, obscènes, qu'a produits le dernier siècle, et la publication de tous ceux du même genre que chaque jour ajoute à cette déplorable collection. La Révolution devait trouver un terme dans ses propres excès et portait en elle-même, par l'horreur qu'elle inspirait, un remède aux maux qu'elle pouvait faire. Au lieu que le désordre que je signale corrompt l'esprit et le cœur du peuple, sans alarmer ni ses intérêts ni ses affections ; et il est aussi difficile d'assigner un terme à sa durée que des bornes à ses effets.

Près de trois millions de volumes d'impiétés, de révolte ou d'obscénités, publiés ou réimprimés en français et en espagnol depuis 1814, et des écrits les plus décriés, les plus méprisés, les plus complètement oubliés ! Si le monde entier entendait le français, il y aurait de quoi bouleverser le monde. Cette communication entre tous les peuples, si vantée par les philosophes, n'aura abouti qu'à une communication de vices, et cela doit être : la santé ne se gagne pas par le contact, il n'y a que les maladies qui soient contagieuses.

Et il se trouve des hommes assez prévenus, assez dépravés, assez audacieux, pour chercher à nous faire croire que les sociétés secrètes n'ont aucune tendance hostile contre la vraie religion ! La conduite de ces misérables et les attentats commis par ces sociétés ne suffiraient donc pas pour les désabuser ! Tout homme de bonne foi confessera que le but réel des révolutionnaires qui composent les sociétés secrètes est, non seulement de bouleverser l'ordre politique, mais de conspirer contre toutes

1. *L'Étoile*, 28 juin 1825.

les religions existantes : pour renverser le trône, il faut renverser l'autel.

Ce n'est pas que ce système de perversité n'admette de remarquables inconséquences, parce que les révolutionnaires ne louent ou ne blâment, n'aiment ou n'exècrent que selon que leur intérêt les y porte :

> S'agit-il, observe très bien Martainville [1], s'agit-il d'invoquer les arrêts de proscription portés contre une société célèbre qui a rendu d'éminents services aux sciences, aux lettres, à la religion, à la véritable philosophie ? ils vont fouiller dans les greffes des anciennes cours souveraines, et, montrant d'un air de triomphe un dossier jauni par les ans, ils s'écrient : « Voilà les arrêts des parlements qui ont condamné, supprimé, chassé les Jésuites : les parlements étaient les oracles de la sagesse, les tuteurs des peuples, les défenseurs des vrais principes. Ces arrêts n'ont pas encore été révoqués, ils ont encore force de loi [2] ! »

Mais, si on leur fait observer doucement que les mêmes parlements qui ont supprimé les jésuites ont condamné les ouvrages de Voltaire, de Rousseau, d'Helvétius, de Raynal, et de cent autres apôtres de la philosophie moderne, que dis-je ? condamné, ils les ont fait ignominieusement brûler par la main du bourreau ; si l'on ajoute : ces arrêts n'ont pas été révoqués, ils ont encore force de loi, entendez-les alors pousser des cris de fureur : « Les parlements, « diront-ils, n'étaient qu'une agrégation d'ignorants et de « fanatiques ; un des plus grands bienfaits de la Révolution « est de les voir exterminés. Que parlez-vous de leurs « arrêts ? ils sont noyés dans l'océan des vieilles inepties. »

C'est avec la même maladresse qu'en haine et au

1. Alphonse-Louis-Dieudonné Martainville, né en 1776, mort le 27 août 1830.

2. *Le Drapeau blanc* du 27 juin 1825.

mépris de la religion, les révolutionnaires du *Journal du Commerce* établissaient, le 13 août dernier, le tableau comparatif des dons faits depuis 1802 aux hospices et au clergé. D'abord les dons faits au clergé ne furent certes pas abondants jusqu'en 1814, jusqu'à la Restauration. Il n'y a, pour ainsi dire, que dix années qu'il reçoit des legs, et alors la proportion s'y trouve. Quant à la comparaison de 80,000,000 de rente qu'il avait avant la Révolution et les 40,000,000 que le budget lui alloue, elle prouve le contraire de ce qu'elle veut prouver : car il est juste que la dotation du haut et du bas clergé soit au niveau de ce qu'exigent la majesté du culte, la décence publique, la considération extérieure qui est due aux personnes ; et les curés doivent au moins recevoir aujourd'hui les 1,200 fr. que l'Assemblée constituante avait décidé convenable de leur accorder en 1791 ; et quand leur salaire sera porté à ce taux, il y aura encore à remarquer que la valeur du signe a diminué de plus du quart.

Aussi l'amélioration du sort du clergé, du côté de la rétribution, est-elle un des besoins comme un des devoirs les plus impérieux de la monarchie. Le gouvernement du Roi marche visiblement, depuis 1821, au double but d'honorer la religion dans la législation et de doter dans le budget convenablement tous ses ministres.

Pourquoi faut-il qu'un zèle trop indiscret des intérêts humains, pourquoi faut-il que l'apparition de *l'hommerie* prête des armes aux hommes sans religion, aux révolutionnaires ennemis de l'autel, parce qu'ils le sont du trône ? Si l'union est désirable parmi les gens de bien, serviteurs du Roi, elle est de rigueur et de position comme de précepte parmi les serviteurs de Dieu et ceux qui prêchent en son nom. Tout scandale amène le doute dans le troupeau et compromet l'autorité qui protège les pasteurs. Les amis de la religion et de la paix ont vu avec douleur le saint zèle ardent de l'abbé Cotteret, évêque de Cariste [1], dictant l'étrange mandement de M. le cardinal de Clermont-Tonnerre [2], la gothique lettre pastorale de M. le cardinal de Croy [3], archevêque de Rouen, admonestant, sous la dictée de l'abbé Le Sur, les ouailles de 1825, comme si l'éducation chrétienne n'était pas à refaire, à refaire par la mansuétude et la patience, et non pas par la violence et la précipitation. Ces actes inconsidérés retardent les conquêtes de la religion, à qui on ouvre partout quand elle frappe, mais non pas quand elle menace de briser les portes ; elle effraie, et, ce qui est le pis de tout, sans être obéie. C'est ainsi que les gens de bien ont été navrés, dans le silence, du débat qui s'est élevé, dans le diocèse de Chartres, entre Mgr l'évêque et le curé Chales. Le prélat a dû avoir raison ; mais on a pensé qu'il avait également tort, et dans la forme et dans le fond.

Le nom de l'évêque de Chartres m'amène naturellement à parler des notabilités du clergé, qui influent ou voudraient influer, non moins temporellement que spirituellement, dans les affaires de la monarchie, et qui sont plus ou moins amis, plus ou moins jaloux des ministres du Roi. L'évêque de Chartres du curé Chales est aujourd'hui M. l'archevêque de Reims, cardinal de Latil. Sa fortune a été aussi rapide que je la crois méritée. L'abbé de Latil est un simple ecclésiastique de la province de Provence, qui vivait pendant l'émigration retiré à Erlange en Franconie, avec mes parents le comte et la comtesse de Fer-

1. Il était chanoine du premier ordre du Chapitre royal de Saint-Denis.

2. Anne-Antoine-Jules, duc de Clermont-Tonnerre, évêque de Châlons en 1782, pair de France le 4 juin 1814, archevêque de Toulouse en 1820, cardinal le 2 décembre 1822 ; né en 1749, mort le 21 février 1830.

3. Gustave-Maximilien-Just, prince de Croy, évêque de Strasbourg en 1820, cardinal en 1822, archevêque de Rouen en 1824 ; né en 1773, mort en 1844.

rières. Ainsi le fondement de sa grandeur, qu'il ne prévoyait pas, ne fut pas la chapelle de Bonaparte, comme elle est celle de plusieurs autres : l'origine n'en est pas suspecte. A la mort de Mme de Polastron [1], Son Altesse Royale Monsieur désira qu'un bon ecclésiastique lui fût envoyé. Le prince s'adressa à M. de Caraman [2], qui s'adressa au comte de Ferrières, qui lui expédia l'abbé de Latil à Édimbourg. L'abbé se préparait à partir pour être curé à Baltimore ; il prit donc une route différente ; elle le mena beaucoup moins loin et beaucoup plus haut. Petit, gros et court, peu doué de la douceur évangélique, mais abondamment pourvu d'esprit de conduite et de connaissance des hommes, le bon abbé, par son extérieur simple, fit sourire les hautes capacités de la cour de Monsieur ; l'abbé se résigna aux airs de protection. Cependant, de mois en mois, de la direction de la conscience du prince il se trouva entrer dans son estime, son amitié et sa confiance : il y était tout établi quand ces messieurs commencèrent à s'en apercevoir, et le recherchèrent autant qu'ils l'avaient négligé. Sans changer d'opinion sur le compte des alentours, M. l'abbé de Latil accueillit toutes les prévenances, sans en être dupe, et le prince arriva en 1814. Le pavillon Marsan fut occupé ainsi dès lors par l'abbé de Latil et ses amis. Sa conduite ne fut pas turbulente, mais mesurée, mais expectante. Le roi Louis XVIII n'avait plus visiblement que quelques mois à vivre. L'archevêque de Reims mourut, et l'évêque de Chartres fut nommé à ce siège, avec tous les avantages éventuels qui ne pouvaient pas tarder à lui tomber. Le

1. Marie-Louise-Françoise d'Esparbez de Lussan, mariée à Denis-Gabriel-Adhémar, vicomte de Polastron.

2. Victor-Louis-Charles Riquet, marquis, puis duc de Caraman, lieutenant général, pair de France ; né en 1762, mort en 1839.

31 octobre 1822, il fut fait pair de France, au milieu de M. le cardinal de la Fare [1], archevêque de Sens ; avec M. le comte de Quelen [2], archevêque de Paris ; avec M. le comte de Boulogne, évêque de Troyes ; avec M. le prince de Croy, archevêque de Rouen ; avec M. le comte Frayssinous, évêque d'Hermopolis. Mais le 16 septembre 1824, le roi Louis XVIII mourut, Monsieur monta sur le trône, et le sacre de Sa Majesté Charles X fut annoncé pour le mois de mai 1825, et dans la ville de Reims, selon l'usage antique et solennel. Et voilà le bon abbé, si simple, si court et si rond, tout naturellement cardinal français de la sainte Église romaine, autorisé d'avance par un bref à porter les insignes en sacrant son auguste maître. Je me suis réjoui sincèrement de cet heureux avenir, à si courte échéance, parce que je suis convaincu que M. de Latil aime notre Roi, et qu'il est bon chrétien et bon Français.

Cependant, le 15 avril 1825, la crédulité française fut mise à une nouvelle épreuve en faveur des principes, des sophismes, des pratiques et des arrière-pensées révolutionnaires. De nouveaux charlatans plus ou moins malins embouchèrent la trompette pour annoncer l'existence et la formation avec souscription de la société philanthropique en faveur des Grecs. Quel amalgame, quelle alliance, quelle confrérie de spéculateurs, de jacobins et d'illustres gobe-mouches! Les membres du comité sont: MM. André [3], banquier ; le vicomte de Chateaubriand, toujours et partout ; le duc de Choiseul [4], pair factieux ; Cottier, ban-

1. Anne-Louis-Henri, duc de la Fare, cardinal en 1823 ; né en 1752, mort le 10 décembre 1829.

2. Hyacinthe-Louis, comte de Quélen, archevêque de Paris ; né en 1778, mort en 1839.

3. César-Ernest André, député en 1857 ; né en 1803, mort en 1864.

4. Charles-Raynard-Laure-Félix, duc de Choiseul-Praslin, pair de France le 2 juin 1814, pair des « Cent-Jours, » rétabli par Louis XVIII le 21 novembre 1819 ; né en 1778, mort en 1841.

quier ; le duc de Dalberg[1], pair factieux ; Benjamin Delessert[2], de la faction des écus ; Mathieu Dumas[3] ; Lynard ; Firmin Didot[4], libraire de la clique libérale ; le duc de Fitz-James[5], pair, niais ; Eugène d'Harcourt[6], royaliste niais ; Alexandre Laborde[7], factieux niais ; le duc de Liancourt[8], vieux révolutionnaire ; Laffitte, banquier factieux ; Alexandre de Lameth[9], vieux révolutionnaire ; le comte de Lasteyrie[10], amateur niais ; le comte de Saint-Aulaire[11], libéral malin ; Sébastiani, jacobin malin ; le baron de Staël[12], philanthrope niais ; Ternaux[13], banquier à la Delessert ; Villemain[14], Grec moderne ; Lainé de Villevêque[15], filleul de Grégoire, archisot, archiniais, ce qui équivaut à une méchante bête.

1. Emerick-Joseph-Wolgand-Héribert, duc de Dalberg, pair de France le 17 août 1815 ; né en 1773, mort en 1833.

2. Jules-Paul-Benjamin, baron Delessert, député de Paris ; né en 1773, mort en 1847.

3. Matthieu, comte Dumas, pair de France en 1831 ; né en 1753, mort en 1837.

4. Firmin Didot, imprimeur-libraire, député de 1827 à 1836 ; né en 1764, mort en 1836.

5. Édouard, duc de Fitz-James, pair de France le 4 juin 1814 ; né en 1776, mort en 1838.

6. François-Eugène-Gabriel, duc d'Harcourt, député de Seine-et-Marne le 21 novembre 1827 ; né en 1786, mort en 1865.

7. Louis-Joseph-Alexandre, comte de Laborde, député de la Seine de 1822 à 1824 et de 1827 à 1830 ; né en 1773, mort en 1842.

8. François-Alexandre-Frédéric de la Rochefoucauld, duc de Liancourt, puis de la Rochefoucauld, pair de France le 4 juin 1814 ; né en 1747, mort le 27 mars 1827.

9. Alexandre-Théodore-Victor, baron de Lameth, député de 1820 à 1824 et de 1827 à 1829 ; né en 1760, mort le 18 mars 1829.

10. Charles-Philibert, comte de Lasteyrie du Saillant ; né en 1759, mort en 1849.

11. Louis-Clair Beaupoil, comte de Saint-Aulaire, député de la Meuse, puis du Gard, pair de France à la mort de son père, le 19 février 1829 ; né en 1778, mort en 1854.

12. Auguste-Louis, baron de Staël-Holstein ; né en 1790, mort en 1827.

13. Louis-Guillaume Ternaux, député de la Seine ; né en 1763, mort en 1833.

14. Abel-François Villemain, né en 1790, mort en 1870.

15. Gabriel-Jacques Laisné de Villevêque, député du Loiret de 1817 à 1824 et de 1827 à 1831 ; né en 1766, mort en 1851.

Voilà la société qui peut mettre sur le frontispice de son prospectus ces paroles que M. Auger [1] a bien voulu prêter à Fénelon : « Quand est-ce que le sang des Turcs se mêlera « avec celui des Perses sur les plaines de Marathon, *pour « laisser la Grèce entière à la religion, à la philosophie « et aux beaux-arts, qui la regardent comme leur « patrie* [2] ? »

Voici des couplets qui furent faits à cette occasion :

Sur les Grecs

Air : du vaudeville des *Deux Edmond.*

Quand un chrétien dit la détresse
Des malheureux peuples de Grèce,
Ma pitié n'est plus en échec,
Je deviens Grec (*bis*).
Mais quand un mécréant s'applique
A peindre la misère attique,
Ce récit me devient suspect,
Je suis beaucoup moins Grec (*bis*).

Quand le Labarum brille encore
Et retourne vers le Bosphore,
Je le salue avec respect,
Je deviens Grec (*bis*).
Mais si cette bannière sainte
Des libéraux n'est qu'une feinte
Pour capter mon *salem Alek*,
Je suis beaucoup moins Grec (*bis*).

Quand le patriarche conspire
Contre Mahmoud et son empire,
Je me décide à son aspect,
Je deviens Grec (*bis*).
Mais on dit que l'archimandrite
Est à la solde de Laffitte,

1. Louis-Simon Auger, écrivain fécond, membre de l'Académie française ; né en 1772, mort en 1829.
2. Réponse de M. Auger au discours de réception de M. l'archevêque de Paris, le 25 novembre 1824.

Cet on dit me rend circonspect,
Je suis beaucoup moins Grec (*bis*).

Quand une effroyable vengeance
Fait couler le sang dans Byzance,
Je ne puis le voir d'un œil sec,
Je deviens Grec (*bis*).
Mais lorsque après une bataille,
Un capitan, par représaille,
Met gaiement du Turc en bifteck,
Je suis beaucoup moins Grec (*bis*).

Cependant un grand politique
Consacre à la cause hellénique
Et sa plume et son cœur avec,
Bonald est Grec (*bis*).
Un tel exemple doit suffire,
Je me rends.... Mais je vois sourire
Benjamin Constant de Rebec.
Ah! je ne suis plus Grec (*bis*).

Il faut s'entendre une bonne fois sur les Grecs et sur la Grèce.

Les Grecs modernes ressemblent aux anciens Grecs comme les anciens Romains ressembleraient aux Italiens de Rome. Les lieux sont les mêmes qu'ils étaient, mais aussi travestis, aussi corrompus de noms que la langue de Démosthène et de Phocion comparée à celle d'Odisseus et de Bobelina. Marathon s'appelle encore Marathon : mais l'Attique, la Phocide, la Béotie, s'appellent très impoétiquement la Livadie. Athènes s'appelle Sétine; Sparte, en admettant qu'on sache où elle était, se nomme Misistra; Delphes se nomme Castri; Salamine, Coulouri; Chalcis, Négrepont; Sicyone, Vazilica; Trezène, Damala; Cythère, Cérigo; Épidaure, Malvesie; Tégée, Moklia; Mégalopolis, Léondari; Mantinée, Tripolitza; l'Eurotas, Vasili-Potamo.

Quant à la population grecque, je n'avance pas un paradoxe en établissant qu'il ne reste pas un descendant des races grecques historiques lacédémoniennes, athéniennes, thébaines. Les Romains, ce peuple libre et philosophe, avaient fait les Grecs esclaves et les avaient dispersés plus ou moins violemment, plus ou moins lentement; et lorsque l'empire romain eut deux capitales, Rome et Byzance, lorsque, après plusieurs siècles d'irruptions de barbares, le soi-disant empire grec succéda à l'empire romain, on ne trouvera pas un seul prince portant un nom grec classique, excepté de loin en loin, comme noms de baptême. Étaient-ce des arrière-neveux de Philopœmen ou d'Aratus que les Grecs Nicéphore, Ducas, Lascaris, Comnène, Paléologue, Notaros, Cantacuzène ? Descendent-ils des vainqueurs de Marathon et de Platée ou des soldats de Lysandre et d'Agésilas, ces Mainotes et ces montagnards du Parnasse qui ont les mœurs des Lestrigons et dont le territoire presque inaccessible est de temps immémorial moins l'asile de la liberté que les repaires du brigandage? En 1824, M. de Rigny [1] fut obligé de brûler les mystiques pirates auxiliaires et complices des brigands de Maina, comme de faire sauter les deux tours de l'île de Cervi et de la terre ferme, en punition du pillage du *Saint-Esprit*, vaisseau marchand français, naufragé sur cette côte philanthropique grecque.

Ils se croient Grecs parce qu'ils ont des archontes qui sont les percepteurs bénévoles de leur karatehs. Les Grecs d'Athènes, dont la filiation serait la mieux prouvée, ne remonteraient pas plus haut que les Esclavons qui les ont subjugués, envahis d'âge en âge sous le Bas-Empire. Le sang des barbares du Nord, le sang esclavon, mêlé au sang des femmes grecques, a produit cette race bâtarde des Grecs du moyen âge, race renouvelée tout entière et qui n'a rien de la race classique et primitive de la Grèce

1. Marie-Henri-Daniel Gaultier, comte de Rigny, vice-amiral; né en 1782, mort en 1835.

ancienne. Au résumé, les Grecs instruits sont les intrigants qui exploitent à Constantinople les emplois du gouvernement et qui s'exposent tous les mois à être punis de leurs perfidies, de leurs fourberies, de leurs friponneries comme interprètes, comme fournisseurs, comme médecins. Les négociants grecs n'ont ni foi ni loi; les insulaires sont de bons marins qui pourront devenir de parfaits forbans, et rien de mieux. Pour les achever de peindre, tous les Grecs soi-disant chrétiens ne sont pas autre chose que des juifs qui font le signe de la croix; mais tous offrent les conditions que recherche l'association philanthropique grecque dans la nation qu'elle se propose de régénérer. Par les soins de pareils protecteurs, les Grecs offriront au Midi de l'Europe un foyer incendiaire et inextinguible de principes, de pratiques, d'œuvres révolutionnaires. Ce sera une terre d'essai, un solde de missionnaires et d'initiés en libéralisme, en jacobinisme, en carbonarisme. Le rebut de l'Europe s'échappera des bagnes et des prisons, et viendra trouver, dans la Grèce régénérée, un peuple de frères. Cette nation nouvelle, qui comptera autant d'Érostrates que d'individus, menacera de ses torches la civilisation européenne; le nouveau peuple uni, mêlé par l'adoption, la démence et l'immoralité aux frères et amis sandistes, radicaux, jacobins, libéraux, descamisados, trouvera en Grèce une terre promise; mais, avant que cette élite de l'ordre social ait eu deux années d'existence, l'Europe entière marchera contre elle d'instinct, d'indignation et d'horreur, à moins que ses vengeances n'aient été devancées par le feu du ciel.

Voilà ce que je pense, et ce que je crains de la Grèce et de la prétendue régénération des Grecs. Ce n'est sans doute pas là ce que croient et ce qu'espèrent M. le duc de Fitz-James et M. Eugène d'Harcourt, de la Société philanthropique en faveur des Grecs, dont ils sont membres ; mais je suis plus près qu'eux de la vérité, je le demande aux habiles de la société. Enfin, il reste une question que j'aurai la naïveté de faire à ces notabilités de la croisade philanthropique grecque : combien sont-ils dans ces vingt-deux qui réunissent les vertus domestiques aux vertus chrétiennes et monarchiques ? Ce n'est pas être exigeant, car ces trois natures de vertus sont de rigueur chez le vulgaire des hommes de bien.

Que l'esprit se repose avec plus de confiance et de satisfaction sur les associations que le gouvernement du Roi choisit et appelle ! Quelques mois avant qu'eût apparu la Société philanthropique grecque, M. le duc de Doudeauville, ministre de la maison du Roi, avait nommé, le 29 septembre 1824, une commission d'hommes vraiment vertueux pour l'aider à dispenser avec discernement, générosité et justice les secours, bienfaits et pensions jusqu'aujourd'hui si mal donnés au nom du Roi. Ces noms-là peuvent soutenir la triple épreuve dont il faut bien dispenser presque tous les susnommés de l'association en faveur des Grecs :

MM. l'abbé Desjardins [1], le baron de la Rochefoucauld [2], Espivent [3], de Belbeuf [4], Charles de Lavau [5], de la Roche-

1. Philippe-Jean-Louis Desjardins, docteur de Sorbonne, curé des Missions étrangères en 1806, arrêté en 1810 et emprisonné jusqu'en 1814, vicaire général de Paris en 1819, archidiacre de Sainte-Geneviève ; il refusa en 1817 l'évêché de Blois et en 1823 celui de Châlons ; né en 1753, mort en 1833.

2. Jean, baron de la Rochefoucauld-Bayers, pair de France le 17 août 1815 ; né en 1757, mort en 1834.

3. Henri Espivent de la Villeboisnet, conseiller à la Cour royale de Paris ; mort en 1876.

4. Louis-Pierre-François Godard, marquis de Belbeuf, député aux États généraux ; né en 1757, mort en 1832.

5. Alexandre-Guy-Charles de Lavau, officier supérieur d'infanterie ; né en 1791, mort en 1868.

jaquelein [1], de Saint-Géry, l'abbé de Retz [2], de Charette, Mazoyer [3], Alphonse de la Bouillerie [4], d'Infreville, Dupuy-Montbrun [5], Lebouetté [6], Bordier.

C'est en vain que le gouvernement du Roi marquait chacun de ses actes du sceau religieux et monarchique; ses ennemis-nés empoisonnaient ses intentions, quand elles n'offraient aucun prétexte à la malveillance la plus décidée. Mais la même tactique était suivie, à la honte de l'humanité, par l'opposition prétendue royaliste, qui ne veut voir partout que le président du conseil: les révolutionnaires voient en lui seul la monarchie personnifiée; l'opposition dite royaliste voit en lui le pouvoir qu'elle convoite; les uns et les autres ont contre lui les yeux de M. de Chateaubriand. Ah! qu'ils diraient bien, s'ils l'osaient: *écrasez l'infâme!* et telle est la déplorable position de l'autorité devant la malveillance, que souvent l'autorité ne peut ni ne doit motiver comment et pourquoi elle n'agit pas, pourquoi elle se tait. Je veux parler de tous les sots propos, de tous les malins commentaires que le 12 avril a occasionnés.

1. Auguste du Vergier, comte de la Rochejaquelein, maréchal de camp; né en 1783, mort en 1868.

2. L'abbé de Retz était aumônier du Roi.

3. Claude-Frédéric-Henri Mazoyer, auteur dramatique, maître des requêtes au Conseil d'État, chef de division honoraire au ministère de la guerre; né en 1775.

4. Alphonse Roullet de la Bouillerie, maître des requêtes au Conseil d'État, intendant du trésor de la couronne.

5. Raymond-Louis-Désiré, marquis du Puy-Montbrun, né en 1783.

6. Il était gentilhomme ordinaire surnuméraire de la chambre du Roi.

NOTE DE L'AUTEUR

(Voir page 147)

NAISSANCE DU DUC DE BORDEAUX. — FAITS

La dame Bourgeois, tout émue, toute tremblante, allumait une bougie, quand la princesse lui dit : « Ne soyez plus inquiète, c'est Henri ; » l'héroïque duchesse de Berry avait déjà touché l'enfant et s'était assurée de son sexe. « *Le témoin,* disait-elle, *le témoin!* » On lui dit qu'on allait chercher le maréchal de Coigny [1]. « Non, dit-elle, non, *le témoin*, le maréchal Suchet. » Le maréchal, *le témoin*, arriva. « Tenez, monsieur le maréchal, voyez, dit cette nouvelle *Catherine Cibo*, jetant la couverture, voyez, Monsieur le maréchal, *il me tient.* » Suchet, stupéfait, se prosternait et refusait d'approcher davantage. « Approchez, lui répéta la princesse, vous le voyez, il me tient. » « Monsieur, dit-elle alors à l'accoucheur, à présent faites votre service. » S. A. R. M. le duc d'Orléans arrive et dit au maréchal, assez haut pour que le comte de Clermont-Lodève [2] l'ait entendu, et répète avec indignation : « Mais, monsieur le maréchal, l'avez-vous bien vu, tenait-il ? — Oui, Monseigneur, je l'ai vu, bien vu ; d'ailleurs, *je vous l'avais promis.* » La princesse avait donc raison de tenir *au témoin.* Que de choses dans son cri : *le témoin! le témoin!*

1. Marie-Henri-François Franquetot, duc de Coigny, pair de France le 4 juin 1814, maréchal de France le 3 juillet 1816 ; né en 1737, mort le 19 mai 1821.

2. Le comte de Clermont-Lodève, colonel, gentilhomme d'honneur du duc d'Angoulême.

CHAPITRE III

Du 12 avril 1825. — De M. de Villèle et du budget. — Le sacre du Roi (29 mai 1825). — Discours de Mgr l'archevêque de Reims. — Discours de S. Ém. le cardinal de la Fare. — Cérémonie du sacre. — Faveurs accordées aux députés à l'occasion du sacre. — Réflexions du *Courrier anglais* sur *le Moniteur* du 30 mai. — Cérémonie des cordons bleus. — Camp de Saint-Léonard. — Le 3 juin : anniversaire du jeune Lallemand. — Conspiration de la Banque de France. — Rétablissement de la Sorbonne. — Indépendance de Saint-Domingue reconnue. — Encore de *la Quotidienne*. — Encore de la Chambre des pairs. — Journaux et journalistes; quatrième pouvoir dans l'État. — Lettre de M. de la Bourdonnaye. — Récapitulation des actes ministériels en faveur de la religion et de la monarchie.

Le 3 mai était la fête anniversaire de la restauration de la monarchie, de la première rentrée du Roi en 1814. Le 3 mai était donc consacré ; mais d'abord les faiseurs des Tuileries, selon leur louable habitude, ont imaginé, dans leur génie, de substituer le 12 avril au 3 mai, parce que le 12 avril 1814 était le jour de l'entrée de Son Altesse Royale Monsieur, devenu roi régnant. Ce changement de solennité est d'autant plus niais qu'à l'avènement au trône de M. le Dauphin, le 12 avril sera sans à-propos ni objet à son égard ; mais il n'importe : comme au 3 mai l'usage se conserva que la garde nationale ferait le service auprès du Roi, et que la garde à cheval l'accompagnerait dans sa promenade au milieu de la capitale ; mais le roi Louis XVIII ne pouvait aller qu'en voiture, et l'attelage de huit chevaux, comme le carrosse lui-même, formaient une barrière naturelle dont l'imprudence ou l'indiscrétion populaire se tenaient à distance. C'est à cheval que Charles X voulut se promener, au milieu de sa maison du jour, au milieu de la garde nationale à cheval. Ce n'est donc pas par négligence, mais par prévoyance, sagesse et prudence, que la promenade du Roi ne fut pas annoncée par des affiches. Charles X à cheval, au milieu des flots de la population parisienne, avertie à son de trompe ! La troupe en impose à la curiosité, disons même à l'affection de la multitude ; mais la garde nationale, par sa nature ou son bon cœur, n'aurait ni pu ni voulu empêcher personne d'approcher. Je demande à tout homme de bonne foi et de bon sens s'il y avait prudence, convenance, je dis plus, sûreté, à provoquer un pareil mouvement populaire, un aussi vraisemblable désordre. C'était morne sur les boulevards, disaient le lendemain les malins. On ne criait pas *vive le Roi!* répétaient les gobe-mouches. D'abord les passants, n'étant pas avertis, ont cru que c'était quelque officier général allant visiter des casernes, ou le Dauphin allant à une revue. Mais, pour répondre à toutes les conjectures, il suffit d'une seule preuve. La rue Saint-Denis est la rue la plus populeuse, la plus commerçante, celle enfin où l'on pouvait le mieux juger. Eh bien, la rue Saint-Denis, qui ne pensait pas plus au 12 avril, remplaçant le 3 mai, que le reste de Paris, la rue Saint-Denis fut avertie que le Roi passerait à midi ; l'avis fut donné à neuf heures : à neuf heures et demie, la rue, ordinairement encombrée de voitures de commerce jusqu'à trois heures, n'en offrit plus une seule : les habitants, les marchands qui étaient en veste coururent s'habiller, leurs femmes s'endimanchèrent, toutes les maisons furent couvertes de tentures comme à la Fête-Dieu, toutes les fenêtres pavoisées ; et certes cette rue est sous l'influence absolue de l'opposition industrielle. Les boursiers, les industriels de salon, les journaux des deux oppositions ont-ils raconté ce fait ? Il entrait bien mieux dans leurs vues de dire et de voir répéter, même à ceux qui n'y étaient pas: « Paris était morne ; on n'a pas crié *vive le Roi!* « Cela signifie : *à bas Villèle !!!* »

Que faisait cependant alors cet imperturbable homme d'État? Il répondait à la tribune au général Foy, qui venait de faire une excursion dans les deux mondes, et demandait compte au gouvernement du Roi de son sommeil pendant les événements de l'Amérique du Sud ; il terminait un tableau, aussi brillant qu'éloquent et spécieux, par demander qu'on abattît « l'insolence des « étrangers qui affecteraient la domination dans nos con- « seils, » ajoutant « qu'il importait à la prospérité de « notre pays que de promptes et efficaces mesures fussent « prises par le gouvernement du Roi pour que le com- « merce français trouve sur le continent d'Amérique et « partout ailleurs les avantages auxquels il a droit de « prétendre [1]. »

Quant à la réponse de M. de Villèle, je l'affaiblirais en la tronquant. C'est le propre de cet homme introuvable de se grandir de tout ce que ses ennemis se rapetissent. Chaque attaque est pour lui une occasion de triomphe ; il a tout à son usage pour prouver, pour persuader: vérité, simplicité, modération, clarté ; il répond à des mots par des faits. Il parla huit minutes, et sur la liberté de la presse, et sur la présence à Paris de M. de Metternich [2], et sur la protection donnée et garantie au commerce ; il parla enfin si net et si bien, que je rends avec plaisir cette justice au général Foy, c'est qu'il se retourna vers nous, et s'écria avec explosion : « On ne peut pas mieux dire ; « il n'y a rien à répondre à cela ! »

1. Opinion du général Foy, 10 mai 1825. — Budget. Aff. étrangères.
2. Clément-Wenceslas-Népomucène-Lothaire, prince de Metternich ; né en 1773, mort en 1859.

A l'appui de ce que j'avance sur les vues, la capacité, les nobles et heureux efforts de M. de Villèle dans les voies de la monarchie qu'il dirige, il est permis d'opposer l'opinion de l'Europe aux injures, aux mensonges de ses envieux et de ses détracteurs. C'est au nom et selon la pensée de toutes les cours de l'Europe que le nonce, dans les occasions solennelles, parle au roi de France, à la tête du corps diplomatique, et toutes les paroles sont pesées et réfléchies avant d'être dites.

« Le corps diplomatique est heureux, Sire, dit le nonce « dans son discours le 13 avril 1825, d'environner Votre « Majesté de ses vœux et de ses hommages dans ce jour « mémorable, et il la félicite d'avoir su attacher la pros- « périté de son royaume à la confiance et à la sécurité « que ses vertus, sa sagesse et son noble caractère inspi- « rent à tous les gouvernements que nous avons l'honneur « de représenter auprès d'elle. »

Peut-on nier que, quand l'Europe adresse de pareils éloges au Roi, les ministres qui le conseillent aient bien le droit d'en prendre leur part ?

Enfin, l'orageuse et scandaleuse et très déplorable session de 1825 vit son dernier travail terminé le 19 de mai : le budget fut voté ; il y avait 329 votants ; il y eut 286 boules blanches, 43 noires : le budget fut donc adopté à la majorité de 243 voix.

L'époque tant attendue du sacre de Sa Majesté Charles X arriva. Cette solennité donnait d'avance une joie universelle, quoique chez plusieurs elle fût soutenue par des espérances différentes. En dernière analyse, tout ce qui n'est pas révolutionnaire en France a dû se réjouir. Le pouvoir légitime, consacré par la religion dans une cérémonie aussi auguste, aussi monarchique, aussi nationale qu'antique, offrait une garantie incontestable de la stabilité du trône des Bourbons : le sacre parlait d'avance aux cœurs, aux yeux, à tous les souvenirs, à tous les intérêts, à l'avenir et au présent de tous les gens de bien, de tous les bons Français. Les détails que je puis donner comme témoin oculaire et officiel répondront à chacune de mes pensées que je n'exprime pas. Deux grandes députations de la Chambre des pairs et de la Chambre des députés furent désignées par le sort ; les membres de la Chambre des pairs furent, outre le bureau :

Le général Marescot [1].
Le comte Mollien.
Le duc de Plaisance [2].
Le marquis de Mortemart [3].
Le comte de la Roche-Aimon [4].
Le duc de Valmy [5].
Le comte de Contades [6].
Le marquis de Juigné [7].
Le marquis d'Orvilliers [8].
Le duc de la Trémoïlle [9].
Le comte de Sabran [10].
Le comte de la Garde [11].

1. Armand-Samuel, comte de Marescot, lieutenant général, pair de France le 5 mars 1819 ; né en 1758, mort en 1832.

2. Anne-Charles Lebrun, duc de Plaisance, lieutenant général, pair de France le 16 juillet 1824, en remplacement de son père ; né en 1775, mort en 1859.

3. Victor-Louis-Victurnien de Rochechouart, marquis de Mortemart, pair de France en 1823, à la mort de son père ; né en 1780, mort en 1834.

4. Antoine-Charles-Étienne-Paul, comte de la Roche-Aymon, lieutenant général, pair de France le 17 août 1815 ; né en 1772, mort en 1849.

5. François-Étienne Kellermann, duc de Valmy, lieutenant général, pair de France le 28 décembre 1820, à la mort de son père ; né en 1770, mort en 1835.

6. Érasme-Gaspard, comte de Contades, maréchal de camp, pair de France le 17 août 1815 ; né en 1758, mort en 1834.

7. Jacques-Marie-Anatole Le Clerc, marquis de Juigné, pair de France en janvier 1826, à la mort de son père ; né en 1788, mort en 1845.

8. Jean-Louis Tourteau, marquis d'Orvilliers, pair de France le 17 août 1815 ; né en 1759, mort en 1832.

9. Charles-Bretagne-Marie-Joseph, duc de la Trémoïlle, maréchal de camp, pair de France le 4 juin 1814 ; né en 1764, mort en 1839.

10. Elzéar-Louis-Zosime, comte, puis duc de Sabran, lieutenant général, pair de France le 17 août 1815 ; né en 1764, mort en 1847.

11. Auguste-Marie-Balthazar-Charles Pelletier, comte de la Garde, pair de France le 13 février 1823 ; né en 1780, mort en 1834.

Le marquis de la Guiche [1].
Le comte de Choiseul-Gouffier [2].
Le général Claparède [3].
Le comte de la Villegontier [4].
Le vicomte Dambray [5].
Le comte de Mailly [6].
Le comte Compans [7].
Le marquis de Coislin [8].

La députation de la Chambre des députés se trouva composée de :

Borel de Bretizel [9],
Roland d'Erceville [10].
Bazire [11].
Flaujac [12].
Chilhaud de la Rigaudie.
Desperiers [13].
Ferdinand de Berthier.
Duperreux [14].

1. Louis-Henri-Casimir, marquis de la Guiche, pair de France le 17 août 1815 ; né en 1777, mort en 1843.

2. Antoine-Louis-Octave, comte de Choiseul-Gouffier, pair de France le 13 mars 1819, à la mort de son père ; né en 1773, mort en 1840.

3. Michel-Marie, comte de Claparède, lieutenant général, pair de France le 5 mars 1819 ; né en 1770, mort en 1842.

4. Louis-Scipion Frain, comte de la Villegontier, pair de France le 5 mars 1819 ; né en 1776, mort en 1849.

5. Charles-Emmanuel-Henri, vicomte Dambray, pair de France le 17 août 1815, député à l'assemblée législative de 1849 à 1851 ; né en 1785, mort en 1868.

6. Adrien-Augustin-Almaric, comte de Mailly, pair de France le 17 août 1815 ; né en 1792, mort en 1878.

7. Jean-Dominique, comte Compans, lieutenant général, pair de France le 17 août 1815 ; né en 1769, mort en 1845.

8. Pierre-Louis de Cambout, marquis de Coislin, député de 1815 à 1819, pair de France le 23 décembre 1823 ; né en 1769, mort en 1837.

9. Durand Borel de Bretizel, député de l'Oise de 1817 à 1820 et de 1822 à 1827 ; né en 1764, mort en 1839.

10. Barthélemy-Louis-Charles Rolland-Chambaudoin, comte d'Erceville, député de Seine-et-Marne de 1820 à 1827 ; né en 1772, mort en 1845.

11. Pierre Bazire, député du Calvados de 1820 à 1827 ; né en 1772, mort en 1829.

12. Marc-Antoine-Joseph Garrigues de Flaujac, député du Lot de 1824 à 1831 ; né en 1772, mort en 1852.

13. Jacques Desperiers de Lagelouze, député des Landes de 1820 à 1827 ; né en 1767, mort en 1842.

14. Georges-Marie-Jérôme Millin, baron Duperreux, député du Bas-Rhin de 1821 à 1827 ; né en 1766, mort en 1852.

Kerouvriou [1].
De Pinteville [2].
De Salaberry.
Just de Noailles [3].
Chevalier-Lemore [4].
De Bausset [5].
D'Anthès [6].
Aguillon [7].
De Biancour [8].
Reboul [9].
Lizot [10].
Choiseul d'Aillecourt [11].

Les deux députations durent être transportées, logées, priées à Reims aux frais du Roi. Ainsi, n'ayant à s'inquiéter d'aucuns soins matériels, on avait toute liberté de corps et d'esprit pour voir, entendre, admirer et observer.

D'abord, plus d'un de nos collègues qui ne se trouvait pas appelé, avait une velléité de s'en prendre à nous plutôt que de s'en prendre au sort, tant l'esprit humain est bien fait chez les plus honnêtes gens.

D'autres relations s'étendront sur le bon goût, l'élégance, la recherche de tous les accessoires extérieurs qui ont appartenu à cette fête mémorable. Je ne parlerai ni

1. Jean-Marie Le Graël Kerouvriou, député du Finistère de 1823 à 1830; né en 1768, mort en 1849.

2. François, baron de Pinteville de Cernon, député de Seine-et-Marne de 1822 à 1827; né en 1762, mort le 9 avril 1827.

3. Antonin-Claude-Dominique-Just, comte de Noailles, député de la Meurthe de 1824 à 1827; né en 1777, mort en 1846.

4. Gaspard Chevalier-Lemore, député de la Haute-Loire de 1816 à 1831; né en 1768, mort en 1838.

5. François-Louis Nicolas, marquis de Bausset, député des Bouches-du-Rhône de 1815 à 1816 et de 1820 à 1830; né en 1764, mort en 1841.

6. Joseph-Conrad, baron d'Anthès, député du Haut-Rhin de 1822 à 1830; né en 1773, mort en 1852.

7. Alexandre-François Aguillon, député du Var de 1824 à 1830; né en 1765, mort en 1845.

8. Charles de Biancour, député de Seine-et-Oise de 1821 à 1827; né en 1762, mort en 1857.

9. Jean-Jacques-Auguste Reboul, député de Vaucluse de 1824 à 1830; né en 1781.

10. Pierre-Jean-Charles-Laurent Lizot, député de l'Eure de 1815 à 1827; né en 1768, mort le 30 janvier 1827.

11. Gaspard-Marie-Victor, comte de Choiseul d'Aillecourt, député de l'Orne de 1824 à 1830; né en 1779, mort en 1854.

des ornements, décorations, peintures, draperies qui ont accompagné si noblement, si harmonieusement, si ingénieusement la majestueuse architecture de la basilique de Reims, au dehors et au dedans ; c'était, pour les yeux et l'esprit, une gradation, une succession de tableaux et de scènes qui portaient sur tous les sens. Avant d'arriver au temple, au milieu de cette double ligne de soldats, d'oriflammes, de guirlandes de verdure et de lis, les regards se portaient sur une très simple et antique maison en briques, portant cette inscription sur un marbre noir et en lettres d'or :

En 1429
le père et la mère de Jeanne d'Arc
furent logés aux frais du Roi dans cette maison,
qui s'appelait alors l'hôtel de l'Ane rayé.

Ce souvenir de la Pucelle d'Orléans, qui tenait, au sacre de son *gentil Roy* Charles VII, la bannière de France, qu'elle avait si miraculeusement relevée, n'était pas une des circonstances les moins remarquables, par le champ qu'elle ouvrait aux réflexions de tous les genres, aux grands comme aux petits, étrangers ou Français, sans excepter le brillant duc de Northumberland et les Anglais de sa suite.

Tous les actes de la solennité ont été remarquables, non seulement sous le rapport des choses, mais sous le rapport des personnes.

Le 28 mai, le roi Charles X est arrivé de Fismes à Reims pour assister à la première cérémonie, celle des vêpres. M. l'archevêque de Reims, à la porte de son église, a harangué Sa Majesté. M. l'abbé de Latil n'a eu garde de manquer l'à-propos qui était de position ; aussi qui a voulu a entendu ce passage digne de remarque :

« Quant à moi, Sire, j'ose me croire dispensé de mani-« fester des sentiments qui, invariables comme mes « principes, sont depuis longtemps connus de Votre « Majesté ; mais, après avoir, comme serviteur fidèle, « pris part, pendant une longue suite d'années, à tous les « événements de la vie de Votre Majesté, je dois aujour-« d'hui bénir hautement la Providence qui, dans une « cérémonie aussi remarquable par toutes ces circons-« tances, m'a destiné à remplir auprès de votre auguste « personne la plus belle, la plus consolante des fonctions « de mon saint ministère, *et je rends grâce à Dieu, Sire,* « à Dieu, la sagesse éternelle, de vous avoir inspiré la « grande et religieuse pensée de venir sanctifier la dignité « de Roi par un acte solennel de religion, au pied du « même autel où Clovis reçut l'onction sainte, etc. »

Il est sûr que, pour la France, pour nous tous et même pour lui, *l'enfant disait vrai.*

Le même jour arriva le même honorable à-propos pour M. le cardinal de la Fare. Les vêpres finies, il monta en chaire, et prononça un discours autrement noble, autrement énergique que celui de M. de Quélen à la pompe funèbre du duc de Berry. M. le cardinal de la Fare tonna contre la Révolution et ceux qui en avaient retiré des dépouilles opimes. Plus d'un grand de 1825, pair ou maréchal, a dû trouver les vérités dures, tout évangéliques qu'elles étaient ; mais le complément de cette sainte mercuriale fut dans la péroraison, où il appartenait au vénérable prélat seul d'opposer le commencement et la fin de sa vie politique et religieuse.

« Seigneur, il vous a plu, sans avoir égard à la fai-« blesse de votre ministre, de nous rendre, dans des cir-« constances d'un souvenir ineffaçable, l'organe de votre « parole sainte.

« A cette époque à jamais déplorable, que déjà le laps « de trente-six années et le torrent des âges ont transportée « loin de nous, vous avez voulu que, du haut de la chaire « de vérité, en présence de cette assemblée fatale qui « fut le premier instrument de la démolition du trône et « de la monarchie, notre voix annonçât les orages des- « tructeurs amoncelés sur nos têtes et prêts à fondre sur « la France.

« Aujourd'hui, quelles actions de grâces ne devons- « nous pas à votre bonté de nous avoir, à la fin de notre « carrière, réservé la plus douce des jouissances, celle « d'avoir présagé à notre patrie et au monde qu'autant, « de la coupe de votre colère enfin épuisée, il était sorti « de châtiments et de fléaux, autant, du trésor intarissa- « ble de vos miséricordes, il sortira de félicités et de bien- « faits ! »

Il est bon de se rappeler que Son Ém. M. le cardinal de la Fare, alors évêque de Nancy, dans le sermon qu'il prononça, le 4 mai 1789, devant le Roi et les États généraux, annonça les malheurs que la France a éprouvés.

Je cite le texte de tous ces passages, et je consigne ces circonstances vraiment historiques, en cas que M. Darmaing [1], l'envoyé officiel des journaux jacobins de France, les omette ou les oublie dans sa relation du sacre de Reims [2].

Le 29 au matin, entre six et sept heures, tous les députés sont arrivés, et ont été placés en face des pairs de

1. Jean-Jérôme-Achille Darmaing, créateur de la *Gazette des Tribunaux.*
2. *Relation complète du sacre de Charles X, avec toutes les modifications introduites dans les prières et les cérémonies, et la liste de tous les fonctionnaires publics qui ont été appelés au sacre par lettres closes* (Paris, Beaudouin frères, in-8). — D'autres relations furent publiées, et F. M. Miel fit paraître une *Histoire du sacre de Charles X, dans ses rapports avec les beaux-arts et les libertés publiques* (Paris, Panckouke, in-8).

France, les uns et les autres sur des gradins, les premiers à la gauche du Roi, les pairs à sa droite. A la droite du Roi étaient placés, sur trois fauteuils, Monsieur le Dauphin, M. le duc d'Orléans [1], M. le duc de Bourbon [2]. Le corps diplomatique, ayant le nonce du Pape à sa tête, a pris place dans la première tribune à gauche à l'entrée de la croix, en face de la tribune des princesses. Là étaient Madame la Dauphine et Mme la duchesse de Berry, Mme la duchesse d'Orléans [3] et Mademoiselle d'Orléans [4]. Leurs Altesses Royales étaient resplendissantes de diamants. Madame la Dauphine portait sa parure de princesse avec une majesté inexprimable. Quel attendrissant contraste, quel souvenir pour ceux qui avaient vu, à la fin de 1795, l'auguste fille de Louis XVI et de Marie-Antoinette, l'orpheline du Temple, se promenant dans le jardin de sa prison, vêtue d'une simple toile de Jouy, un petit bonnet sur sa tête ! On a pu voir chez Bapst, le joaillier de la couronne, pour 30,000,000 de pierreries, destinées pour le sacre, les diamants, les topazes, les rubis, mariés et montés avec une légèreté, un art admirable, pour former des bouquets de fleurs qui se balançaient sur des tiges et des branches d'or. Certes, l'Europe a pu, par les yeux de ses ambassadeurs, rendre hommage au goût français, à l'élégance, au génie de l'industrie française et au talent des joailliers et orfèvres de Paris : l'Europe a dit : « On ne voit cela qu'en France. »

Dans le fond du chœur, du côté de la nef, paraissait le magnifique jubé, sur lequel était placé le trône royal.

1. Louis-Philippe, duc d'Orléans, né en 1773, mort en exil en 1850.

2. Louis-Henri-Joseph, duc de Bourbon, né en 1756, mort en 1830.

3. Marie-Amélie de Bourbon, duchesse d'Orléans, née en 1782, morte en 1866.

4. Eugénie-Adélaïde-Louise d'Orléans, dite Madame Adélaïde, née en 1777, morte en 1847.

On y montait des deux côtés par un escalier de trente marches. A droite et à gauche, étaient rangés en échelons les drapeaux et guidons des différents corps de l'armée qui se trouvaient réunis au camp de Saint-Léonard et dans Reims.

La bénédiction de l'épée, des éperons, du sceptre et de la main de justice étant accomplie, l'archevêque de Reims, aidé des trois Altesses Royales, mit la couronne sur la tête du Roi, qui marcha vers le trône ; quatre pairs portaient le manteau royal, pesant 84 livres. Charles X était seul capable de conserver autant de grâce, d'aisance et de dignité sous le poids immense de ces ornements royaux. Le vieux maréchal Moncey, portant droite et nue l'épée de connétable, le fidèle maréchal duc de Bellune, le bâton de commandement à la main, marchaient parallèlement à la tête de la monarchie vivante. Après l'intronisation, le Roi reçut le baiser de paix des archevêques et évêques, et le *Vivat Rex in æternum* fut entonné. Au même instant, tous les drapeaux, portés par leurs colonels, s'inclinèrent et saluèrent le Roi. Les portes s'ouvrirent ; la foule se précipita dans la cathédrale ; cinq cents oiseaux furent lâchés, selon une ancienne coutume symbolique ; l'artillerie tonna autour du temple ; toutes les cloches de la ville s'ébranlèrent et, pendant plus d'un quart d'heure, tous ces bruits divers d'instruments de musique et de guerre, de voix, de chants religieux, de cris d'enthousiasme produisirent un effet vraiment électrique. On était ému, attendri, enivré ; des larmes d'amour et de joie coulaient dans tous les yeux [1].

Il aurait semblé, dans un temple du paganisme, qu'il ne reste plus rien à dire : il n'en pouvait pas être ainsi

1. Voyez l'*Étoile* du 1er juin.

au sacre du Roi Très Chrétien. Religion sainte, religion d'humilité, d'égalité, fille du ciel, toi qui seule commandes à la terre, un spectacle qui t'appartient attendait tous les regards ! Le Roi s'approcha de l'autel, s'agenouilla et communia. Cet acte de piété, ordinaire dans un chrétien, se trouva, par sa simplicité même, recevoir tous les caractères de la plus auguste solennité, et imposer une impression irrésistible. Au milieu des pompes, on peut dire les plus brillantes du monde chrétien, au milieu des hommages et des acclamations des hommes, le Roi de France, le Roi des guerriers les plus brillants de gloire et de valeur, vient humblement recevoir, sur des lèvres purifiées par le sacrement de pénitence, le Dieu vivant, le Dieu mort sur la croix comme le plus abject des hommes, enfin le Roi des Rois, le Dieu des armées, le Juge des puissants et des faibles, selon leurs œuvres, le souverain Juge devant qui le sceptre est égal à la houlette, le monarque ou le laboureur, et qui ne voit dans les chrétiens que des sujets soumis à l'appel de la mort ! La majesté royale s'humiliant d'un cœur contrit, avec une foi sincère et l'abandon le plus vrai dans la personne d'un prince aussi religieux que Charles X : ce spectacle du Roi, fils aîné de l'Église, remplissant d'une voix émue, du cœur le plus pénétré, l'acte de vie comme celui de mort au désir de l'homme vertueux, ce spectacle, dis-je, commanda spontanément un silence universel. Tous les regards attendris ne voyaient que le prince, le prélat officiant et l'hostie sainte ; il semblait qu'on dût l'accompagner jusqu'aux lèvres royales, dans son digne et pur sanctuaire. Personne n'osait respirer : on ne vivait que des yeux ; on regardait. Mme la duchesse d'Angoulême pensait, n'en doutons pas, à la communion de sa mère.

Cathédrale de Reims, Conciergerie, communion de

Charles X au sacre, communion de Marie-Antoinette dans son cachot, jour de triomphe pour la monarchie légitime, jour de forfait pour la Révolution, vous offrez les deux tableaux que leur religieuse similitude et leur affreux contraste rendent à jamais dignes l'un de l'autre !

Alors, le roi Charles X se leva de dessus son trône ; Mgr le Dauphin se jeta dans les bras de son père. Le Roi, en pressant son fils unique contre son cœur, eut le mouvement le plus touchant, le plus marqué, le plus visible : on vit, on reconnut, on sentit que ses yeux paternels cherchaient, redemandaient le duc de Berry. Les princesses, je veux dire Madame la Dauphine et Madame, qui ne détournaient pas les regards de dessus le Roi, ne se méprirent point à ce tendre et sublime souvenir, et toutes deux fondirent en larmes.

Quelques heures après cette auguste cérémonie, aussi impossible à décrire qu'à oublier, une nouvelle scène s'ouvrit ; le banquet royal commença. Les deux députations y furent invitées : au fond, était la table royale, où le prince dînait seul sous un dais ; à sa droite, la table des princes ; à sa gauche, celle des ministres et des ambassadeurs ; plus haut, à droite, celle des pairs ; à gauche, celle des députés ; la sixième au fond, en regard de la table du Roi, celle du clergé, où étaient les cardinaux et les prélats. Une innovation, destinée à faire loi désormais, c'est que les pairs et les députés dînèrent couverts. J'aurais pensé que les députés, étant censés représenter les communes, n'auraient pas dîné le chapeau sur la tête, d'autant qu'à la séance royale, le chancelier [1] dit : « Messieurs les pairs, asseyez-vous ; » et ensuite : « Messieurs les députés, le Roi vous permet de vous asseoir. » Mais

1. Charles-Henri, vicomte Dambray, né en 1760, mort le 12 décembre 1829.

il paraît que les ambassadeurs élevèrent la prétention de dîner devant le Roi, couverts, comme représentant leurs souverains. Alors, on établit que, d'après la charte, le gouvernement représentatif se composant de trois pouvoirs, les pairs qui en représentent le second et les députés le troisième, les pairs et les députés mettraient leurs chapeaux, comme aussi les ambassadeurs. Voilà la circonstance la plus remarquable et devenue tradition de la solennité du banquet royal, qui termina la mémorable journée du dimanche 29 mai, jour du sacre de Charles X.

Le lendemain 30 fut le jour de la réception des chevaliers du Saint-Esprit. Même grâce, même dignité, même maintien bienveillant et chevaleresque dans la personne de Charles X, toujours roi, toujours lui-même sous des habits tout différents.

Deux députés ont été honorés du cordon bleu, à l'occasion du sacre; l'un, M. Just de Noailles, on s'est demandé pourquoi ; l'autre, M. Ravez, président de la Chambre ; tous les gens de bien se sont réjouis de cette récompense donnée au mérite et à la fidélité. Messieurs de l'opposition, qui rient de tout, ont dit que ce cordon-là était un cordon de sonnette.

Le 30 mai était le jour des espérances couronnées et le *Moniteur* était attendu avec grande impatience. Voici le relevé de ce que plusieurs députés ont obtenu au sacre :

Le marquis de Courtarvel [1], grand-croix de Saint-Louis.
M. de Martignac [2], grand officier de la Légion d'honneur.

1. Louis-François-René, marquis de Courtarvel, député de Loir-et-Cher, pair de France le 5 novembre 1827; né en 1759, mort en 1841.

2. Jean-Baptiste-Sylvère Gaye, vicomte de Martignac, député de Lot-et-Garonne, président du conseil des ministres du 4 janvier 1828 au 9 août 1829; né en 1776, mort en 1832.

Le marquis de Bouthillier, commandeur de la Légion d'honneur.

M. de Puymaurin [1], commandeur de la Légion d'honneur.

M. de Cardonnel, commandeur de la Légion d'honneur.

M. de Boisbertrand, officier de la Légion d'honneur.

M. Josse-Beauvoir, officier de la Légion d'honneur.

Le marquis de Vaulchier, commandeur de la Légion d'honneur.

M. Cornet d'Incourt, commandeur de la Légion d'honneur.

M. Benoist [2], commandeur de la Légion d'honneur.

M. Paul de Châteaudouble, officier de la Légion d'honneur.

M. du Fougeray, officier de la Légion d'honneur.

M. Dubruel [3], commandeur de la Légion d'honneur.

M. Chilhaud de la Rigaudie, conseiller à la Cour de cassation.

M. Bazire, conseiller à la Cour royale.

Le marquis de Fraguier [4], gentilhomme de la chambre.

Le marquis Terrier de Santans [5], gentilhomme de la chambre.

Le comte Roland d'Erceville, gentilhomme de la chambre.

Le vicomte de Curzay, gentilhomme de la chambre.

1. Jean-Pierre-Casimir Marcassus, baron de Puymaurin, député de la Haute-Garonne de 1815 à 1830; né en 1757, mort en 1841.

2. Pierre-Vincent, comte Benoist, député de Maine-et-Loire de 1815 à 1827; né en 1758, mort en 1834.

3. Pierre-Jean-Joseph Dubruel, député de l'Aveyron de 1816 à 1820 et de 1821 à 1828; né en 1760, mort le 26 mars 1828.

4. Antoine-Geneviève-Amédée, marquis de Fraguier, député de Seine-et-Oise de 1821 à 1827; né en 1775, mort en 1840.

5. Marie-Antoine-Charles-Suzanne, marquis Terrier de Santans, député du Doubs de 1820 à 1830; né en 1773, mort en 1832.

Le marquis de l'Aigle [1], gentilhomme de la chambre.
Le marquis de Moustier [2], —
Le comte de la Potherie [3], —
Le comte de Blangy [4], —
Le vicomte Héricart de Thury [5], —
Le comte de Chabrol-Chaméane [6], —

Sur ces vingt-cinq favorisés, d'une façon ou d'une autre, il y a neuf députés depuis 1815 sans interruption, et pas davantage. On prétend savoir pourquoi M. Chifflet [7], M. de Vaublanc, voire même le général Donnadieu [8], n'ont pas été mentionnés : quoi qu'il en soit, voici un article du *Drapeau blanc* du 27 juin, inséré dans le *Courrier*, sous la rubrique d'Angleterre, et qui n'a pas été mis sans intention : on doit le croire venu de Paris et traduit en anglais.

Nous avons examiné avec quelque attention ce qui se rapporte aux divers actes de grâces et de faveurs du roi de France à l'occasion du sacre, afin de nous convaincre des sentiments politiques qui peuvent les avoir inspirés, et nous avons

1. Augustin-Louis-Victor des Acres, comte de l'Aigle, maréchal de camp, député de l'Oise de 1824 à 1830; né en 1766, mort en 1867.

2. Clément-Édouard, marquis de Moustier, député du Doubs de 1824 à 1827, ambassadeur en Suisse puis en Espagne; né en 1779, mort le 5 janvier 1830.

3. Louis Leroy, comte de la Potherie, maréchal de camp, député de Maine-et-Loire de 1824 à 1831; né en 1762, mort en 1847.

4. Bon-Henri-Pierre le Vicomte, comte de Blangy, député de l'Eure de 1815 à 1816 et de 1824 à 1827; né en 1775, mort le 30 octobre 1827.

5. Louis-Étienne-François, vicomte Héricart de Thury, député de l'Oise de 1815 à 1816 et de 1820 à 1827; né en 1776, mort en 1854.

6. Antoine-Joseph, comte de Chabrol-Chaméane, député de la Nièvre de 1818 à 1820 et de 1822 à 1827; né en 1770, mort en 1859.

7. Marie-Bénigne-Ferréol-Xavier, vicomte Chifflet, président à la cour de Besançon, député du Doubs, pair de France le 5 novembre 1827; né en 1766, mort en 1835.

8. Gabriel, comte Donnadieu, lieutenant général, député des Bouches-du-Rhône de 1820 à 1827; né en 1777, mort en 1849.

observé avec plaisir que tous émanaient de motifs également généreux. Nous étions d'abord un peu surpris de ce que les ministres n'avaient reçu aucune marque de faveur personnelle du souverain pendant cette période de munificences et de libéralités ; nous craignions aussi que cette circonstance ne fût l'indice d'une espèce de triomphe de la part des ennemis du ministère ; mais, en y réfléchissant mûrement et en lisant dans les journaux de Paris que toutes les faveurs accordées à cette occasion l'avaient été par l'intermédiaire des ministres eux-mêmes, nous avons été frappés du discernement de Charles X, qui a pensé que le témoignage le moins équivoque qu'il pût offrir de la satisfaction et de la confiance que lui inspiraient ses ministres était de les faire les dispensateurs de ses grâces envers les individus de tous les partis, sans avoir égard à aucune considération politique.

Nous avons une autre observation à faire à ce sujet. C'était un usage consacré dans l'ancienne monarchie de créer des pairs à l'avènement du roi au trône et à la cérémonie de son sacre. La pairie alors n'était rien autre chose qu'une dignité purement honoraire; mais, par les nouvelles institutions de la France, elle est devenue une magistrature politique, et, considérée sous ce point de vue, il n'était pas convenable que la pairie fût accordée plus longtemps comme une faveur de la cour. L'esprit éclairé du roi a envisagé cette différence essentielle, et la conséquence était qu'aucune création de pairs n'aurait lieu; parce que cette création eût été un acte politique et non une faveur personnelle provenant de circonstances temporaires. La Chambre a incontestablement senti que le monarque, en agissant ainsi, avait apprécié son importance, tandis que les ministres de Charles X ont manifesté une sage discrétion en ne cherchant point à obtenir de la couronne, à l'occasion du sacre, une promotion qui aurait été mal concertée.

Quoi qu'il en soit des nouvelles faveurs accordées au sacre, la cérémonie de la réception des cordons bleus consacra les faveurs anciennes, et Charles X eut le déboire de donner de ses nobles mains le collier de l'ordre aux féaux et bien-aimés du feu Roi son frère, tels que les Pasquier et les Decazes. Il est vrai que, par un même jeu du hasard, qui se plaît à mettre en évidence plus d'un scandale, les deux plus anciens chevaliers, ceux qui marchaient immédiatement après les princes du sang, étaient M. le duc de la Vauguyon [1] et M. le duc de la Rochefoucauld-Liancourt, deux personnages qui n'ont assurément rien à se reprocher, c'est-à-dire l'un à l'autre. Cela portait, ainsi que le Roi, le manteau de l'ordre en velours noir, doublé de soie verte brochée d'or ; le reste du vêtement était de drap d'argent : ajoutez-y une toque de velours noir, MM. les commandeurs, grands officiers, n'avaient pas fait de répétitions habillées, et M. le marquis d'Aguesseau [2], grand prévôt, maître des cérémonies de l'ordre, ne savait pas son affaire comme M. le marquis de Brezé possède la sienne. Au total, les neuf révérences ont embarrassé quelques récipiendaires, ni plus ni moins que les trois révérences de M. Jourdain dans le *Bourgeois gentilhomme*. Pourquoi plusieurs de ces honnêtes gens ne prenaient-ils pas un maître à danser, huit jours seulement avant la fête ? Pourquoi faut-il qu'un royaliste soit obligé de convenir que deux espèces telles que M. Pasquier et M. Decazes n'avaient pas le maintien le plus gauche ? Il est certain que ces deux faquins-là avaient un faux air d'hommes comme il faut ; mais enfin l'honneur du pavillon fut sauvé : car quel calme, quelle noblesse, quelle assurance militaire dans la démarche de M. le maréchal duc

1. Paul-François de Quelen, duc de la Vauguyon, lieutenant général, pair de France le 4 juin 1814 ; né en 1746, mort le 14 mars 1828.

2. Henri-Cardin-Jean-Baptiste, marquis d'Aguesseau, député à la Constituante, pair de France en 1814 ; né en 1752, mort le 22 janvier 1826.

de Bellune ! avec quelle simplicité, quelle aisance, quelle mesure, on aurait dit quelle habitude, il s'inclina avec les gradations convenables et senties vers l'autel, vers le clergé, vers Monsieur le Dauphin, vers Madame la Dauphine, vers les princes du sang et anciens chevaliers, vers les ambassadeurs, vers les commandeurs ecclésiastiques, vers les chevaliers de droite, vers les chevaliers de gauche ! Mais celui qui était le personnage principal, la personne unique, celui qui attirait tous les regards, celui qui commandait un intérêt, une curiosité, une admiration irrésistibles, c'était le Roi, le Roi, le Roi ! Par sa tournure jeune, sa taille svelte, tout son extérieur à la fois vif, majestueux, chevaleresque, ses yeux, ses gestes parlant de bienveillance et de franchise, on l'avait vu la veille ennoblir jusqu'à sa camisole de catéchumène ; une heure après, habillé en roi des pieds à la tête, et souriant avec bonté en marchant au trône sous l'ennui, la fatigue et le poids de la couronne de Charlemagne et du manteau royal. Aujourd'hui, lestement vêtu de l'habit de l'ordre du Saint-Esprit, le grand collier passé sur son manteau, le glaive au côté, la toque de velours sur la tête, surmontée d'une aigrette de héron, avec ses doux yeux si bons, si vrais, si aimants, il avait l'air de ne se croire que le premier gentilhomme de son royaume. Mais, sous cet appareil plus noble et plus national que fastueux, tous les regards trouvaient bien dans Charles X le successeur légitime de soixante-sept rois de France, ou on croyait voir en lui le premier roi français ; car tout ce qu'on accorde, en dehors et en dedans, de meilleur à Louis XII, à François Ier, à Henri IV, à Louis XIV, il y a beaucoup de tout cela dans notre excellent monarque ; je voudrais qu'on me dît : « Il le sait. »

Cependant un camp de dix mille hommes, infanterie, cavalerie, artillerie, avait été formé à Reims, à l'occasion du sacre, dans la plaine ou vallon de Saint-Léonard, sur un terrain d'environ 1,500 toises de développement, sur 80 de profondeur. A mesure que les régiments d'infanterie arrivaient, chacun nettoyait à son tour son terrain et faisait son jardin, ses bordures de gazon, de fleurs ; la première ligne était bordée de faisceaux d'armes ; l'intervalle présentait, jusqu'aux tentes, mille dessins en bluets, en jonquilles, en roses, en verdures. C'étaient des chiffres, des couronnes, des croix de Saint-Louis, des étoiles de Légion d'honneur, et partout des devises aussi simples que touchantes, avec le buste du Roi. Là on lisait : « Un « instant dans notre camp, et dans nos cœurs toujours » (*60e de ligne*). Ici : « Au Roi sa fidèle armée » (*33e de ligne*). Au quartier de la garde, on lisait partout : « Fidélité. » Le soir, les soldats se réunissaient, chaque corps en avant de ses tentes, et ils chantaient. Ils finirent, le jour de l'arrivée du Roi, par le *serment français*. A ces mots : « Jurons d'être à Charles fidèles, » tous les fronts se découvrirent, les casques, les shakos en l'air ; les uns chantant, les autres criant : *Vive le Roi!* C'était mieux que si c'eût été bien, car c'était un charivari admirable, le vrai cri du cœur. La veille ou l'avant-veille de la revue, M. le maréchal duc de Bellune, qui commandait le camp, fut le visiter sans prévenir. Quand le père de l'armée, qui lui doit sa régénération, parut à la tête de la ligne, tous les soldats quittèrent leurs travaux de jardin et accoururent l'entourer ou se mettre sur son passage, les uns habillés, les autres en veste, le bonnet de police à la main ; et sous les tentes, ceux qui étaient trop en négligé, ou qui se trouvaient retenus, ne montraient que leurs têtes et leurs visages hâlés, à travers la toile de leurs canonnières. Cet empressement était aussi touchant que mérité, je ne dis pas, mais j'ai bien envie de dire qu'ici l'incomparable M. de

Chateaubriand comparerait ces soldats, ne montrant, par la portière de leurs tentes, que leurs têtes et leurs moustaches, à « ces bons renards de son Meschacébé qui allongeaient leurs museaux noirs au bord des précipices, pendant que le Père Aubry faisait à haute voix la prière. »

Il faut que M. Darmaing, historiographe officiel du sacre, envoyé *ad hoc* par les frères et amis, il faut, dis-je, qu'il les ait tenus au courant de tous ces détails, peu faits pour avancer les affaires de la révolution, dans son procès avec la monarchie légitime, car on remarqua, à des signes certains, que les révolutionnaires étaient démoralisés. Le *Constitutionnel* s'amusa à ergoter sur la question de savoir si Clovis avait jamais été sacré : ce qui leur fit complètement oublier le 3 juin : le 3 juin, fête d'obligation du calendrier libéral, la commémoration annuelle de la mort du jeune Lallemand. Ce fut une grande faute : l'esprit public fut reconnu amélioré d'autant de lustres qu'il pouvait y avoir de pieds de terre sur le corps du jeune mort. La jeunesse agissante, réfléchissante et pensante du docteur Royer-Collard n'agit donc, ne réfléchit donc, ne pense donc, que quand et comment le mot lui est donné ? Le fait est que l'autorité avait pris toutes les mesures éventuelles pour empêcher la solennité d'avoir lieu. Pas un chat ne s'est présenté au cimetière du Père-Lachaise. Il faut convenir que la gendarmerie et les commissaires de police furent bien attrapés. Les jacobins commencent à reconnaître la vérité du proverbe : « Mieux vaut goujat debout qu'empereur enterré. » Hélas ! depuis le sacre, ils ont été d'échecs en échecs.

Cependant, ceux dont la principale affaire n'était ni la monarchie ni le sacre, mais le croulement du système monarchique, parce qu'ils sont révolutionnaires ; ceux dont la principale affaire est, à ce qu'ils disent, la monarchie et le Roi, mais quand le Roi et la monarchie se seront mis entre leurs mains ; enfin toutes les puissances de l'opposition combinée qui se ruent avec plus ou moins de fureur, plus ou moins d'adresse contre le gouvernement du Roi, c'est-à-dire le président du Conseil, qu'ils regardent les uns avec crainte, les autres avec envie, comme le ministre dirigeant, toutes les puissances de l'opposition travaillaient contre l'ennemi commun, et pendant le sacre ils crurent avoir trouvé le point attaquable.

Il faut savoir que la Banque de France, réduite à la simple opération de son institution, n'offrirait pas un grand avantage à ses actionnaires ; mais les actionnaires et la Banque gagnent beaucoup, sans rien risquer, à entrer dans les opérations du gouvernement. Ainsi la Banque avait prêté entre trente et quarante millions, sur dépôt de certificats d'emprunt, sans craindre le résultat d'une baisse, puisqu'elle ne prenait les certificats d'emprunt, dont les inscriptions restent déposées au Trésor, qu'à raison de 65 °/₀ de capital. Il n'importe : messieurs de la Banque, gouverneurs ou régents, sont en grande majorité de l'opinion de MM. Casimir Périer, B. Delessert et Davilliers [1] ; ils crurent qu'ils allaient déconcerter le ministre et le gouvernement, dont ils sont ennemis, et les tuer en tuant la loi vitale, la loi de réduction des rentes, adoptée par les Chambres, cette fois, et, par la sanction royale, devenue loi de l'État. La Banque de France, dont l'intérêt, comme celui de ses actionnaires, est d'aider le gouvernement, et non pas de l'entraver, prit la détermination hostile de retirer ses fonds. Le coup de tête de ces grands financiers, de ces vieux routiers, prouva, dès le lendemain, à leur honte, qu'ils étaient aussi mauvais

1. Jean-Charles-Joachim, baron Davilliers, né en 1758, mort en 1846.

citoyens qu'inhabiles et ignares. A ce bruit qui se faisait dans la rue, mais que messieurs de la Banque, qui se croient des aigles, appelaient le tonnerre et la foudre, M. de Villèle mit la tête à la fenêtre du ministère des finances, de ce palais des palais, selon ses ennemis de toutes les couleurs, et dit : « Que font-ils donc en bas? » Il prit tranquillement une prise de tabac, ce qui lui apporte toujours conseil, et sonna ses receveurs généraux. Il leur fit part de la levée de boucliers de messieurs les habiles de la Banque ; il leur déclara qu'il avait au Trésor quarante millions de fonds particuliers appartenant à eux, receveurs généraux ; qu'il pouvait s'en passer pour le service courant, puisqu'au moyen des bons du Trésor il trouvait des fonds plus qu'il ne lui en fallait à 3 °/₀, et qu'il leur en payait quatre à eux-mêmes ; il leur proposa de mettre les quarante millions à leur disposition, en les engageant à rembourser à la Banque de France les sommes qu'elle avait prêtées sur dépôt de certificats d'emprunt. Ici, dans le dénouement de cette manœuvre des ennemis du ministre et de l'État, de ces hommes qui trahissaient les intérêts de leurs actionnaires par aveuglement de leur esprit factieux, dans le dénouement le mépris public doit se joindre à l'indignation. Où est donc l'habileté de ces capables par excellence, puisqu'ils ignorent la position et les ressources de l'ennemi qu'ils osent attaquer ? Le premier coup qu'ils portent revient sur eux-mêmes, et ils sont vaincus dans leur art. Le fait est que l'accord du ministre avec les receveurs généraux fut à peine connu, que messieurs de la Banque arrivèrent à plat ventre supplier que les dépôts leur fussent laissés. Voilà la vérité ! Le ministre se laissa fléchir ; il consentit à ce que la Banque gardât les dépôts jusqu'au 22 décembre prochain. Alors le comité formé par les receveurs généraux, afin d'utiliser les quarante millions, décida qu'il les emploierait à soutenir le cours de la rente par des achats à la Bourse. Cette sage mesure aura le double but de paralyser la Banque et d'empêcher Rothschild [1] lui-même, s'il le jugeait à propos, de maîtriser la place et de faire le cours de la Bourse dans l'intérêt de ses spéculations.

C'est ainsi que M. de Villèle sort victorieux de toutes les attaques faites même à l'improviste. Ne sachant plus que lui dire, messieurs de l'opposition lui reprochèrent bientôt d'être un ministre provocateur, qui les pousse à lui offrir chaque jour une occasion de succès.

C'est ainsi qu'au milieu et au mépris des propos et des intrigues, le gouvernement du Roi marche toujours et dans la bonne voie. Une ordonnance royale rétablit la Sorbonne, le 20 juillet 1825. Les membres de la commission ecclésiastique chargée de rédiger les statuts et règlements de cet établissement, dont l'objet est de perpétuer dans l'Église gallicane cette tradition de savoir et de lumières qui l'ont illustrée sous le règne des rois très chrétiens, furent : MM. le cardinal de la Fare, archevêque de Sens ; l'archevêque de Paris ; l'archevêque de Besançon [2] ; l'ancien archevêque de Toulouse [3] ; l'évêque de Montpellier [4] ; l'évêque d'Amiens [5] ; l'évêque de Viviers [6] ; l'abbé Desjardins ; Burnier-Fontanel, doyen de théologie ;

1. James, baron de Rothschild, né en 1792, mort en 1868.

2. Pierre-Ambroise Frère de Villefrancon, nommé archevêque de Besançon en 1823, mort le 27 mars 1828.

3. François de Bovet, archevêque de Toulouse en 1817, démissionnaire en 1819, mort en 1838.

4. Marie-Nicolas Fournier de la Contamine, évêque de Montpellier en 1806, mort en 1834.

5. Jean-Pierre de Gallien de Chabons, évêque d'Amiens en 1822, premier aumônier de Mme la duchesse de Berry, mort en 1837.

6. André Molins, évêque de Viviers en 1823, mort en 1835.

l'abbé de la Chapelle [1]; l'abbé Auger, docteur de Sorbonne.

Il y aurait une évidente mauvaise foi à nier que les ministres du Roi ne servent pas avec zèle et succès la religion et la monarchie ; il suffit de remarquer qu'en bien peu de mois ils ont établi un ministère des affaires ecclésiastiques, et posé le fondement de la restauration de l'Église de France, en rétablissant la Sorbonne. Le choix des prélats et des docteurs en théologie les plus investis du respect public assure au clergé de France un centre qui réunira et attirera tous les esprits désormais. De ce foyer de lumières et de traditions consacrées, les vraies doctrines se répandront, se propageront, et le clergé n'aura bientôt plus qu'un même esprit, comme il ne fera plus qu'un même corps ; il existera au moins, quant aux croyances religieuses ; la Sorbonne sera ce qu'elle était, selon Mézeray, le concile perpétuel des Gaules, l'aréopage de l'Église et le flambeau de la foi. Mais c'est là l'occasion où il est du devoir d'une opposition stimulante de parler, et je demanderai à des ministres aussi bien intentionnés pourquoi ils ne veulent pas sentir leurs forces, pourquoi ils agissent à moitié, pourquoi la même ordonnance du 20 juillet n'a pas rendu la Sorbonne à la Sorbonne, la maison aux docteurs de cette société ? Il faut, pour le triomphe visible de la religion rendue à son sanctuaire spirituel et politique, qu'on la voie rentrée dans ses foyers classiques, selon le vœu du pieux confesseur de saint Louis, son fondateur, selon l'intention du cardinal, son magnifique et bien avisé restaurateur ; il faut que la société de Sorbonne occupe la Sorbonne exclu-

1. Aumônier du Roi, maître des requêtes en service extraordinaire, puis conseiller d'État en service ordinaire.

sivement, et que les assemblées de la seule faculté de théologie se tiennent dans la grande salle de ce collège. Je ne doute pas qu'il n'en soit ainsi quand la commission aura rédigé les statuts et règlements reconstitutifs de cet établissement, si important à la religion et à la monarchie. Avec la Sorbonne et ses traditions qui font loi en matière de dogmes et de discipline, le Français le plus méticuleux ne s'effarouchera plus des théories ultramontaines de M. de Maistre [1], de M. de Bonald, de M. de Haller [2], de M. l'abbé de la Mennais, tous hommes très respectables à tous égards; mais demain la Sorbonne sera là, et le commun des fidèles, la majorité des pauvres d'esprit la croira en toute sûreté de conscience, plutôt que ces quatre évangélistes où l'on ne voit qu'un tonsuré. Avec la Sorbonne, la religion et la monarchie profiteront avec confiance de ce que renferment d'excellent, au regard de l'autel et du trône, et les jésuites, et les dissidents, et la congrégation, et les jansénistes. La nouvelle Sorbonne, moins absolue que l'ancienne, composera avec le siècle, et le siècle, de son côté, voudra bien trouver bons à brûler les livres que la Sorbonne condamnera.

Ainsi, chaque mois, chaque semaine déclare un acte de réparation au profit de la religion et de la monarchie : c'est par des faits que les ministres nos amis répondent aux blasphèmes, aux insultes, aux calomnies dont les abreuvent l'injustice, la haine, l'envie des insensés qui appellent faire de l'opposition royaliste, dénigrer par calcul la probité, le mérite et la sagesse.

Le 17 août, parut l'ordonnance d'organisation adminis-

1. Le comte Joseph de Maistre, né en 1754, mort le 26 février 1821.

2. Charles-Louis de Haller, ancien membre du Conseil souverain de Berne, auteur de l'ouvrage célèbre intitulé : *Restauration de la science politique;* né en 1768, mort en 1854.

trative pour les colonies ; l'île de Bourbon servit la première de modèle d'application ; les autres colonies seront soumises à des dispositions semblables, modifiées seulement selon le besoin et la considération des localités. La charte avait laissé les colonies dans le vague, par son article 13. Depuis la seconde Restauration, l'organisation coloniale était généralement désirée par les intéressés. Ce travail a passé inaperçu, sans vociférations ni louanges ; mais le silence des calomniateurs n'a pas été de longue durée.

Le 17 août, une dépêche télégraphique a annoncé la reconnaissance de l'indépendance de Saint-Domingue. L'ordonnance du Roi de France a été reçue avec reconnaissance et respect ; les ports de Saint-Domingue sont déclarés francs ; le commerce français ne paiera que la moitié des droits de douane, comparée au tarif des nations les plus favorisées ; cent cinquante millions seront payés en cinq ans, comme indemnité aux anciens colons français ; trente millions seront donnés dès le mois de décembre prochain. La dignité de la couronne a été noblement conservée, et dans les termes de l'ordonnance, et dans l'accueil qu'elle a reçu à Haïti. L'essor donné à l'industrie et au commerce, les débouchés que nos manufactures, nos productions, nos vins obtiennent par cet acte aussi politique qu'utile et devenu nécessaire, sont autant de vérités incontestables. Paris, nos grandes villes, nos ports de mer, ont appris cette nouvelle plus ou moins espérée avec une joie proportionnée aux immenses avantages qui vont résulter. Il n'importe qu'une poignée d'hommes qui se disent l'opinion publique, et surtout l'opinion royaliste par excellence, attaquent jusqu'à cet acte du gouvernement, parce qu'il faut qu'ils trouvent tout mal, même ce qui est le mieux. Il suffit d'observer que l'acte royal de reconnaissance de l'indépendance de Saint-Domingue est entièrement dans l'intérêt de l'État, et que sa lettre a conservé tous les droits de la couronne dans les rapports du souverain de droit avec les habitants actuels, les possesseurs de fait de Saint-Domingue, aujourd'hui Haïti. Haïti a reconnu le principe de la souveraineté de droit dans la couronne de France ; le principe est donc respecté, honoré, conservé ; il eût été violé, aucune transaction n'était possible, si le gouvernement de fait avait prétendu traiter de puissance à puissance. Les partis divers ont considéré l'émancipation de Saint-Domingue dans leur intérêt ; l'histoire la regardera comme la solution d'un problème important et une question de droit civil, c'est-à-dire de propriété. La grande difficulté de l'année précédente avait été, non pas seulement, comme on l'a dit, dans la conservation d'une espèce de suzeraineté ou de protectorat extérieur, plus préjudiciable ou plus funeste qu'avantageux aux intérêts de la France, mais dans le mode de la reconnaissance que les députés d'Haïti ne s'étaient pas jugés suffisamment autorisés à accepter : qu'il y ait eu concession de prétentions d'une part ou de l'autre, l'ordonnance du 17 avril a tout aplani.

La circonstance politique où l'on se trouvait n'a peut-être pas d'analogie dans l'histoire : aussi, l'acte qui reconnaît l'indépendance d'une ancienne colonie était-il sans modèle. Il ne doit être jugé ni dans les principes rigoureux du droit, ni dans les conséquences de l'état de fait : il établit l'indépendance de la nouvelle république, comme la charte a reconnu la validité des ventes de biens confisqués pendant la Révolution. Comparez la reconnaissance des États-Unis, en 1782, par l'Angleterre, avec la concession d'indépendance faite à Haïti en 1825, et toutes les conditions du principe de la légitimité, de la dignité de la couronne, de l'intérêt de la France, ont été remplies par les ministres de Charles X. Cet acte, de la plus haute importance par ses suites plus que probables, cet acte, qui signale le premier pas dans un système indiqué, voulu par les besoins nouveaux, si l'on veut les appeler ainsi, en les comparant aux intérêts qui avaient servi de base au système du cardinal de Richelieu, très utile depuis 1648 jusqu'à nos jours, cet acte, qui n'est pas compris par les royalistes de la *Quotidienne,* mais qui l'est très bien par les révolutionnaires, qui cachent leurs craintes sous des éloges qu'ils ne peuvent refuser, cet acte met le roi de France opportunément à la tête et non pas à la remorque du libéralisme, mais non des libéraux, car le libéralisme n'est pas autre chose que l'instinct, le sentiment inné du beau, même idéal, du bien public, de l'appui et protection à donner aux besoins et aux intérêts de toutes les branches de prospérité dans l'État. Les libéraux, au contraire, gobe-mouches à part, sont tous ceux qui, sous le nom de libéralisme, aspirent aux honneurs, au pouvoir, aux richesses par le peuple et non pas pour lui. Tous les chefs sont des factieux ou des fourbes qui soulèvent et la jeunesse, et la lie de la nation, à l'aide de leur faux langage. En un mot, quiconque, en France, n'est pas libéral est plus ou moins royaliste ; quiconque est libéral sait qu'il a dans ses rangs tous les anciens septembriseurs, bonnets rouges, noyeurs de Nantes, mitrailleurs de Lyon, incendiaires de la Vendée, égorgeurs d'Avignon ; car il faut bien que ces Français-là tiennent à quelqu'un, tiennent à quelque chose : ils fraternisent donc avec les libéraux. On ne saurait donc nier que libéral et révolutionnaire, libéral et jacobin ne soient synonymes : la solidarité est de fait ; mais l'exploitation, la pratique du libéralisme est le devoir des gouvernants ; celui des gouvernés n'est que la confiance et l'obéissance. Ainsi, par l'extension indéterminable, les débouchés sans nombre que le gouvernement ouvrira au commerce, aux manufactures, à toutes les spéculations industrielles, le Roi monarchise l'esprit comme les intérêts de cette immense, active, jeune et surabondante masse de Français, dont les factieux de nos élections et de la Chambre, dont les libéraux, se disent les tribuns officiels. Ainsi émané du trône, dirigé par le monarque et en son nom, le mouvement du siècle coulera en sources de richesses : encore hier, ce mouvement qui veut une issue, ne fermentant qu'au pied du trône, comme un volcan de boue, ne présentait qu'une agitation inquiétante et ne présageait que des tempêtes.

Voilà le premier fruit des méditations silencieuses, des prévoyances sagement combinées, et du prétendu repos de ce ministère royaliste, enfant de nos vœux et de nos efforts qui, selon le soi-disant organe des royalistes de France, n'est composé que d'hommes ineptes, ne vivant que d'expédients et au jour le jour. Le roi Alphonse disait : « Si Dieu le Père m'avait appelé en temps et lieu, je lui aurais donné de bons conseils. » On n'a écouté, là-haut, ni les conseils ni les injures de ma commère la *Quotidienne*, et la bonne femme s'égosille à crier sur tous les tons, excepté le ton vrai : « A bas Villèle ! » M. de Villèle est le dada de ce bon Michaud : on dit qu'il envoie quotidiennement savoir, non pas comment il se porte, mais s'il est encore sur pied. Il est certain que ma commère avait annoncé le dessein d'aller prendre des bains de mer, et qu'il disait ces jours derniers : « Non, je ne vais « pas à Boulogne, parce que j'attends d'heure en heure le « renvoi de.... » Comme elle assure qu'elle est bien élevée, je crois qu'elle dit de *Monsieur de Villèle* ce qu'il y a de vrai, c'est que M. Michaud peut dire pis que le moucheron autour du coche :

J'ai tant fait que mes gens sont enfin dans la plaine.

Il est constant que ces vociférations, accompagnant les manœuvres des habiles de la Bourse, les 3 % ont beaucoup baissé ; il est certain que, sans ces continuelles attaques, la conversion eût peut-être été du double plus considérable. Il importe peu, et même que pour un temps, les 3 % soient en baisse, ni même que la cause en soit que la plupart des joueurs à terme ne soient pas des joueurs sérieux, des hommes qui aient leur argent à livrer : ce qui est seulement à remarquer, c'est que, modeste et sincère dans la victoire, ma commère disait, en parlant de la chute des 3 % : « Cependant, il faut le dire : c'était bon. »

Voilà la bonne foi de cette bonne femme à immutabilité de doctrines. Elle est cependant obligée de dire : « Tan- « dis que tous marchent, les gouvernements ne doivent « pas rester en arrière du siècle, non, sans doute, mais « il faut savoir guider son siècle sans jamais se laisser « entraîner par lui. » Toute la question est là, et le ministère royaliste, le gouvernement du Roi la résout chaque jour et victorieusement, malgré tout ce que la *Quotidienne*, qui n'a le droit de parler qu'en son propre et privé nom, malgré tout ce que la *Quotidienne*, qui n'a de mandat de personne, en a dit, en dit et en dira. Cependant, grâce à la licence de la presse périodique, quel levier qu'une plume chargée d'encre dans la main du dernier écrivassier, engagé sous le drapeau de l'opposition hostile en France ! La plume d'un honnête homme en tombe d'indignation, de mépris et de dégoût. *Quousque tandem....*

Au risque d'éprouver de nouvelles nausées, je dois jeter un regard en arrière et me rappeler que j'ai dit [1] au sujet de la Chambre des pairs et de son étrange composition : « Nous reviendrons sur le mal, et nous parlerons plus bas du remède. » Parlons donc de la Chambre des pairs ; c'est le bouquet.

J'ai dit quelque part, par exemple dans mon *Histoire de l'empire ottoman :* « Les peuples modernes ne connaissent pas, je pense, de sort plus beau, plus assuré, plus noble dans la hiérarchie sociale, que celui d'un pair d'Angleterre, et cependant des destinées préférables encore.... » Rassurez-vous, quoique j'en reste là, je n'ai voulu parler ni d'un sénateur de Bonaparte, ni d'un pair de France selon la création du 4 juin 1814 et suivantes, d'un pair de France selon la violation, l'oubli de l'institution constitutionnelle de la pairie, dans son esprit et ses conditions.

« Nous avons vu *dans le renouvellement de la pairie,* « dit le roi Louis XVIII au préambule de la charte qu'il « a octroyée, une institution vraiment nationale et qui « doit lier tous les souvenirs à toutes les espérances en « réunissant les temps anciens et les temps modernes ; « car nous avons cherché les principes de la charte cons- « titutionnelle dans le caractère français, et dans les mo- « numents vénérables des siècles passés. (Le Roi ajoute :) « Nous avons remplacé par la Chambre des députés ces « anciennes assemblées des champs de mars et de mai et « ces Chambres du tiers état. »

Ainsi notre charte nous dit que les *États généraux* sont remplacés autant que possible par les Chambres qu'elle établit. A la vérité, ces Chambres ne sont que deux, et les États généraux étaient composés de trois ordres. « Mais,

1. Voir plus haut, p. 121.

dit M. le président Henrion de Pensey [1] dans son ouvrage sur la pairie de France, la noblesse et le clergé ayant en général les mêmes intérêts politiques, on a pu, sans inconvénient et sans choquer la nature des choses, les réunir en un seul corps délibérant, et malgré ce changement, nous n'en devons pas moins voir les anciens États généraux dans la réunion de nos deux Chambres. » Depuis 1814 jusqu'au 5 août 1821, je n'ai vu le clergé représenté à la Chambre des pairs qu'en principe, dans la personne de M. de Clermont-Tonnerre, archevêque de Toulouse ; ainsi, le clergé l'était ni plus ni moins que les députés de Vaugirard ; il y avait, il est vrai, l'ancien évêque d'Autun, M. le prince de Talleyrand-Bénévent ; mais le dire de M. le président Henrion subsiste : l'intention y était quant au clergé. Quant à la noblesse, dans la première fournée du 4 juin 1814, c'étaient de singuliers représentants de l'aristocratie royale renouvelée, que les ducs de la Rochefoucauld-Liancourt, La Vauguyon, Choiseul, Talleyrand, Broglie [2], tous de maison chapitrale, avec dispenses vu les mésalliances, mais tous, je ne dirai même pas libéraux, mais révolutionnaires fieffés. Et puisque l'article 71 de la charte assimile les nobles anciens et nouveaux, il faut joindre aux pairs susnommés les pairs Gouvion Saint-Cyr [3], Barbé-Marbois, Cholet [4], Destutt [5], Klein [6], Lanjuinais,

1. Pierre-Paul-Nicolas Henrion de Pansey, premier président de la Cour de cassation en 1828 ; né en 1742, mort le 23 avril 1829.

2. Achille-Léonce-Hector-Charles, duc de Broglie, pair de France le 4 juin 1814 ; né en 1785, mort en 1870.

3. Laurent, marquis de Gouvion-Saint-Cyr, maréchal de France, pair le 4 juin 1814 ; né en 1764, mort le 10 mars 1830.

4. François-Armand, comte Cholet, député au conseil des Cinq-Cents, pair de France le 4 juin 1814 ; né en 1747, mort le 4 novembre 1826.

5. Antoine-Louis-Claude Destutt, comte de Tracy, pair de France le 4 juin 1814 ; né en 1754, mort en 1836.

6. Dominique-Louis-Antoine, comte Klein, lieutenant général, pair de France le 4 juin 1814 ; né en 1761, mort en 1845.

Lenoir-Laroche [1], Porcher [2], Maison [3], Dessole [4], Semonville [5], Latour-Maubourg. Ces dix-huit soi-disant notabilités figurent dans la première création du 4 juin 1814. Celle du 17 août a donné pour patrons aux révolutionnaires les Boissy-d'Anglas [6], Compans, Dalberg, Molé, Mathan [7], etc.... En 1818 a apparu le duc Decazes, qui fut, en 1819, parrain des Suchet, d'Argout [8], Barante, Bastard [9], Becker [10], Belliard [11], Bérenger [12], Catellan [13], Clément de Ris [14], etc. — En un mot, à quinze ou seize près, l'appel nominal des soixante filleuls de Decazes serait un appel d'ennemis du Roi. Et ce sont de pareilles espèces que les jacobins des départements auraient peut-être nom-

1. Jean-Jacques Lenoir-Laroche, député en 1789 et au conseil des Anciens, pair de France le 4 juin 1814; né en 1749, mort le 17 février 1825.

2. Jules-Charles Porcher-Dupleix, comte de Richebourg, pair de France le 4 juin 1814; né en 1752, mort le 10 avril 1824.

3. Nicolas-Joseph, marquis Maison, lieutenant général, pair le 4 juin 1814, commandant en chef de l'expédition de Morée en 1828, maréchal de France le 22 février 1829; né en 1771, mort en 1840.

4. Jean-Joseph-Paul-Augustin, marquis Dessolle, lieutenant général, pair de France le 4 juin 1814; né en 1767, mort le 2 novembre 1828.

5. Charles-Louis Huguet, marquis de Semonville, pair de France le 4 juin 1814, grand référendaire; né en 1759, mort en 1839.

6. François-Antoine, comte Boissy d'Anglas, pair de France le 17 août 1815; né en 1756, mort le 20 octobre 1826.

7. Georges, marquis de Mathan, maréchal de camp, pair de France le 17 août 1815; né en 1771, mort en 1840.

8. Apollinaire-Antoine-Maurice, comte d'Argout, pair de France le 5 mars 1819; né en 1782, mort en 1858.

9. Dominique-François-Marie, comte de Bastard d'Estang, pair de France le 5 mars 1819; né en 1783, mort en 1844.

10. Nicolas-Léonard Becker, comte de Mons, pair de France le 5 mars 1819; né en 1770, mort en 1840.

11. Augustin-Daniel, comte Belliard, pair de France en 1814 et de 1819 à 1832, époque de sa mort; né en 1769.

12. Antoine-Raymond, comte de Bérenger, pair de France le 5 mars 1819; né en 1774, mort en 1849.

13. Jean-Antoine, marquis de Catellan, député de la Haute-Garonne, pair de France le 5 mars 1819; né en 1759, mort en 1838.

14. Dominique Clément de Ris, membre du Sénat conservateur, pair de France en 1814 puis en 1819; né en 1750, mort le 21 octobre 1827.

mées députés, en concurrence avec les Manuel, Tarayre [1], Bignon [2], Méchin, Corcelles [3]! C'est avec de pareils hommes qu'un Decazes n'a pas rougi ni frémi de composer une majorité à lui dans la Chambre héréditaire, dans la Chambre des pairs de France, des pairs qui, quant à leurs attributions et leur influence, ne sont plus aujourd'hui!

Ces magistrats qui, réunis au Parlement dont ils faisaient partie, n'avaient qu'une autorité secondaire et subordonnée, et n'influaient sur la législation que par de très humbles remontrances, devenus législateurs, ils ne remontrent plus aujourd'hui, ils décident; ils exercent non seulement sur les résolutions de la Chambre des députés, mais sur les propositions du Roi lui-même un veto absolu. La charte a placé la Chambre des pairs entre les dépositaires de l'autorité royale et la Chambre élective, les députés des départements qui, choisis par la nation pour défendre ses libertés, seraient, en contact immédiat, d'abord rivaux, bientôt ennemis, et l'État flotterait dans une agitation continuelle, poussé tantôt vers l'arbitraire par les ministres du Roi, tantôt vers la démocratie par les délégués du peuple. Le devoir de la Chambre des pairs est de surveiller avec la même sollicitude et la partie monarchique et la partie démocratique du gouvernement, de s'opposer à toutes les entreprises qu'un des pouvoirs pourrait tenter sur l'autre et les empêcher également de franchir les bornes constitutionnelles de leurs attributions. Ainsi l'un des trois pouvoirs dont se compose notre gouvernement représentatif est le régulateur des deux autres, non par le droit de

1. Jean-Joseph Tarayre, lieutenant général, député de la Charente-Inférieure de 1819 à 1824; né en 1770, mort en 1855.
2. Louis-Pierre-Édouard, baron Bignon, député de l'Eure de 1817 à 1837, pair de France en 1837; né en 1771, mort en 1841.
3. Claude Tircuy de Corcelles, député du Rhône, puis de Paris; né en 1768, mort en 1843.

statuer, puisqu'il n'a sur eux ni action ni supériorité, mais par la faculté d'empêcher : c'est dans cette heureuse combinaison que réside la magie de cette sorte de gouvernement [1].

Sans doute, telle a été l'intention du Roi législateur qui a octroyé la charte ; mais la Chambre des pairs, qui doit être le contre-pied, maintenant deux forces opposées dans un juste équilibre, n'est point composée d'hommes disposés à remplir ce devoir. C'est là où est le vice auquel le gouvernement du Roi doit apporter remède. Le vice n'est pas dans l'institution de la Chambre des pairs, il est dans le choix des hommes que des ministres de la Révolution, et non pas de la monarchie, ont appelés à la composer. L'esprit monarchique, l'esprit aristocratique doit dominer à la Chambre des pairs, et l'esprit factieux y est en majorité, aux risques et périls de la monarchie légitime. Dans la Chambre élective, dans la Chambre des députés, au contraire, l'esprit monarchique a dominé dès son apparition en 1815, parce que cet esprit est l'esprit national. La démocratie même est absente de la Chambre des pairs : c'est l'esprit de l'illégitimité qui y règne, parce que, dès l'origine, en 1814, c'est dans l'esprit antimonarchique que le choix des pairs a été fait. Le bon esprit naturel à la position de cette Chambre allait prendre le dessus, lorsque, par le plus dangereux et le plus scandaleux des coups d'État, le ministre Decazes, en 1819, n'a pas craint de jeter dans la Chambre héréditaire soixante de ses clients à la fois. Puisque leur expulsion n'est pas possible, il n'y a de remède que dans le même moyen. L'article 27 de la charte dit : « Le Roi fait des pairs à volonté. »

Aucune mesure, aucune loi monarchique et religieuse

1. *De la Pairie de France*, par Henrion de Pansey, p. 123 et suiv.

ne doit être refusée à la Chambre des pairs ; le repos et le salut de l'État sont chaque jour en danger si une loi généreuse, morale, utile, court la chance d'être repoussée par l'influence factieuse des Pasquier, Molé, Barante, Roy, coalisés dans le vote négatif avec les Lanjuinais, Dalberg, Broglie et M. de Chateaubriand. Une simple ordonnance du Roi peut réduire toutes ces supériorités de convention à la valeur relative et individuelle de leurs boules. La Chambre des pairs peut et doit s'ouvrir enfin à de vraies notabilités : il reste des hommes en France, hors de la banlieue de Paris, éprouvés par *leur intégrité, leurs lumières et surtout leur dévouement au Roi et à la patrie, tels enfin que M. de Richelieu nous les promettait.* Il n'y a pas de province qui n'offre un chef de famille réunissant l'absence de toute ambition effrénée à un esprit droit, des intentions pures et un caractère positif, joints à la condition nécessaire de la naissance et de la fortune. Le Roi trouvera de dignes pairs moins parmi ceux qui le demandent que parmi ceux qui ne le demandent pas ; on peut être assuré que les nouveaux élus réuniront plus de conditions monarchiques que la moitié de ceux qui s'intitulent très nobles et très illustres pairs. Le Roi peut à volonté les nommer à vie ou les rendre héréditaires. Pourquoi conférer l'hérédité en même temps que le titre ? Que le gouvernement du Roi attende à l'user. C'est dès 1814 que la formation de la Chambre des pairs a péché. M. Decazes a couronné l'œuvre par le choix des soixante pairs qu'il a cru créer à son image en 1819 ; c'est à ce double vice qu'il faut remédier, sans se borner à des palliatifs. L'esprit même de l'institution en fait une loi à la monarchie, qui n'a fait dans son intérêt d'actes tutélaires, d'actes conservateurs, que depuis le mois de décembre 1821. La Chambre des pairs est dans la monarchie constitutionnelle le seul corps privilégié ; c'est le corps essentiellement et éminemment aristocratique : notabilités de naissance, notabilités de services militaires ou civils, notabilités de talents, même d'opulence bien acquise. Je ne recommencerai pas l'appel nominal des soixante-deux très nobles et très illustres pairs qui ne sont rien de plus qu'ennoblis et tarés ; mais le cœur se soulève de voir dans la Chambre des pairs de France, sous la monarchie légitime, sous la monarchie restaurée, des maltôtiers tels qu'un Sussy [1], des révolutionnaires comme un Clément de Ris, ancien valet de la chambre de la Reine, un Porcher, comte de Richebourg, dont l'illustration est d'avoir été conventionnel et de n'avoir pas été régicide, tous ayant le bonnet de pair sur les panneaux de leurs voitures et leur vieux bonnet rouge dans leurs poches, parce qu'on ne sait pas ce qui peut arriver. Cependant l'article 71 de la charte reconnaît la noblesse ancienne et nouvelle sans privilèges ; mais ils sont consacrés par ceux dont jouit la Chambre héréditaire, qui est censée la représenter et être l'élite de cette noblesse. Elle doit trouver dans la majorité des pairs ses patrons naturels, les patriciens nationaux. Les hommes que j'ai nommés, et beaucoup de leurs collègues, n'ont pas même la condition de grands propriétaires fonciers. S'ils vont parfois en province, ils s'y cachent ; ce qu'ils ont de terres n'est pas un patrimoine, ce sont des biens d'émigrés. La plupart paient l'impôt foncier le plus minime, s'ils le paient ; la plupart ont leur fortune à la Bourse, et ce qu'ils connaissent le mieux de la France, c'est Paris et la rue Vivienne. Ce sont pourtant les éléments honteux d'un des pouvoirs de la monarchie. Le Roi

1. Jean-Baptiste Collin, comte de Sussy, pair de France le 5 mars 1819 ; né en 1750, mort le 7 juillet 1826.

ne peut pas expulser ces indignes et ne peut pas les rendre meilleurs; il faut les neutraliser, les annihiler sous le nombre, et rien n'est plus aisé, plus utile, plus nécessaire à faire, constitutionnellement : « Le Roi fait des pairs à volonté. » La Bretagne, la Normandie, l'Artois, la Bourgogne, la Franche-Comté, le Dauphiné, la Provence, le Languedoc, le Berry, l'Auvergne, presque toutes les provinces, dont beaucoup n'étaient pas sur la carte des Talleyrand d'abord, des Decazes ensuite, fourniront cent notabilités réelles et dignes de l'estime et de la confiance. Cent pairs de plus ne donneront qu'une proportion inférieure en nombre à nos députés votants. Il y aura toujours à la Chambre héréditaire un vide au moins de cent membres : les uns sont en ambassade, d'autres absents pour service militaire, beaucoup ne viennent jamais, d'autres sont imberbes. A la loi des rentes en 1824, — et tout ce qui a dû venir est venu, la loi en valait bien la peine, quelle que fût l'opinion, — les pairs n'étaient que deux cent vingt-trois votants sur deux cent quatre-vingt-dix-huit institués; et rien n'empêche que, nominalement, il y ait un nombre égal de pairs de France et de députés. En un mot, à la Chambre des pairs, vous ne voulez pas jeter la lie, noyez-la : vous ne manquerez pas de vin généreux. Qu'on demande aux préfets, aux cours royales, aux conseils de préfecture, aux présidents de tribunaux. Il n'y a pas là de concurrences, de prétentions, ni de préférences d'affection comme pour les choix électoraux : il ne s'agit que d'établir les conditions de capacité à la pairie sur la commune renommée. Enfin, pour donner toute la force au motif d'une nombreuse et définitive émission de pairs de France en majorité monarchique positive, si des ministres hommes de bien venaient, ce qu'à Dieu ne plaise, à se voir remplacés par les factieux leurs adversaires, la mesure serait comble en bons éléments, et les ennemis de nos amis ne pourraient plus compter que sur les décès pour perdre la chose publique et la monarchie.

Les pairs d'Angleterre siègent et votent à vingt et un ans : les pairs de France n'ont entrée dans la Chambre qu'à vingt-cinq ans, et voix délibérative qu'à trente. Le nombre actuel des pairs d'Angleterre est de trois cent soixante-dix-sept, dont trois cent trente-trois pairs anglais, en comptant les princes du sang, dits lords temporels, tous les évêques anglais, au nombre de vingt-six, quatre Irlandais, représentant les dix-huit évêques d'Irlande, comme les cent soixante-cinq pairs irlandais sont représentés par vingt-huit, parce que, à l'époque de l'union de l'Angleterre avec l'Irlande, ils ont élu leurs représentants à la Chambre des pairs à vie, et que, dès que l'un d'eux meurt, ils lui donnent un successeur. De même, les pairs écossais n'ont pas non plus de pairie anglaise : il y en a soixante-cinq, dont l'élection est renouvelée en même temps que la Chambre des communes; ils ne figurent que par leurs représentants, qui sont seize. Il résulte que, sans cette disposition, qui vient de la volonté des Irlandais et des Écossais, la Chambre des pairs de la Grande-Bretagne ne serait pas de trois cent soixante-dix-sept membres, mais de cinq cent soixante-quatre, tant lords spirituels que temporels, tant Anglais qu'Écossais et Irlandais, tant évêques anglais qu'irlandais; et elle n'en serait pas moins en proportion avec la Chambre des communes, qui est composée de six cent cinquante-huit membres, dont cinq cent treize pour l'Angleterre, quarante-cinq pour l'Écosse et cent pour l'Irlande [1].

1. Voyez Rubichon, Simon, Baert.

Quoi qu'il en soit, en la prenant dans son état actuel, la Chambre des pairs d'Angleterre est de trois cent soixante-dix-sept membres ; il faut, comme en France, en déduire les pairs qui n'ont pas le droit de siéger, vu leur âge, qui les rend pourtant admissibles et aptes à voter dès vingt et un ans ; les pairs qui, comme en France, sont employés aux ambassades, dans la marine ou dans les commandements outre-mer, ceux qui voyagent, ceux qui ne veulent pas user de leur droit à cause de leur religion, ceux enfin qui préfèrent leurs plaisirs aux affaires. En définitive, quelles que soient leurs raisons d'absence, bonnes ou mauvaises, la Chambre des pairs, lorsque l'esprit de parti est porté au plus haut degré, ne compte pas plus de deux cent cinquante membres réunis, et leur nombre ne s'élève pas au-dessus de cinquante dans l'exercice ordinaire de leurs fonctions. Il est vrai que les absents ont droit de voter par procuration, parce que les pairs d'Angleterre ne sont représentants que d'eux-mêmes.

Le vice de la Chambre des pairs de France, nous le répétons, n'est que dans sa composition, qui dépend du Roi : voilà le remède au mal ; il n'est pas dans son institution, ni dans ses attributions, dont l'exercice, dans l'observation des devoirs des pairs, est le plus fort appui de la monarchie. C'est pour le salut, la conservation et l'intérêt de la monarchie, c'est-à-dire l'intérêt de l'État, que la Chambre des pairs a le *veto*. La Chambre des députés a le droit de discuter et de voter le budget : elle tient donc les cordons de la bourse ; c'est tout ce qu'il faut de garantie aux sujets. Les deux influences sont sagement et raisonnablement dotées en droits politiques ; aucune des deux Chambres n'a l'initiative : c'est le Roi qui l'a. Sans cela, ce troisième pouvoir serait zéro, ainsi qu'il l'était dans la Constitution de 1791, et *l'ombre de Louis XVI est là*, pour dévouer à jamais à tous les anathèmes cette anarchique conception. En France, le Roi a l'initiative, parce qu'il a octroyé la charte ; en Angleterre, il ne l'a pas, parce que cette charte, il l'a reçue.

Mais, quel que soit l'avantage de cette pondération des trois pouvoirs en France sur la constitution de l'Angleterre, l'ordre monarchique, l'ordre social, est menacé en France d'une dissolution prochaine et totale, par l'imprudence, l'imprévoyance, l'extravagance, qui ont proclamé la liberté de la presse. Cette liberté, appliquée à la presse en général, n'est pas autre chose que la liberté de miner moralement et religieusement tous les fondements de la société ; appliquée à la presse périodique, elle est purement et simplement la reconnaissance de la souveraineté des journaux, l'émancipation d'un quatrième pouvoir, plus puissant que les pouvoirs connus, pouvoir qui n'a de vie que dans le mensonge, et d'action que pour le mal.

Hamilton, l'ami du sage Washington, aussi bon jurisconsulte que bon citoyen, grand homme d'État et soldat intrépide, a défini la liberté de la presse : « Le droit de pu-« blier impunément la vérité, avec bonnes intentions et « dans un but innocent, soit qu'elle inculpe le gouverne-« ment, la magistrature et les particuliers [1]. »

Le droit de publier la vérité avec bonnes intentions et dans un but innocent.... Mais, lorsque les mensonges sont passés en habitude, quand on ne les considère, ainsi que la *Quotidienne*, les *Débats* et l'*Aristarque*, que comme des moyens d'appuyer, non pas même la cause qu'on a

1. *Johnson's reports*, t. III.

embrassée, mais les hommes qu'on a épousés ; quand il est visible que la vie ou la mort de ce quatrième pouvoir dépend de l'exploitation du mensonge contre les hommes du pouvoir, avoué, ceux d'aujourd'hui, ceux de demain, il est incontestable que le droit d'insulter publiquement les ministres du Roi, d'aller leur faire subir la question ordinaire et extraordinaire, avec la seule précaution dérisoire de faire, en passant, une génuflexion devant le trône, et cela, selon le bon plaisir ou le salaire quotidien du premier cuistre qui se mêle d'écrire, il est incontestable que cet extravagant et criminel abus de l'article 8 de la charte est non seulement plus dangereux qu'utile à la société, mais qu'il en est l'arrêt de dissolution totale. Il est incontestable que la France et la noble nation française ne seront plus sous la loi de la monarchie légitime, de la monarchie selon la charte, mais passeront sous le joug ochlocratique de la monarchie selon les journaux. Si la liberté de la presse est regardée en Angleterre comme le palladium de la liberté nationale, elle en est regardée aussi comme le fléau. C'est la seule plaie, a dit Rivarol, dont Moïse oublia de frapper l'Égypte. Cette plaie moderne pénètre comme les reptiles de l'ancienne jusque dans l'intérieur des familles, où elle porte la diffamation et le malheur ; elle distribue, quant aux affaires publiques, autant de mensonges que de vérités ; et, quoiqu'elle offre des moyens de réfutation également publics, il faut convenir que c'est une réciprocité toute d'un côté, car chacun ne lit que les papiers de son parti. On ne peut pas tuer un peu, ni diffamer un peu, petit à petit et par morceaux, soit un individu, soit le gouvernement ou la Constitution même. Quelque hideux ou menaçant que soit ce tableau de situation de la liberté de la presse en Angleterre, en

France, bien d'autres considérations commandent de la haïr, de la redouter et de l'enchaîner.

En Angleterre, il n'y a que deux partis, et par conséquent deux couleurs de journaux : ceux du gouvernement, ceux de l'opposition. En France, il y a les journaux de l'opposition révolutionnaire et les journaux soi-disant royalistes. Les journaux du gouvernement du Roi ne devraient avoir à combattre que les premiers, et, par le plus scandaleux effet des passions de quelques ambitieux et de quelques faux esprits, les journaux de l'opposition révolutionnaire sont les moins dangereux ; leur hostilité est de position et porte sur les hommes, parce qu'elle porte d'abord sur l'ordre de choses ; une mauvaise foi commune, un esprit de spéculation pécuniaire commun, signale l'alliance des journalistes révolutionnaires et des journalistes de l'opposition royaliste. Si ceux-ci sont royalistes, comme ils le prétendent, ils ont des devoirs à remplir, ils les trahissent. N'importe dans quels intérêts humains, n'importe au profit de quels patrons ils mentent, ils mentent même à leur conscience, et ainsi *ils corrompent la morale sur le respect pour le vrai, c'est-à-dire sur la vertu la plus utile à une réunion d'hommes*. La masse des gens de bien, en France, sait à quoi s'en tenir quant à l'esprit et au but du *Constitutionnel*, avec quelque talent qu'il soit rédigé ; mais, hors de Paris, cette même masse, qui a vu vingt-cinq ans la *Quotidienne* monarchiquement et religieusement dans ses rangs, prend de confiance ces mensonges imprimés chaque matin, et le mal sera fait quand les yeux des trompeurs et des trompés s'ouvriront au signal d'alarme que donnera la monarchie, qu'il appartient aux seuls journalistes de l'opposition royaliste hostile d'ébranler dans ses fondements. Ce ne sont point encore des palliatifs qu'il faut pour remédier au mal, ils ne suffiraient pas : une année de pratique a suffisamment démontré la fausseté de toute théorie sur la liberté indéfinie de la presse et sur la licence des journaux. C'est un fléau pour l'Angleterre ; mais c'est depuis cent vingt ans que l'Angleterre a reçu, ou plutôt obtenu, arraché ce privilège à l'autorité, privilège que tous les Anglais sensés appellent encore aujourd'hui un fléau ; et cependant, en Angleterre, cette liberté est-elle ce qu'elle est en France depuis un an? est-elle la liberté laissée à chacun de noircir, de calomnier qui bon lui semble, ainsi que le font tous les jours à Paris les libelles en vers contre M. de Villèle, signés Méry [1], loués par les *Débats*, où tous les affranchis d'un ministre renvoyé et où lui-même déposent tous les jours leurs mensonges en prose contre un homme dépositaire de l'autorité et de la confiance du Roi? Non, les lois anglaises protègent la réputation du dernier citoyen ; mais c'est la procédure par jurés, et l'expérience d'imitation nous en a enseigné tous les mérites. Quoi qu'il en soit de la France, qui ne peut pas être assimilée à l'Angleterre, ou des Français, dont le caractère ne ressemble pas à celui des Anglais, la calomnie ne saurait y être avouée, tolérée, vendue publiquement. Il ne faut pas lui ouvrir de portes : elle n'en a pas besoin pour s'introduire et se répandre. L'imprimerie éludera bien assez de précautions et de surveillance ; c'est ce qu'elle a fait dans tous les temps : sous le cardinal Mazarin, sous Louis XIV, sous le Régent, sous Louis XV, enfin, jusqu'en 1789. Quelles infamies en vers et en prose, calomniant, déchirant les personnes de tout rang et de tout sexe pour le loisir des oisifs et des malins, n'ont pas inondé la France et Paris, sans que la liberté de la presse fût nécessaire à la propagation du scandale!

1. Joseph Méry, homme de lettres ; né en 1798, mort en 1866.

Mais c'est frapper le gouvernement au cœur, c'est le laisser se suicider lui-même que de tolérer plus longtemps, par une fausse magnanimité ou une justice expectante, que la calomnie, sous la main d'un journaliste impudent, travestisse les bienfaits du gouvernement du Roi en actes de faiblesse, en oubli de sa dignité, de ses devoirs, en trahison envers tous les intérêts de la religion et de la monarchie.

Et cependant, qu'a fait autre chose l'*Aristarque* du 15 septembre, dans sa lettre signée La Bourdonnaye ?

Peut-on lire sans indignation et sans dégoût cette péroraison de la diatribe dont la *Quotidienne* admire, dans sa feuille du vendredi 16 septembre, l'énergie, la bonne foi et surtout l'à-propos?

Quelque importants que soient les derniers événements qui viennent d'agiter la Bourse, l'Espagne et les Antilles, dans le cours de peu de semaines, faites-en grâce au ministère. Ne lui reprochez ni le crédit public ébranlé par la loi de réduction ni le gage de l'indemnité des émigrés avili par la baisse du trois pour cent avant même d'être arrivé dans leurs mains. Faites-lui grâce d'une campagne glorieuse et de trois cents millions inutilement sacrifiés pour la pacification d'un pays trop voisin pour que l'ébranlement qui s'y prépare ne se fasse pas sentir parmi nous. Oubliez qu'au pacte de famille resserré par la reconnaissance personnelle du monarque, la conduite de la diplomatie française vient de substituer le mécontentement le plus grave et le plus juste à la fois. Détournez les yeux de ce changement étrange opéré en si peu de mois dans l'esprit de ces royalistes espagnols qui, naguère, nous tendaient les bras pour accélérer leur délivrance et qui ne l'attendent plus aujourd'hui que du départ de nos troupes et de la cessation de notre influence à Aranjuez. Ne voyez même, j'y consens, qu'un rebelle justement puni dans Bessières, que des ambitions déçues dans le mécontentement général des royalistes espagnols, que des ennemis personnels, que des envieux d'un portefeuille dans les adversaires de M. de Zea. (Favras n'était aussi qu'un rebelle aux yeux de l'Assemblée nationale, et que sont autre chose que des ambitieux et des ennemis personnels les adversaires de M. de Villèle?) Évitez même de laisser pressentir ce qu'il y a de dangereux pour nos colonies dans la sanction donnée à une indépendance fondée sur le massacre général des blancs à Saint-Domingue; ce qu'il y a de mépris pour le droit de propriété dans la vente des propriétés coloniales sans le consentement des colons; ce qu'il y a d'inconstitutionnel dans ce régime des ordonnances qui dispose de la plus importante de nos colonies comme de la plus légère mesure d'administration; ne voyez dans cet acte qu'un traité de paix déguisé, que le sacrifice d'un membre amputé pour sauver le corps social; je consens à toutes ces concessions.

Je prends au mot M. de la Bourdonnaye; car, dans les reproches qu'il adresse à l'administration sous les rapports de politique extérieure, le gouvernement a fait tout ce qu'il y avait de mieux à faire. Si M. de la Bourdonnaye ne le sait pas, il est bien inepte et bien ignorant; s'il le sait, et il le sait fort bien, il est plus blâmable, plus coupable et plus méprisable que dangereux.... Poursuivons :

Mais, après avoir fait ainsi l'abandon de tout ce qui tient à la puissance extérieure, à la dignité de la France, à son crédit public, à la haute législation du royaume, renfermez-vous du moins dans ce qui est inhérent à notre existence comme nation, à ce qui constitue le pouvoir royal, les libertés publiques, à ce qui assure la tranquillité du pays, la stabilité du trône, les prérogatives de la couronne, la liberté des élections et la garantie des bons choix. Demandez aux défenseurs de M. de Villèle ce qu'il a fait pour satisfaire à ces premiers besoins de la société....

Je m'arrête, au milieu de ce pathos furibond et mensonger, qui trahit l'ennemi personnel d'un homme investi du pouvoir, et je ne veux répondre qu'au censeur extravagant du système aussi monarchique que religieux que les gens de bien, ministres du Roi, n'ont cessé de suivre et de pratiquer depuis le mois de décembre 1821 ; je ne répondrai à des mensonges que par des vérités.

CHAPITRE IV

De l'Espagne. — Mort et obsèques du général Foy. — Le *Convoi du général Foy* (chanson). — Affaire du *Constitutionnel :* jugement de la Cour royale. — Procès du *Courrier français;* effet moral de l'acquittement. — *Le « Constitutionnel » aux frères et amis* (chanson).

Nous avons vu ce que le ministère royaliste a fait, depuis le 8 décembre 1821 jusqu'à l'avènement au trône du roi Charles X. Depuis cette seconde époque, le ministère royal a fait cesser le provisoire en fait de contributions et de budget; il a mis l'éducation publique entre les mains du clergé; il a mis l'unité dans la direction du système monarchique et religieux, dans la pensée commune du Roi et de ses ministres, en établissant le plus capable de tous pour président du conseil; il a fait, à heure et à temps, la guerre d'Espagne, dont le but a été promptement atteint par le renversement du gouvernement des Cortès et le retour du roi Ferdinand dans la capitale. L'ordonnance d'Andujar n'est pas l'œuvre du ministère français; le marché Ouvrard, la démission affligeante et forcée de M. le duc de Bellune ne lui appartiennent pas davantage. Le 26 août 1824, il a créé le ministère des affaires ecclésiastiques, et il y a nommé un prélat; il a proposé et fait adopter aux deux Chambres la loi de septennalité, loi dont un des avantages a été de préserver la France de la fièvre électorale annuelle dans la moitié des départements. Le ministère a proposé et fait adopter par un des pouvoirs la loi des rentes, loi dont l'adoption à la Chambre des pairs aurait produit les fruits les plus heureux, dont on jouirait dès aujourd'hui. Le ministère a expulsé M. de Chateaubriand. Il a établi très sagement la censure, aux approches de la mort du feu Roi, ce qui a rendu paisible le passage d'un règne à l'autre. Il a nommé des pairs ecclésiastiques, et en nommera probablement autant que d'évêques. Il a fait la loi du sacrilège, la loi des communautés religieuses, toutes dispositions assurément favorables à la religion. Il a fait passer aux deux Chambres la loi d'indemnité, la meilleure qu'aient pu combiner la justice et la sagesse. Il a proposé et obtenu la loi de réduction des rentes et le célèbre 3 %, *qui est cependant bon,* à ce que dit aujourd'hui naïvement son antagoniste quotidien, ma commère Michaud. Le ministère a fait l'organisation administrative coloniale. Il a fait rendre l'ordonnance royale qui donne l'indépendance à Saint-Domingue, avec 150,000,000 d'indemnité pour les anciens propriétaires, ce qui accomplit les devoirs envers l'humanité et la justice, et assure dignement des avantages immenses à notre industrie, à notre commerce, à notre agriculture, à toutes les branches enfin qui composent la prospérité de la France. Enfin il a, depuis 1821, tellement soigné, garanti, assuré la tranquillité de la France, qu'il n'y a de bruit que celui que font Messieurs de l'opposition royaliste, lequel n'est pourtant rien auprès de celui qu'ils voudraient faire.

Les journaux révolutionnaires disent, d'un air de triomphe :

Les liens politiques qui unissaient les deux mondes se brisent chaque jour et font place à de nouvelles relations qui surprennent quelques personnes, comme si elles n'étaient pas prévues depuis longtemps. La Sainte-Alliance reste immobile au milieu de cette impulsion générale; ses doctrines sont vaincues et ses innombrables armées s'arrêtent devant des principes qui favorisent les lumières et la civilisation; elle assiste l'arme au bras à la création politique du nouveau monde.

Les journaux royalistes d'opposition répondent, avec le même contentement d'eux-mêmes :

On pourrait croire que ces paroles sont un avertissement des amis de la monarchie et l'expression d'un royalisme inquiet; mais non, c'est la révolution elle-même qui ne craint plus de cacher ses desseins et qui proclame à haute voix ses espérances. Le passage qu'on vient de lire est tiré d'une feuille que les libéraux des deux mondes regardent comme leur fidèle interprète : que les rois de la vieille Europe apprennent à juger les périls qui les menacent! *Et nunc, reges, intelligite!*

Les hommes de 1793 avaient dit que la Révolution ferait le tour du monde. On avait pris cette prédiction pour l'expression du délire révolutionnaire, et voilà que la prédiction est près de s'accomplir. Depuis trois ans, les amis de la légitimité exprimaient leurs craintes, et ces craintes étaient regardées comme l'effet d'une imagination exaltée et comme le langage d'une amitié importune : aujourd'hui elles se réalisent.

Jusque-là, c'est une opinion alarmiste, qui serait fondée si le gouvernement ne veillait pas et s'endormait au milieu du mouvement révolutionnaire qui se dit le mouvement industriel et commercial, lequel il faut sans doute diriger, gouverner, royaliser, pour que l'esprit que l'opposition royaliste signale ne s'en empare pas. Mais voici où est le bout de l'oreille :

Il n'est pas difficile de remonter à la source du mal et de reconnaître à des signes certains ceux dont on doit accuser l'imprévoyance. L'histoire accuse déjà ceux qui n'ont jamais voulu voir ce qu'il y avait au fond du grand événement de la guerre d'Espagne : il s'agissait de tuer la révolution ; mais, après lui avoir porté les premiers coups, ils ont cru qu'elle était morte et sont retombés dans leur préoccupation accoutumée. Ils ont délivré la péninsule, mais ils n'ont pas songé que la prospérité, la force, la vie de la péninsule dépendaient de ses colonies. Ils ont sauvé le roi des Espagnes, mais ils ont oublié que le roi d'Espagne était aussi le monarque puissant des Indes. C'est que la révolution, vaincue au delà des Pyrénées, s'est réfugiée dans le nouveau monde en menaçant l'ancien, et que le trône de Ferdinand, relevé dans notre voisinage, s'est écroulé au delà des mers.

Il ne s'agit point ici de suppositions, il s'agit de vérités de fait.

Au congrès de Vérone, il a été décidé que la guerre serait faite aux révolutionnaires espagnols et aux Cortès, leur gouvernement, parce que la révolution espagnole menaçait la France immédiatement et l'Europe ensuite. La campagne glorieuse qu'ouvrit et termina si promptement l'armée française a eu le résultat désiré. Les Cortès ont été chassées ; le roi Ferdinand, prisonnier à Cadix, est revenu dans son palais ; il règne à Madrid. En rétablissant la monarchie légitime en Espagne, la monarchie française a été raffermie à jamais sur ses fondements, et les révolutionnaires français ont cessé de fomenter des révoltes et des troubles dans la capitale et les provinces. Ce but vital pour la France a été pleinement atteint : ce n'est point pour les Espagnols, ce n'est point pour l'intérêt du roi d'Espagne que la France a entrepris cette guerre, c'est pour sa propre sûreté, conservation et salut. Les Cortès en fuite, le roi Ferdinand remis sur son trône, la mission de la France était remplie ; l'intervention armée finissait là. Ce triomphe sur la révolte de l'île de Léon obtenu, enlevé en quatre mois dans la péninsule, était l'objet présent de la guerre d'Espagne; le succès a suffi au repos de la France et même de l'Europe, mais il ne suffit pas aux intérêts, aux vœux de la monarchie espagnole, à la réintégration du puissant monarque des Indes dans le recouvrement de ses États d'outre-mer; *et la prospérité, la force, la vie de la péninsule dépendent de ses colonies.* Qui en doute? Les Espagnols sont-ils donc sujets de Charles X, et l'Espagne est-elle une province partie intégrante de la France? Le duc d'Angoulême a rendu à l'Espagne son roi et à son roi l'Espagne: la France ne voulait, ne pouvait, ne devait rien de plus. Par quel étrange principe de droit public, par quelle extension du droit de paix, au nom de quelle influence de famille ou de bon voisinage, les ennemis, ou plutôt les envieux du gouvernement du Roi, se complaisent-ils, s'acharnent-ils à s'en prendre aux ministres de ce que le roi d'Espagne fait ou ne fait pas, veut ou ne veut pas, peut ou ne peut pas chez lui et hors de chez lui? Il y a ici deux questions: la conduite du roi d'Espagne envers ses sujets de la péninsule; la conduite du roi d'Espagne envers ses colonies. Et ces deux questions sont absolument hors de la responsabilité du gouvernement français qui, ainsi que tous les gouvernements qui ont des ambassadeurs à Madrid, n'ont certes, auprès de Sa Majesté Catholique, que le droit de conseil.

Or les Espagnols sont un peuple positif, plus que tout autre peuple de l'Europe, sous l'influence de ses mœurs, en tant que mœurs veulent dire habitudes. Ils sont tous fiers, généreux si l'on veut, et tous implacables et immuables dans leurs croyances. Or, un des points de leur croyance politique est la haine des étrangers; un autre, c'est l'obéissance à leur roi, tant qu'il ne se dépopularisera pas, et au clergé; les autres influences sont secondaires, ou plutôt nulles. Aussi, depuis Philippe V jusqu'à Ferdinand, tous les rois ont-ils été ou sont-ils devenus Espagnols ; un véritable Espagnol doit croire qu'il est encore et qu'il sera toujours ce qu'il a été. Ainsi les gardes wallonnes plaisaient dans la péninsule, en souvenir des Pays-Bas que la monarchie n'avait plus depuis deux siècles. Ainsi, pour ne traiter que la question du moment, c'est en vain que le Pérou, le Mexique, la terre ferme, que l'Amérique espagnole enfin n'est ni plus ni moins révoltée contre sa mère patrie que ne l'étaient la Hollande et les Pays-Bas. Le roi Ferdinand se refusa, comme le dernier des hidalgos, à ne plus dire que le soleil ne se couche pas sur ses États des deux mondes, à ne plus dire *nos Indes, nos Amériques*. Telle est l'idée innée de tout véritable Espagnol ; c'est le symbole national, tellement universel que les Cortès n'ont jamais osé proposer de le soumettre à l'examen ; et cependant une reconnaissance pleine et entière dans leurs vœux comme dans leurs cœurs entrait entièrement dans l'accomplissement de leur système révolutionnaire ; et cependant un rapprochement quelconque est non seulement dans l'intérêt mais dans le salut de la monarchie en Espagne. Car il est certain que la prospérité, la force, la vie de la péninsule dépendent de ses colonies, quelque éloignées que ces régions soient de l'Europe. On sait que d'abord la scission ne s'est pas faite contre la métropole et le monarque, mais contre Bonaparte, envahissant la péninsule et asseyant le roi Joseph sur le trône de la monarchie, prisonnière dans la personne du vieux roi, qui avait abdiqué n'importe comment, ou dans la personne de Ferdinand, détenu à Valençay au mépris de la foi publique. Il est également constant que, dans cet immense éloignement, les dispositions isolées du Mexique, du Pérou, de la soi-disant Colombie étaient incertaines, stationnaires, depuis le 7 juillet, le 10 août de l'Espagne, jusqu'au jour de la délivrance de Ferdinand au Port-Sainte-Marie, en 1823. Est-ce au gouvernement français qu'il faut demander compte de l'offre de l'infant François de Paule d'aller, dans les Amériques espagnoles ou du moins au Mexique, proposer à ces créoles de même langue, de mêmes mœurs, de même religion catholique, apostolique et romaine, de l'accepter pour vice-roi ? Est-ce au gouvernement français qu'il faut s'en prendre si le roi Ferdinand, non seulement a refusé cette honorable chance de réconciliation et s'il a fait garder le prince son frère à vue, sur cette seule proposition ? Si cette négociation possible, vu les liens communs, est devenue de mois en mois plus difficile, en est-elle moins nécessaire, en est-elle moins désirable pour l'Espagne? en est-elle moins la seule voie praticable, puisque la voie des armes est au delà des limites de la raison et de la puissance? Le roi d'Espagne ne saurait dire: *je veux*, car il ne saurait dire : *je peux;* toute la question est là. Mais la France ni le gouvernement français ne sauraient être responsables, ni de sa nature, ni de son examen, ni de ses causes, ni de ses effets. Les causes, comme les effets, comme le remède, ne regardent que le roi d'Espagne, que les Espagnols ; ils n'aiment ni n'appellent les médecins étrangers. La France a sauvé l'Espagne de la fièvre jaune et des Cortès : c'était pour se garantir elle-même de ces deux influences contagieuses. L'atmosphère en est purifiée, le but est rempli, le devoir de la France est fait : celui du Roi reste à faire, dans les intérêts de son pays, et selon ses voies et moyens, qu'il doit connaître et qui ne regardent que lui.

Quant à l'Espagne et aux Espagnols de la Péninsule, il y a beaucoup d'éléments de bon ordre dans ce malheureux pays. Le général Canuel[1] me disait, à son retour d'Espagne, qu'il avait causé Espagne avec un membre des Cortès qui allait s'embarquer à Saint-Sébastien pour l'Angleterre, et qu'en dialoguant avec cette molécule de souverain détrôné, cet ex-descamisado lui avait dit, avec une franchise philosophique : « Le seul gouvernement qui « convienne à la nation espagnole, c'est son roi légitime, « son roi du pays, avec une verge de fer. » L'influence du nom du Roi peut donc être regardée en Espagne comme première ; mais cet amour n'entraîne pas l'obéissance passive. Les Espagnols veulent sans doute *il Re netto*, à condition que leur roi respectera ce qu'on appelle les privilèges de l'Aragon, de la Navarre, de la Biscaye, de la Galice, des deux Castilles, enfin de chaque province ou soi-disant royaume de l'Espagne, *sinon non :* dès lors, l'absolutisme du monarque est circonscrit d'Aranjuez à Saint-Ildefonse, ce qui n'a rien de criminel ni d'effrayant pour les voisins. La seconde influence, si elle ne marche pas de pair, c'est l'influence du clergé. Sa coalition avec le pouvoir royal est vitale pour tous les deux. Le clergé espagnol possède les richesses dans l'acception la plus compacte ; il possède aussi les lumières et les vertus. Le haut clergé, en Espagne, est aussi éclairé que religieux, aussi opulent que charitable ; mais le haut clergé, comme le bas, est, en grande majorité, de la classe moyenne et même minime du peuple. C'est moins encore l'habitude religieuse que le lien de la parenté qui attache toute la population aux chanoines, aux curés, aux très nombreux moines espagnols. C'est dans le clergé, c'est par le clergé que se sont développés électriquement, et avec une si admirable constance, l'esprit, la force, l'héroïsme qui ont

1. Simon, baron Canuel, lieutenant général ; né en 1767, mort en 1840.

amené le triomphe de la guerre de l'indépendance ; enfin, nul bon esprit ne saurait nier que c'est par l'influence bénigne et universelle du clergé que le duc d'Angoulême et l'armée libératrice ont traversé si facilement, si fraternellement, presque sans obstacles, le territoire espagnol, depuis les Pyrénées jusqu'à Cadix. Sans les curés et les moines, répandus dans le pays, la masse des campagnes n'aurait pas distingué les Français armés de Bonaparte ou les Français armés de Louis XVIII ; mais les moines et les curés, partout précurseurs des fourriers du prince généralissime, allaient devant, le crucifix à la main, criant : « Ce sont des amis. »

Après l'influence du Roi et du clergé, on ne peut pas compter en Espagne l'influence de la haute noblesse, si ce n'est par le mal qu'elle a fait, qu'elle peut faire et qu'elle fait. Cette classe, la plus dégénérée, la seule dégénérée peut-être de la nation, a scandalisé par sa corruption de mœurs sous le règne du vieux roi Charles, de la vieille reine qui le dominait, ou plutôt sous le règne du fameux prince de la Paix qui les dominait tous deux. Presque aucun grand d'Espagne n'a combattu pour la cause nationale dans la guerre sacrée soutenue contre Bonaparte ; mais, à la honte de leurs noms illustres, la plupart des grands d'Espagne ont habité les antichambres du roi Joseph ; beaucoup d'entre eux ont été membres des Cortès avec Riego et ses complices. Quoi qu'il en soit de leur conduite plus ou moins honteuse, plus ou moins coupable, les grands d'Espagne, n'habitant que la cour et Madrid, ne jouent de rôles que dans les intrigues de la cour ; ils n'ont d'influence que pour nuire ; le peuple des campagnes ne connaît que leurs noms et leurs intendants : ce n'est donc pas sur eux que la monarchie peut s'appuyer ; ils n'en sont pas les serviteurs utiles, mais les commensaux et les parasites attitrés. Ce n'est donc pas avec la haute noblesse, comme corps de l'État, mais avec quelques grands, parce qu'enfin ils ne se ressemblent pas tous, c'est avec ces grands clairsemés et avec le corps très compact, seul riche, seul éclairé, du haut clergé, que la monarchie espagnole peut combiner ses véritables moyens d'affermissement et de repos. Il faut à la monarchie espagnole de l'argent, et elle n'en a pas proportionnément, je ne dis pas à ses dépenses plus ou moins fastueuses, mais à ses frais administratifs, civils et militaires. Il paraît qu'en Espagne, depuis le colonel jusqu'au commis, personne n'est payé de son dû; le gouvernement est en arrière de tout à peu près vis-à-vis de tout le monde ayant fonctions. Or, le clergé a beaucoup de richesses; il est tout naturel que, dans l'intérêt commun, il en donne, et ne demande pas mieux que d'en donner à l'État, d'en donner au Roi, puisqu'en Espagne c'est la même chose; mais il est également juste et sage que le clergé veuille avoir une part dans le gouvernement, qui le mette en mesure et en pouvoir de surveiller le bon emploi de son don patriotique, de ses sacrifices pécuniaires, devinssent-ils revenus annuels de l'État. C'est ce partage de pouvoir politique, c'est cette sage pondération qui fait sans doute la plus grande et peut-être la seule difficulté. C'est le désordre des finances qui a amené le défaut de paie de l'armée; le défaut de paie, le manque d'habillements, la nécessité de vendre tout, excepté leurs fusils et leurs gibernes, a humilié les soldats espagnols, les plus sobres des hommes et les plus patients : l'insurrection militaire de l'île de Léon n'a pas eu d'autre cause, et elle suffisait bien; le mécontentement était juste: singulière nation! L'amiral Halgan [1] m'a dit qu'étant mouillé devant

1. Emmanuel Halgan, député du Morbihan, vice-amiral le 13 septembre 1829; né en 1771, mort en 1852.

Algésiras, le colonel du régiment d'Almanza vint lui demander ce qui s'appelle l'aumône: il se servit de ce mot. Le brave Halgan offrit sa bourse à un camarade: l'Espagnol n'y voulut prendre que deux piastres, et, sur les représentations de l'amiral français: « Non, dit le « colonel, en voilà pour trois jours; le quatrième à la « volonté de Dieu! »

A Barcelone, le comte de Bourmont [1] m'a dit que lui et plusieurs officiers français avaient acheté un mouton: ils le perdirent, ou il leur fut volé; ils demandaient où ils pourraient acheter de la viande: on leur indiquait verbalement des bouchers, mais personne ne s'offrait pour les y conduire; un mendiant espagnol s'approcha d'eux: ils lui firent la charité et lui proposèrent d'aller leur chercher, en le payant de sa peine, et du pain et de la viande; l'Espagnol les regarde fièrement: « Je vous ai demandé « tout à l'heure la charité pour l'amour de Dieu, leur « dit-il; vous étiez les maîtres de me refuser. A présent « vous m'offrez de l'argent pour faire vos commissions: « apprenez que je ne sers personne. »

Quoi qu'il en soit de ces données sur les Espagnols et sur l'Espagne, au dehors et au dedans, ainsi que nous l'avons dit, la péninsule n'est pas une province de France; le gouvernement français ne saurait être responsable de ce qui s'y passe: il n'a auprès du roi Ferdinand, comme tous les gouvernements européens, que la voie du conseil.

Le 1er décembre 1825, le général Foy, mort la veille à la suite d'un anévrisme, dont l'issue était prévue et an-

1. Louis-Auguste Victor de Ghaisne, comte de Bourmont, lieutenant général le 13 février 1814, pair de France le 9 octobre 1823, ministre de la guerre le 8 août 1829, maréchal de France le 14 juillet 1830; né en 1773, mort en 1846.

noncée depuis trois mois, fut l'occasion d'une parade révolutionnaire aussi digne d'observations que dangereuse, si l'on veut, dans ses résultats. La monarchie légitime a été délivrée d'un de ses plus remarquables ennemis. Tous les gens de bien, amis des Bourbons, amis du bon ordre, amis de la paix et de la félicité publiques, n'ont pas une larme à donner à ce défunt. Il est permis aux hommes de bonne composition de regretter qu'un grand talent, une éloquence rare, un esprit brillant, une capacité peu commune, n'aient été employés qu'à défendre sciemment une cause criminelle, que toutes ces qualités enfin n'aient appartenu qu'à un factieux. Tel a été le général Foy, député, député de Paris et de l'Aisne, et constamment élu et réélu par les jacobins, les libéraux de France, les *carbonari* français : la monarchie n'a donc point à porter son deuil, car elle a certainement un ennemi de moins. Mais le fils de Philippe-Égalité, dont il était le commensal, comme l'honorable M. Manuel et l'honorable M. Benjamin Constant ; mais l'ex-honorable M. le comte Alexandre de Lameth, M. le baron Méchin, les princes de la navette et les gentilshommes du comptoir, tels que le baron Ternaux, M. Casimir Périer, tous les Messieurs du comité directeur, ont à regretter dans le général Foy leur coryphée, leur ami, leur complice. Tous, jusqu'au régicide et au septembriseur, étaient sur les contrôles d'organisation monarchique constitutionnelle en attendant mieux ; tous ont fait les frais et les honneurs de la pompe funèbre que je vais décrire, de la parade révolutionnaire dont le monarque lui-même doit le premier connaître tous les détails, où l'homme de bien, indigné et découragé, s'enveloppera la tête dans son manteau, et s'écriera douloureusement : « Qui trompe-t-on donc ici ? »

« Le convoi funèbre est sorti de l'hôtel où demeurait

le général Foy pour se rendre à l'église Saint-Jean, rue du Faubourg-Montmartre ; c'est là que les cérémonies religieuses ont été célébrées. » Je copie le *Constitutionnel*, et je vois avec plaisir l'hommage rendu à la religion de l'État, la religion catholique, apostolique et romaine, dont le *Constitutionnel*, organe officiel des libéraux, s'est déclaré une des colonnes avec Pascal, Bossuet et Fénelon ; mais l'hommage rendu à la religion n'a pas passé le seuil de l'église : singuliers chrétiens catholiques, apostoliques et romains !.... Le cortège, infiniment nombreux, se composait du plus de notabilités qu'on eût eu le temps d'avertir, notabilités de boutique, notabilités de plume, notabilités d'épée, chevaliers de l'industrie des journaux. Les placards suivants avaient été affichés, comme explicatifs de la fête funèbre et du vœu national qu'il s'agissait d'exprimer au signal donné. A ces funérailles spécialement libérales on n'a appelé aucun accessoire étranger. Le corps était porté par de jeunes néophytes libéraux, jeunes gens d'espérance et de bonne volonté, tête nue, quoique le soleil d'Austerlitz n'éclairât nullement la scène, car il pleuvait à verse ; les quatre coins du poêle funèbre étaient portés par quatre vertus libérales, le général Miollis [1], le duc de Choiseul, le baron Méchin et Casimir Périer tout court ; le confesseur du défunt n'était pas à ses côtés, comme c'est l'usage pour les chrétiens vulgaires ; la croix ne précédait pas le convoi ; aucun prêtre n'attachait le caractère religieux à cette pompe funèbre, à cette fête du libéralisme improvisée à loisir ; tout devait se passer en famille : les sentiments religieux étaient en dedans, on ne devait rien voir à l'extérieur que

1. Sextus-Alexandre-François, comte Miollis, général de division ; né en 1759, mort en 1828.

de révolutionnaire ; ce n'étaient pas autres que des factieux qui rendaient les derniers devoirs à un factieux leur frère : Dieu ni le Roi ne devaient être mentionnés que par dérision. Les rôles étaient distribués, les rangs marqués, les mouvements réglés. C'était une parodie des convois princiers. « La tristesse était empreinte sur tous les fronts, tous les yeux étaient mouillés de pleurs. » Le *Constitutionnel* aurait dû ajouter, comme à la mort de César : « Le ciel même parut sensible à nos douleurs ; » car Dieu sait comme la pluie tombait, pour aider à la circonstance. Le convoi était composé d'un corbillard à deux chevaux et de quatre voitures de deuil ; il était suivi par un très grand nombre d'équipages, à la tête desquels était la voiture de Mgr le duc d'Orléans. Son Altesse Royale, digne fils de Philippe-Égalité ! à la tête de ce convoi révolutionnaire, où rien n'a été fait ou dit sans intention hostile, dérisoire, criminelle, contre la religion et le trône, M. le duc d'Orléans !!!.... Tu te couches, monarchie, et tes ennemis se lèvent !.... Eh ! quel Français de bon sens se refuserait à douter des tentatives et des intentions séditieuses et malveillantes ? Ainsi qu'aux troubles de juin 1821, la jeunesse agissante, réfléchissante et pensante était conviée par placards, tels que ceux-ci :

AUX ÉTUDIANTS :

Amis, la reconnaissance envers un vertueux député, l'admiration due à un grand homme, la patrie en deuil nous appellent aux obsèques de l'éloquent et courageux général Foy ! Il est du devoir de la jeunesse française de rendre un dernier hommage au défenseur de nos libertés et de porter sur la tombe le tribut de notre juste douleur.

La cérémonie a lieu demain, mercredi 30 novembre, à une heure après midi, rue de la Chaussée-d'Antin, n° 62.

2.

Dernier hommage au général Foy. Son convoi aujourd'hui à une heure, rue de la Chaussée-d'Antin, n° 62.

La France vient de faire une perte irréparable : le général Foy est mort! MM. les étudiants sont invités à rendre les derniers devoirs au plus ardent défenseur des libertés publiques. La cérémonie funèbre aura lieu aujourd'hui 30 novembre; le cortège se formera près de l'hôtel de l'illustre général, dans la rue de la Chaussée-d'Antin.

Et au crayon : *n° 65, à 1 heure précise.*

J'ai copié fidèlement les variations de l'indication du domicile, parce qu'elles confirment ce qu'on pense bien ; les petits ou moyens carbonari, les habitués des ventes tant particulières que centrales, connaissaient l'illustre défunt comme un des députés membres du grand Comité directeur, mais ne savaient sa demeure qu'à peu près : les circulaires le prouvent.

DERNIER AVERTISSEMENT

Majorat national

Une propriété territoriale sera offerte par la douleur et la reconnaissance publiques à la veuve et aux enfants du héros citoyen.

Les souscriptions seront ouvertes en France dans toutes les villes et jusque dans les hameaux.

Le convoi se mit en mouvement. Un détachement de troupes de ligne en tête : la présence d'un régiment était d'obligation, vu le grade militaire du défunt. Le libéralisme n'avait rien à revendiquer là ; mais il fit apparaître un simulacre burlesque de soi-disant garde nationale, dans la personne d'une douzaine de bourgeois en uniforme, sans fusil il est vrai, mais singeant la troupe en se remuant têtes, jambes et bras, à la parade, alignés sur deux rangs, rien au bras, le commandant en tête : on ne sait pas si c'était le sergent Mercier ou l'illustre M. Manuel.

Arrivés au cimetière, dit le *Constitutionnel*, des personnages allégoriques prononcèrent les discours de circonstance : Casimir Périer, sans doute, au nom des libéraux banquiers. A ces mots : « Il expire au moment où « les plus âgés de ses enfants commençaient à pouvoir « entendre les hautes leçons du talent. La mort arrache « à leur inexpérience un guide qui ne leur laisse peut-être « que son nom.... Ah ! si cette pensée qui m'afflige nous « révélait la vérité, la France la saurait bientôt : la France « est reconnaissante, elle adopterait la famille de son « défenseur. »

En avant donc le majorat national ! En effet :

« Au moment, dit le *Constitutionnel*, où M. Casimir Périer eut prononcé ces paroles : *La France adopterait la famille de son défenseur*, le silence qui avait régné jusqu'alors a été interrompu par cette acclamation universelle : *Oui, oui, la France l'adopte !* »

Il faut croire que ce n'est que la France des Grégoire, des Louvel, des conspirateurs de La Rochelle, des Nantil et des Fabvier, la France factieuse, républicaine, impériale, monarchique peut-être, à la légitimité près. Mais, comme ce n'est pas assez d'un scandale, passons à un autre.

Le général Miollis, notamment taré pour avoir enlevé dans le temps le Saint-Père du palais Quirinal, par ordre de Bonaparte, harangua le défunt au nom de l'armée, sans doute de cette fraction de l'armée que commandait le général Foy à Waterloo. Il est difficile de ne pas voir dans cette jonglerie un hommage public rendu au parjure, un outrage direct fait au Roi qui a jugé à propos de faire descendre le général Foy du service actif à la disponibilité.

Le baron Méchin, la nuit et la pluie tombant, a débité son discours obligé, au nom de la codéputation de l'Aisne; mais comme emblème vivant des industriels faiseurs d'affaires, depuis les huiles jusqu'aux écus, le baron Méchin a parlé. Au nom des pairs, sans doute, M. le duc de Choiseul a seulement voulu parler, et *vox faucibus hæsit;* mais on peut assurer que ce qu'il n'a pas dit valait ce qu'il y a de pis, c'est-à-dire valait ce qu'il pense. Alors M. le baron Ternaux [1] s'est avancé, au nom du commerce, et a commencé, dans le genre qui lui est familier, et plus encore à Messieurs les étudiants, une paraphrase du

Quis talia fando
Myrmidonum Dolopumve....
Temperet a lacrymis ?....

« Comment trouver assez de larmes pour déplorer di-« gnement, dit le *Constitutionnel*, son écho, la perte que « vient de faire, je ne dis pas seulement notre chère pa-« trie, mais l'espèce humaine tout entière.... » Bientôt, on n'a plus entendu sortir de ce pied cube vivant que ces monosyllabes qui n'ont rien de neuf, mais qui expriment tant de choses.... « O mort !.... » et puis : « O mort !.... » et ensuite : « Adieu, général, adieu !.... mes pleurs étouf-« fent mes paroles.... »

Cependant, il était sept heures et demie; la pluie accompagnait la cérémonie de sa présence. Depuis la nuque jusqu'aux talons, cent mille auditeurs, acteurs ou spectateurs (le *Constitutionnel* les a comptés) s'étaient libérale-

1. Louis-Guillaume, baron Ternaux, député de la Seine de 1818 à 1824, et de la Haute-Vienne de 1827 à 1831; né en 1763, mort en 1833.

ment couverts de la même boue. Les muses françaises, crottées comme les courtauds de boutique, les disciples d'Esculape, les écoliers de Cujas et Barthole, enfin, toute la population révolutionnaire invitée, les muses françaises firent entendre leurs regrets par l'organe de M. Viennet [1], ou d'un officier à demi-solde, on ne sait pas, le poète ou le guerrier. Enfin, une voix amie chevrota des stances héroïques, lues sous un parapluie, à la lueur d'une torche. C'était une improvisation poétique de la Corinne de 1825, de Mlle Delphine Gay, laquelle assistait à ces mémorables obsèques avec plusieurs centaines de femmes, apparemment amies du défunt, pateaugeant en grande tenue entre deux eaux, la plupart depuis la rue du Mont-Blanc jusqu'au Père-Lachaise. Digne postérité des tricoteuses de Robespierre, car entre elles et les tricoteuses ou chanteuses du libéralisme à la Foy, à la Manuel, à la Méchin, à la Périer, il n'y a bien assurément que les chapeaux, les marabouts, les cachemires et les souliers de taffetas blanc de différence. Enfin, dans la célébration nocturne de cette fête séditieuse, aucune insulte n'a manqué à la monarchie, aucun hommage au parjure n'a été omis : la résurrection révolutionnaire, conventionnelle, bonapartiste s'est opérée tout entière, au milieu des tombeaux du cimetière du Père-Lachaise, au milieu de ce cimetière qui n'a jamais mieux mérité le nom de cimetière athée que le 1er décembre 1825, puisqu'à l'inhumation de l'illustre général Foy, il ne s'est vu ni croix ni prêtre, puisque aucune eau bénite présentée par un pasteur ou un homme du sacerdoce n'a été jetée sur son profane cercueil.

« La multitude, dit le *Constitutionnel*, avait envahi et

1. Jean-Pons-Guillaume Viennet, chef d'escadron à l'ancienneté en 1823, député de 1828 à 1837, membre de l'Académie française; né en 1777, mort en 1868.

foulé très involontairement plusieurs tombes, même les plus honorées de ce cimetière qui a été si maladroitement appelé *athée* par des accusateurs que nous ne voulons pas qualifier. Au moment où la tombe de Camille Jordan [1] était déjà couverte de monde, on entend une voix forte qui s'écrie : *Respect aux mânes du grand homme! Respect aux mânes de Camille Jordan!.... c'était l'ami du général Foy, notre ami qui vient le rejoindre.* »

Et quel était ce pleureur du général Foy, l'illustre admirateur de M. Camille Jordan dit le grand homme? Cet orateur, dit le *Constitutionnel*, n'était rien moins qu'un patriote de 89, ancien vénérable du Directoire, successeur de Garat au ministère de la justice sous la Convention, M. Gohier [2], qui a de commun avec Catinat d'habiter la vallée de Montmorency, et avec Vitellius d'être depuis quatre-vingts ans *Epicuri de grege porcum*. Après l'éloge des patriotes de 89, celui des traîtres ne pouvait pas être oublié sur la tombe de l'illustre général Foy, qui portait un amour sincère à la monarchie légitime, comme chacun sait : aussi, dit le *Constitutionnel*, le royaliste général Sébastiani devait dire sur la tombe de l'illustre général Foy : « La mort du général Foy enlève à l'armée un « vaillant et expérimenté capitaine, à la France un élo- « quent et courageux défenseur de ses droits, de ses insti- « tutions. Cette tombe s'ouvre à côté de celles de nos « plus illustres chefs, Masséna, Ney, Davout. »

Et ce n'est pas là le comble de l'impudence et de l'insulte ! Non seulement le *Constitutionnel* mentionne les infamies en action que les factieux ont adressées aux Bour-

1. Camille Jordan, député au Conseil des Cinq-Cents, député de l'Ain de 1816 à 1820; né en 1771, mort le 19 mai 1821.

2. Louis-Jérôme Gohier, membre du Directoire; né en 1746, mort en 1830.

bons, mais il ne leur fait pas grâce de celles qu'on avait intention de leur dire !

La cérémonie, la pompe révolutionnaire a été terminée par le vœu le plus séditieux, par l'acte le plus insolent et le plus publiquement criminel : la révolution a jeté le gant à la monarchie ; la monarchie ne le relèvera pas : mais la révolution se vantera, et elle aura raison, de l'impunité de son cartel :

Pour répondre au vœu qui a été manifesté par une foule de citoyens d'élever un monument à la mémoire du général Foy, et en même temps d'offrir à sa famille un don digne de la nation dont il fut le défenseur, une souscription est ouverte chez MM. Benjamin Delessert, Casimir Périer, Jacques Laffitte et Ternaux.

Ainsi, par la bouche du *Constitutionnel*, la nation émet le vœu de décerner un monument et un majorat national à un général parjure au serment fait librement à son Roi légitime en 1814 ; à un général dont le Roi a blâmé l'opposition non pas parlementaire, mais conspiratrice, factieuse, hostile, en le mettant hors du service actif ; à un député, l'élu de tous les jacobins votants ; à l'apologiste des révoltes de Naples, de Piémont et d'Espagne ; au défenseur des Berton, des Manuel, et à tous ces titres le commensal et l'ami de M. le duc d'Orléans ; l'homme enfin, *consilio manuque*, orateur ou sabreur, signalé comme un des chefs du comité directeur de cette vente suprême dont relèvent les carbonari français ; et le duc d'Orléans souscrit pour 10,000 fr. ! et un journal royaliste imprime qu'un prince auguste a envoyé 12,000 fr. ! *proh pudor !* Monarchie des Bourbons, je gémis sur la mort, sur les scandaleuses funérailles du général Foy, comme prétexte que les révolutionnaires ont saisi avec fureur, comme épreuve de leurs forces qui n'étaient que cachées, comme un spectacle où l'impiété et la révolte ont bravé Dieu et le Roi, enfin comme le triomphe de la révolution sur la monarchie, sanctionné par l'impunité ! La question est vitale pour le trône, pour la dynastie des Bourbons, pour la légitimité : il ne s'agit pas, depuis deux jours, de s'étonner ou de gémir, on ne peut que s'indigner de l'audace de ceux qui ont osé le scandale et de la faiblesse de ceux qui le souffrent. *Quidquid delirant reges plectuntur Achivi !*

Le premier royaliste de France, M. de Chateaubriand, qui est le représentant ou le représenté déclaré du *Journal des Débats*, ne croit point à ces sinistres présages, ne partage point nos vaines alarmes. Certain qu'il est de survivre au naufrage, même à celui de la monarchie, parce que le monde politique, parce que la France, quelle qu'elle soit, aura toujours besoin d'un vicomte de Chateaubriand comme d'un soleil, ce parangon des royalistes, le meilleur ami comme le plus éclairé et le plus modeste soutien du trône et de la légitimité, s'afflige aux obsèques du général Foy de « la disparition des talents qui honorent « la France, quand surtout ils ont été mêlés à des vertus « sociales et à un noble caractère. » Tout cela n'est pas criminel ; mais ce qui suit est-il innocent? « Il faut nécessaire« ment reconnaître que les doctrines constitutionnelles « défendues par le général Foy sont les doctrines dé« sormais adoptées par la France, que la nation a pris la « charte au sérieux, et que tous les hommes qui veulent la « charte, sans s'embarrasser du banc où siégeait l'orateur, « ont voulu honorer en cet orateur le défenseur des li« bertés publiques [1]. »

Eh ! qui a jamais douté que M. le vicomte n'eût de

1. *Journal des Débats*, décembre 1825.

pareils principes, c'est-à-dire une paréille absence de principes ? « Faites des perruques, faites des perruques, maître André ! » Homme de plume qui vous croyez homme d'État, pour nos péchés nous vous avons vu à l'œuvre ; mais, ainsi que vous le dites assez trivialement, vous ne vous embarrassez pas du banc où siégeait l'orateur défunt ; vous ne vous embarrassez pas plus que lui de la monarchie ou de la charte : ce qu'il voulait, ce que vous voulez à tout prix, c'est le pouvoir. Tous les gens de bien et de bon sens, les vrais royalistes, le Roi et la France, veulent la charte, autant que vous, plus que vous et sans vous : car ce n'est point votre monarchie selon la charte, mais la charte selon la monarchie, que la France royaliste et chrétienne veut avec nous et doit vouloir. Aux obsèques d'un général factieux, dont les titres de conspirateur sont aux archives des carbonari, au fond de leurs exécrables bouges où l'œil royal a pénétré, à votre honte, monsieur le vicomte, si vous l'ignorez, aux obsèques de l'illustre général que vous ne craignez pas d'honorer publiquement de vos regrets, il n'y a eu d'assistants bénévoles que des factieux comme lui ou des niais : vous ne vous embarrassez pas des bancs, monsieur de Chateaubriand, asseyez-vous où vous voudrez !

Les obsèques du général Foy méritent l'attention de l'autorité, mais non pas les alarmes du gouvernement. Malgré sa paternelle bonté, le Roi ne doit pas oublier cette sentence d'un régicide, de M. Barrère, baron de Vieuzac : « Il n'y a que les morts qui ne reviennent pas. » En effet, au convoi d'un grand capitaine, d'un grand citoyen, d'un grand orateur, d'un grand défenseur de la liberté, les maîtres de cérémonie ont vu avec satisfaction qu'un assortiment complet de ces figures patibulaires du 2 septembre et du 21 janvier n'a point manqué. A leur appel, le libéralisme révolutionnaire a reconnu comme présents beaucoup des siens, de ces jacobins de la vieille roche que le libéralisme niais croyait oubliés ou défunts : et c'est ainsi que le général Foy a été plus utile, en descendant au tombeau, à tous les factieux dont il était le chef avoué, qu'il ne l'eût été dix années en ne montant qu'à la tribune. La révolution a chômé à cette occasion une de ses fêtes supprimées : il y a eu seulement faute de présence d'esprit. Comment, quand un patriote de 89 a remémoré le grand homme Camille Jordan, comment n'y a-t-il pas eu un souvenir commémoratif de ce jeune Lallemand dont l'anniversaire était sorti le 3 juin de l'esprit libéral ? On était en verve, on était en forces : on ne peut pas penser à tout. La monarchie des Bourbons a reçu une insulte de moins, grâce à Dieu.

Il y a cependant, dans cette levée de boucliers, quelques éléments à recueillir, pour en composer des consolations à offrir aux gens paisibles qui sont toujours prêts à sacrifier à la peur : on a fait des souscriptions, on a voté un monument, on a décrété un majorat, on a même parlé de donner un précepteur aux enfants de l'illustre défunt. Il n'y a déjà plus d'accord parmi les frères : chaque branche de la famille libérale dit : « Voyons donc, comment l'entendez-vous ? » Les frères amis de l'égalité, chevaliers de l'industrie, qui professent l'amour du Roi et l'amour de la charte, sauf l'article 1er et l'article 71, trouvent fort mauvais qu'on propose le majorat national.

Un journal annonce, dit le *Journal du Commerce*, qu'une partie de la souscription ouverte en mémoire des services rendus au pays par le général Foy est destinée à créer un *majorat* aux enfants de l'illustre orateur. Il semble que quand on se fait l'interprète de l'opinion, il faudrait mieux connaître celle de son temps. Assurément, ce n'est pas l'homme titré, *le comte*, que veut honorer cette multitude de citoyens appartenant à la classe industrielle qui se font inscrire avec un si remarquable empressement, c'est l'homme qui, après avoir combattu pour l'indépendance nationale, s'était voué à la défense de la liberté publique [1].

Voilà une opinion qui ne veut que du général Foy citoyen orateur, orateur citoyen.

Voici une autre opinion qui ne se compromet pas sur le majorat, mais qui prêche pour la souscription et qui prophétise : « La souscription, dit-il, s'élève déjà à 300,000 fr. Encore vingt jours, et l'on verra ce que peut en France le véritable patriotisme sous un Roi bien-aimé. »

Certes, on ne s'attendait guère
A voir le Roi dans cette affaire.

Cette opinion, qui est du *Pilote*, représente une opinion à trente-six couleurs sous les formules du galimatias double, et cette opinion publique, comme est celle de chaque journaliste, n'appartient bien certainement qu'au rédacteur :

Vaillant soldat, dit-il, dans les camps il défendit l'indépendance du pays contre l'invasion étrangère, et contribua, au prix de son sang, à conserver à l'auguste famille des Bourbons qui nous gouverne l'intégrité du royaume ; citoyen vertueux, à la tribune il soutint par sa mâle éloquence et le trône et la liberté, parce que son âme élevée avait reconnu que l'amour du Roi et celui de la patrie ne peuvent plus être séparés en France.

Si c'est dans ce sens que le *Pilote* a compris tout ce que le défunt a dit pendant quatre ans à la tribune, je veux bien que le diable m'emporte si le général Foy, ses amis

1. *Journal du Commerce*, 6 décembre.

les carbonari et moi, nous l'avons entendu comme cela. A ce compte-là, il y a quelqu'un qui a mieux encore conservé le royaume à l'auguste famille des Bourbons, c'est Napoléon Bonaparte.

Après ces deux opinions publiques libérales, un journal soi-disant littéraire en fait surgir une troisième, plus forte en couleur :

On prétend, dit-il, que S. A. R. le duc d'Orléans ayant manifesté l'intention de prendre soin de l'éducation des fils du général Foy, plusieurs amis de ce grand citoyen, touchés d'un procédé si noble et si délicat, ont répondu à Son Altesse Royale, en lui témoignant leur gratitude, que c'était à la nation à se charger de ce devoir; qu'un prince français pouvait mourir, tandis que la France ne mourrait jamais.

Voilà le prince bien payé de ses indignes avances envers les jacobins de 1825 : ils ne craignent pas de lui dire en face de se tenir bien et dûment averti qu'en temps et lieu ils ne voudraient pas même de lui.

Voici une production qui trouve naturellement ici sa place ; c'est une diversion que j'offre à mes lecteurs.

Convoi du général Foy

Chanson dédiée à Mgr le duc d'Orléans, Altesse Royale

Air : *Tous les bourgeois de Châtres....*

Bon Dieu ! quelle cohue,
Quel attroupement noir !
Il tient toute la rue
Aussi loin qu'on peut voir.
C'est et pompe funèbre et pompe triomphale :
Il est mort quelque gros richard,
Car là-bas j'aperçois le char
D'une Altesse royale.

Est-ce un songe civique ?
Est-ce un de ses héros

Qu'ainsi la république
Mène au champ du repos ?
Un déluge nouveau fond sur la capitale,
On ferait rentrer un canard,
Dehors pourquoi voit-on le char
D'une Altesse royale ?

Appuyé sur sa canne,
Un vieil et bon bourgeois,
Me regarde ; il ricane,
Il me dit à mi-voix :
Un carbonaro mort cause ce grand scandale.
Tout frère a son billet de part.
C'est pourquoi vous voyez le char
D'une Altesse royale.

Le défunt qu'on enterre,
C'est Foy, l'homme de bien,
C'est Foy, l'homme de guerre,
C'est Foy, le citoyen :
Jamais à sa vertu vertu ne fut égale.
Moi, je n'en crois rien pour ma part,
Mais ici j'aime à voir le char
De l'Altesse royale.

Le Foy d'après nature,
Ce député fameux,
Fut un soldat parjure,
Un Français factieux :
Aux vertus de Berton sa vertu fut égale.
Ce n'est point l'effet du hasard,
Si vous voyez ici le char
De l'Altesse royale.

Sortis de leurs repaires
Au tricolore signal,
Tous les amis et frères
Suivent leur général :
De la France, c'est là l'élite libérale !
Qu'ils sont beaux près du corbillard !
Qu'ils sont bien tout autour du char
De l'Altesse royale !

Philippe, de ton père
Il ne te souvient pas :

Dans la même carrière
Tu marches sur ses pas.
Tu crois mener, tu suis la horde libérale;
Elle vit sous ce corbillard,
En voyant derrière son char
Ton Altesse royale.

Jamais de leur complice
Ils ne firent leur roi :
L'arrêt de leur justice
Est dressé contre toi.
Le jour qu'ils frapperont ta vie et son scandale,
J'irai voir passer pour ma part,
En charrette et non sur un char,
Ton Altesse royale.

Mais il n'y a plus de réflexions à faire, ce sont des mesures qu'il faut prendre. La révolution est sur pied, elle est debout : écoutez comme elle parle, vingt-quatre heures après les funérailles d'un de ses chefs, après l'acquittement de deux de ses frères ; lisez le manifeste lancé par le Thersite de l'armée des carbonari, afin de leur rendre profitable la perte de leur Achille enterré [1].

Pour en finir sur le général Foy et donner au public et aux hommes de bonne volonté la juste mesure de ce moderne Catilina, de ce grand homme, de cet illustre capitaine, de cet orateur que les siens ont la sottise de comparer à Démosthène, ce dont il ne les remercierait pas, vu l'incident de la bataille de Chéronée, je terminerai par ce fait.

En 1825, allant prendre les eaux, condamné par les médecins, il rencontra un de ses anciens frères d'armes, le général V. V. ; il lui démontra, avec sa verve, sa fougue, son éloquence naturelle, « que les choses ne pouvaient « aller ainsi, qu'il fallait renverser un gouvernement

1. « Des souscriptions. » *Courrier français* du 8 décembre 1825, signé K.

« trop faible, etc. — Mais, que veux-tu faire de la France, « lui dit l'autre, une république ?.... — Bah ! une répu- « blique, la France est trop grande : il faut un boule- « versement ; ce n'est que dans un bouleversement que « les supériorités se classent. — Mais il faudra répandre « bien du sang ? — Bon, cela se répare. » *Ecce homo !*

....Et crimine ab uno
Disce omnes....

D'ailleurs, voici les vers de Mlle Delphine Gay :

Pleurez, Français, pleurez, la patrie est en deuil !
Pleurez le défenseur que la mort vous enlève !
Et vous, nobles guerriers, sur son muet cercueil
Disputez-vous l'honneur de déposer son glaive.
Vous ne l'entendrez plus, l'orateur redouté
Dont l'injure jamais ne souilla l'éloquence,
Celui qui de nos droits respecta la puissance,
En fidèle sujet parla de liberté ;
Le ciel, lui décernant la sainte récompense,
A commencé trop tôt son immortalité.
Son bras libérateur dans la tombe est esclave,
Son front pur s'est glacé sous le laurier vainqueur,
Et ce signe sacré, cette étoile du brave,
Ne sent plus palpiter son cœur.
Hier, quand de ses jours la source fut tarie,
La France, en le voyant sur sa couche étendu,
Implorait un accent de cette voix chérie.
Hélas ! au cri plaintif jeté par la patrie,
C'est la première fois qu'il n'a pas répondu !

Voici également le tribut soi-disant poétique qu'une muse jeune, et novice encore, jeta sur la tombe le dimanche dernier jour de décembre, à la solennité manquée, au pèlerinage annoncé que le *Constitutionnel* décommanda : l'orthographe et la prosodie sont conservées :

Ci-gît le héros, l'éloquent orateur
Et de la liberté illustre défenseur ;
Qui par ses talents, ses vertus, ses rares qualités,
Sera par les Français en tout temps regretté.

Que ne peux-tu, ô Foy, du fond de ton cercueil,
Voir tes amis en pleurs et ta patrie en deuil!
Ton âme alors, émue par ce touchant tableau,
Recevrait la récompense de tes nobles travaux.
D'un jeune citoyen reçois les derniers adieux,
Et daigne sur la France avoir encore les yeux.

Le 1er décembre n'avait pas offert assez de scandale: la journée du 4 en a signalé un nouveau, plus affligeant encore parce qu'il a été accompagné des formes les plus solennelles, et que le premier tribunal du royaume, la Cour royale de Paris, a refusé son appui à la morale religieuse, au respect dû au culte dans la personne de ses ministres insultés systématiquement: la Cour royale de Paris, ne fût-elle atteinte que d'aberration, n'en a pas moins refusé de punir les attaques les plus manifestes, les plus impudentes, les plus répétées contre l'autel, qui ne saurait être ébranlé sans que le trône chancelle : « Il n'y a si bon cheval qui ne bronche, » diront MM. Seguier [1] et Cie, qui ont les traditions parlementaires. On leur répondra, en 1825 comme en 1765 : « Oui, Messieurs, mais toute une écurie ! ! ! »

La cause est très facile à mettre à la portée des pauvres d'esprit: il sera plus difficile aux notabilités lumineuses qui siègent sur les fleurs de lis de se justifier de l'acquittement des coupables.

Tout le monde lisait, excepté Messieurs qui ne lisent pas ; tout le monde voyait, excepté Messieurs qui ne voient pas; tout le monde savait, excepté Messieurs qui ne savent pas ; enfin, en France, excepté Messieurs, tout le monde avait depuis longtemps lu, vu et su, par les réquisitoires de M. Bellard, de M. de Marchangy et de M. Mangin, que le *Constitutionnel* était uni de corps et d'âme à

1. Antoine-Jean-Matthieu, baron Séguier, premier président de la Cour royale de Paris; né en 1768, mort en 1848.

tous les ennemis des Bourbons, à tous leurs ennemis à poignards ou épées, amis de Louvel, de Berton, de Caron, des conspirateurs de La Rochelle et de Belfort, des carbonari de toute l'Europe ; qu'ils ne croyaient, les uns et les autres, ni à Dieu ni au Roi ; qu'eux et leurs associés prêchaient, soutenaient en toute occasion l'athéisme et la révolte ; que tous ces scélérats étaient unis d'intention et que le même esprit de crime, la même haine contre Dieu et les Bourbons qui les animait, ne mettait entre eux de différence que celle de leur arme, la différence d'une plume à un poignard, la différence de conspirateurs assassins ou de conspirateurs empoisonnant la société. L'autel et le trône, le trône et l'autel se soutiennent réciproquement et ne peuvent rester debout l'un sans l'autre. Les braves attaquaient le trône ouvertement : l'issue de la guerre d'Espagne leur a fait cacher leurs armes, et ils attendent, dans l'ombre et le silence, de meilleurs temps. L'ombre et le silence conviennent aux lâches écrivains, leurs complices ; comme les taupes ils minent l'autel, ils rongent les liens qui attachent les peuples aux habitudes religieuses, ils altèrent le respect dû aux choses saintes, en rendant les ministres du culte catholique les objets constants de leurs calomnieuses accusations. Leur plume est trempée dans le fiel, leur fureur se décèle à chaque ligne de leurs écrits quotidiens. C'était donc la tendance prouvée à la scélératesse, et non la tendance à la controverse religieuse, dont il s'agissait réellement.

Les hommes du *Constitutionnel*, affiliés aux conspirateurs à sabre, sont convaincus de conspirer contre l'autel par des attaques continues, générales et fort graves contre le clergé catholique.

Le défenseur répond que les allégations que le ministère public prouve être mensonges sont des vérités, et que leur but, leur effet, leur esprit est de protéger les libertés de l'Église gallicane. Le *Constitutionnel* et ses rédacteurs athées, factieux, qu'il suffit de nommer, un Étienne [1], un Tissot, Léon Thiessé [2], Cauchois-Lemaire [3], auteur de la *Gazette ecclésiastique*, Berville [4], Evariste Dumoulin [5], sont établis de bons chrétiens ; l'avocat Dupin [6] proteste de son catholicisme personnel et le donne pour garantie du catholicisme des accusés. L'esprit du *Constitutionnel* est religieusement orthodoxe ; ses rédacteurs sont de bons théologiens ; ce sont des Pères de l'Église gallicane, au rang des vertueux champions de la loi de l'État, la déclaration du clergé de France de 1682. Ce sont ces infâmes, au regard de la religion et de la royauté, que l'enchanteur Dupin a transformés, aux yeux de Messieurs, en docteurs de Sorbonne, et M. le président Séguier a prononcé sans rire ces burlesques paroles :

La Cour, considérant que si plusieurs des articles incriminés contiennent des expressions et même des phrases inconvenantes et répréhensibles dans des matières aussi graves, l'esprit résultant de l'ensemble de ces articles n'est pas de nature à porter atteinte au respect dû à la religion de l'État ;

Considérant que ce n'est ni manquer à la religion ni abuser de la liberté de la presse que de discuter et combattre l'introduction et l'établissement dans le royaume de toute association non autorisée par les lois, que de signaler soit des actes

1. Charles-Guillaume Étienne, député de 1820 à 1824 et de 1827 à 1839, membre de l'Académie française ; né en 1777, mort en 1845.

2. Léon Thiessé, écrivain fécond, secrétaire perpétuel de la Société philotechnique, plus tard préfet des Deux-Sèvres ; né en 1793.

3. Louis-Auguste-François Cauchois-Lemaire, né en 1789, mort en 1861.

4. Alain Berville, avocat, député de 1838 à 1851 ; né en 1788, mort en 1868.

5. Évariste Dumoulin, publiciste, l'un des fondateurs du *Constitutionnel* ; né en 1776, mort en 1833.

6. André-Marie-Jean-Jacques Dupin, député pendant les Cent-jours, et à partir de 1827 ; né en 1783, mort en 1865.

notoirement constants qui offensent la religion et même les mœurs, soit les dangers et les excès non moins certains d'une doctrine qui menacerait tout à la fois l'indépendance de la monarchie, la souveraineté du Roi et les libertés publiques garanties par la charte constitutionnelle et par la déclaration du clergé de France de 1682, déclaration toujours reconnue et déclarée loi de l'État, dit qu'il n'y a lieu de prononcer la suspension requise....

Quelle mystification ! Est-ce l'avocat Dupin qui a mystifié ici la cour royale, ou Messieurs les magistrats qui ont mystifié la monarchie ? Ce sont des carbonari, entendez-vous, et non pas des théologiens que vous aviez à juger. C'est la société secrète du général Foy, du *Constitutionnel* et consorts, frères et amis, qui vous a crié : « Vive la cour ! Vive la magistrature ! Vive Dupin ! Vive « Séguier ! Et pour dernier lazzi : Vive le Roi ! »

Concluons. Messieurs de la cour royale peuvent se tenir pour assurés qu'ils sont sans excuse aux yeux de Dieu et du Roi, et que Bridoison ou Dandin, à leur place, n'auraient pas pris le change ; mais, chez Messieurs, plusieurs l'ont peut-être fait exprès.

Ceci n'était qu'un doute le 4 décembre ; le lendemain 5, le doute est devenu une certitude. L'affaire du *Courrier* a suivi celle du *Constitutionnel*. Hier on croyait qu'à la cour royale il y avait faute ; aujourd'hui il y a crime : il y a tendance chez Messieurs à la révolte, à l'anarchie, à la complicité avec les conspirations coupables de lèse-religion et de lèse-majesté. Après l'*Agésilas*, hélas ! mais après l'*Attila*, holà !.... Le *Courrier* aussi a été proclamé un successeur en ligne directe de Bossuet, et dans quels termes encore !.... Il suffit de les rapporter :

La Cour, considérant que la plupart des articles du *Courrier français* dénoncés par le réquisitoire du procureur général sont blâmables quant à leur forme, mais qu'au fond ils ne sont pas de nature à porter atteinte au respect dû à la religion de l'État;

Qu'à la vérité plusieurs autres articles présentent ce caractère, mais qu'ils sont peu nombreux et paraissent avoir été provoqués par certaines circonstances qui peuvent être considérées comme atténuantes;

Considérant que ces circonstances résultent principalement de l'introduction en France de corporations défendues par les lois, ainsi que des doctrines ultramontaines hautement professées par une partie du clergé français et dont la propagation pourrait mettre en péril les libertés civiles et religieuses de la France;

Déclare n'y avoir lieu à suspendre le journal dit *le Courrier français*.

A la bonne heure, du moins ! voilà les grands mots lâchés, les paroles sacramentelles proférées, l'ultramontanisme, les jésuites ! Dans le considérant de l'arrêt dit du *Constitutionnel*, les docteurs de la cour n'avaient administré à la monarchie que de l'ipécacuana ; vingt-quatre heures après, dans le considérant en faveur du *Courrier*, ils ont risqué l'émétique. Mais il est à trop forte dose. La puissance temporelle et la puissance spirituelle ont des comptes à demander à une fraction du pouvoir judiciaire, à une des cours royales de France, à la cour royale de Paris. Le considérant est irrégulier, est inconséquent : il condamne en reconnaissant le délit et, pour absoudre, il invente des suppositions. L'avocat Merilhou [1] n'aurait pas osé rédiger le considérant d'une manière aussi impudente, aussi fraternelle envers ses dignes clients ; mais, si le pouvoir temporel procrastine ou dédaigne pour les affronts

1. Joseph Mérilhou, jurisconsulte, qui fut ministre de la justice en 1831 ; né en 1788, mort en 1856.

qui lui sont propres dans cette affaire, la puissance spirituelle n'oubliera ni n'ajournera. Les doctrines ultramontaines sont déclarées hautement professées par une partie du clergé français. Messieurs ont frappé fort, mais ils n'ont pas frappé juste. Messieurs ont trop d'esprit, de trop bons yeux et assez d'oreilles pour ignorer qu'une partie du clergé de France ne saurait désigner quelques individus parlant ou écrivant en leur seul et privé nom. Il y a, de la part de Messieurs, mensonge systématique, mensonge pommé. Le mensonge des magistrats ne se soustrait pas au mépris des honnêtes gens ; il est puni par les gouvernements qui font justice des juges qui ne la rendent pas. Mais les mensonges tels que les considérants de Messieurs appellent de saintes colères, et la colère ecclésiastique est de ce nombre. Qu'importe au reste, monsieur le premier président, de quel côté et de quelle main le châtiment vous adviendra, à vous et aux vôtres :

Raro antecedentem scelestum
Deseruit pede pœna claudo.

Ainsi donc, la première semaine de décembre a été signalée par deux scandales : les funérailles du général des carbonari de France, et l'acquittement du *Constitutionnel* et du *Courrier ;* Carbonari servant dans la même armée révolutionnaire, mais dans une autre arme, voilà toute la différence du sabre à la plume.

On ne dira pas que l'effet moral de l'acquittement n'a point été envisagé sous ses différentes faces ; quant à la petite cause de ce grand effet, il faut bien le dire, elle est née en tout ou partie du ressentiment personnel de M. le premier président et du sentiment collectif de la majorité de Messieurs envers M. le garde des sceaux, M. de Peyronnet. Malgré le voisinage de la sainte Chapelle, la

Thémis de la cité est en délicatesse avec la justice. Messieurs ont juré de ne voir dans toutes les questions de choses qu'une question de personnes, que la question d'une seule personne même : la simarre du ministre est pour eux la tête de Méduse qui les change en hommes. De là le jugement de l'*Aristarque*, le jugement du *Constitutionnel* et du *Courrier*, le jugement de l'an passé, le jugement d'hier, le jugement de demain : la planche est faite. Dans cet état de choses, le gouvernement du Roi doit parler, agir, punir, sévir, ou la monarchie est en déroute. La neutralité armée d'une cour royale n'est rien moins qu'une rébellion, la tendance est manifeste : personne ne se méprend aujourd'hui à l'intention, au scandale des actes consommés depuis douze mois. On rit de pitié des motifs ; ils n'en sont pas moins odieux. Le châtiment est juste, il est nécessaire. Pour qu'il soit exemplaire, il doit être sévère et prompt. Il y va de la dignité royale, il y va du salut public, et l'article 14 de la charte est là au besoin.

Voici, en attendant la justice royale, un tribut d'hommages que je me fais un devoir d'offrir à Messieurs : sur vingt-six, il y a eu dix-sept juges pour l'arrêt et ses considérants, et neuf pour la condamnation.

Le Constitutionnel aux frères et amis

Air : *Tous les bourgeois de Châtres....*

Quel arrêt vient de rendre
Ce Sénat de Paris !
Comme il a su comprendre
L'esprit de nos écrits !
Le palais de Thémis
Est notre succursale ;
Carbonari grands et petits,
Vous avez dix-sept bons amis
Dans cette cour royale.

En avant les brioches!
La première au premier
T'appartient sans reproches,
Cher et féal Séguier :
Quel magistrat c'est là !
De Schonen seul l'égale.
Espérons qu'il nous restera,
Espérons qu'il présidera
Toujours la Cour royale.

Tissot, Cauchois-Lemaire,
Étienne, Keratri,
Votre affaire était claire.
Nous disions. « Ils sont pris! »
Vous nous êtes rendus,
C'est la preuve morale
Qu'il faut, quand nous serons pendus,
Dire, au lieu de notre *in manus :*
« A moi la cour royale. »

L'eussiez-vous cru, mes frères ?
L'eusses-tu cru, Dupin ?
Messieurs dans les affaires
Ont le regard trop fin.
Longtemps nous en rirons,
La chose est joviale.
Au grand jamais nous défions
Qu'on trouve autant de bridoisons
Dans une cour royale.

Que la cour fut bouffonne
De nous habiller tous
En docteurs de Sorbonne!
C'est moi, c'est toi, c'est nous,
Du nom de petits saints,
C'est nous qu'elle signale.
Vive Séguier, notre parrain!
Et bien que neuf y soient pour rien,
Vive la cour royale!

CHAPITRE V

Ouverture de la nouvelle Sorbonne. — Réponse du Roi au discours de M. Séguier. — Convocation des pairs pour le 31 janvier. — Des jacobins de 1826. — De leurs auxiliaires. — De M. Laffitte. — Du duc d'Orléans (*Égalité*). — Du duc d'Orléans d'aujourd'hui. — Des deux plaies de la France. — M. Bourdeau. — M. Hyde de Neuville. — M. Lemoine-Desmares. — M. Agier. — M. Bacot. — M. le comte de Berthier. — M. de Cambon. — M. de Bouville. — M. Boucher, de l'Orne. — Vraie position des ministres du roi Charles X. — Proclamation de Salvandy. — Ingénuité de Sosthènes.

Pour répondre à tous ces scandales, machinés par la faction révolutionnaire et par des coteries qui ne le sont pas et n'en valent pas mieux, puisque leurs attaques mettent la monarchie en péril, le gouvernement du Roi s'est manifesté par des faits qui protègent la religion et le trône. Le ministre des affaires ecclésiastiques a annoncé l'ouverture de la nouvelle Sorbonne : le clergé français par excellence rassure désormais Messieurs de la cour royale et les docteurs carbonari sur leurs craintes pour les libertés de l'Église gallicane. Le même jour, M. de Broë [1], le défenseur de la monarchie contre le jacobinisme, a été fait maître des requêtes ; la Chambre des pairs a été investie du soin de juger les dilapidations dont le marché Ouvrard a été le moyen ; enfin les Chambres ont été convoquées pour le 31 janvier 1826. Ces diverses résolutions n'ont pas besoin de commentaires : elles ont prouvé, par

1. Jacques-Nicolas de Broë, avocat général, puis conseiller à la Cour de cassation le 28 mai 1829 ; né en 1790, mort en 1840.

leur excellent effet dans le public, qu'il suffit que le gouvernement du Roi ose oser.

En voulez-vous une preuve? Le 2 de janvier, le Roi a répondu au discours de M. Séguier ces seules paroles : « Je reçois les hommages et les vœux de la cour royale. » M. le premier président et ceux qui l'accompagnaient en ont ri jaune. Il est historique que M. Séguier attendait la suite des paroles du Roi ; le prince lui fit un geste de congé et lui dit : « Passez ! » Ils savent qu'ils n'ont reçu que ce qu'ils méritent, et tous les vrais Français ont vu avec confiance et plaisir que le Roi sait unir la fermeté à la bonté. La matinée du 2 janvier est d'un bon augure : *macte animis, generose....*

C'est donc sous de bons auspices que les Chambres sont convoquées pour le 31 janvier. Le jugement de la cour royale, dans la double affaire du *Constitutionnel* et du *Courrier*, a été, dans son résultat, un crime de lèse-monarchie. Je n'ai pas dit : dans son intention ; je ne crois pas que tous les magistrats aient eu des motifs aussi blâmables, aussi méprisables que M. Séguier et tel ou tel autre ambitieux ou intrigant de la cour royale ; mais cet exemple ne sera sans doute pas perdu pour la Chambre des députés, qui sentira que l'erreur n'est ni un motif ni une excuse. Ce n'est pas des mécomptes de quelques ambitions, du froissement de quelques intérêts privés qu'il s'agira dans cette session, c'est à tout jamais de l'affermissement ou de l'ébranlement de la monarchie ; c'est, en un mot, de l'existence, du salut de la monarchie légitime. L'union franche et loyale, constante et compacte, de tout ce que la Chambre élective renferme de bons Français suffit pour notre gloire et le salut de la France, de la religion et de la dynastie régnante. Aux yeux d'hommes d'honneur et de royalistes véritables, il ne s'agit que de montrer, de signaler le danger. Il n'y en a qu'un, il est vital, et le voici. La conspiration révolutionnaire contre la légitimité existe, elle marche : l'illégitimité est à vos portes, elle vous assiège, et vous vous disputez !!! Le manifeste des conspirateurs ne vous est-il donc pas connu ? Vous l'avez entendu proclamer à la tribune en 1817, le lundi 10 février, par la bouche du député révolutionnaire Laffitte : « Aux « yeux de ceux qui ont médité sur l'histoire de nos voi- « sins, les lois écrites et la jurisprudence ne suffisent pas « pour expliquer la destinée de l'Angleterre : elle est « redevable de sa prospérité à son système de crédit et « *à la force qu'a chez elle l'opinion publique. Cette opi-* « *nion se forma quand Guillaume III reçut la couronne* « *en récompense de la garantie qu'il donna à la liberté ;* « *la même puissance produira chez nous les mêmes* « *effets.* »

Ces paroles, entendues de tous et recueillies par le seul *Journal général* du mardi 10 février 1817, furent retranchées par Laffitte lui-même dans le *Moniteur* et son opinion imprimée et distribuée, parce qu'elles scandalisèrent les oreilles de la majorité de 1817, dont le royalisme était pourtant déjà tiède, et qu'on cria à l'orateur indiscret et trop pressé : « C'est un recru qui fait feu avant le com- « mandement. » Il n'en est pas moins vrai que cette phrase très instructive renferme le but, la pensée, la doctrine de nos très nombreux ennemis. Leurs discours, leurs attaques, leurs injures, leurs pratiques, leurs ovations n'ont pas d'autre but. Le protestantisme religieux, non, le nihilisme et le protestantisme politique, *id est* l'illégitimité, la licence de la presse leur permet, que dis-je, les autorise à parler sans équivoque. L'athéisme n'est qu'une opinion ; le Roi ne mérite pas plus de respect que Dieu.

« Protestantisme et illégitimité, » c'était l'opinion que dogmatisait Mme de Staël en 1816, parlant à ma personne. Ce à quoi je n'ai su que lui répondre : « Oui, ma chère, « je vous comprends bien. Hélas ! vous me faites horreur. » Elle m'a répondu qu'elle était peinée de cet aveu de ma part : « Et moi, lui ai-je dit, je suis bien plus peiné que « vous ne le méritez. » Cette doctrine est celle des Guizot, de ces bons révolutionnaires qui ne sont point buveurs de sang ; ils ne haïssent que la religion catholique et la monarchie légitime : « Aussi, disent-ils, la société est « seule revêtue du caractère de légitimité absolue ; elle « seule est émanée de Dieu ; et quand l'autorité légitime « ne se coordonne pas avec les légitimités nationales, « alors l'ordre céleste veut de ces révolutions qui trans- « fèrent le sceptre de la maison de Saül à la maison de « David [1]. »

Ces pensées-là sont claires, il ne faut que les ouïr pour les comprendre, comme commentaires de l'opinion de M. Laffitte en 1817.

Auxiliaires de ces blasphèmes, arrivent les paroles du royaliste par excellence, de M. de Chateaubriand, qui ne rougit pas de dire que les doctrines soutenues à la tribune par le général Foy sont désormais adoptées par la France ; qu'au reste, sous une république, un empire ou une monarchie, lui seul restera toujours *debout....* Oui, de *boue :* M. le vicomte a raison.

Joignez à ces hommes en démence ceux qui appellent de toutes leurs forces, de toutes leurs intrigues un bouleversement, parce que, disent ces esprits forts et ces âmes petites, vaniteuses et cupides : « Ce n'est que dans les bouleversements que les supériorités se classent, » vous

1. *Journal des Débats.*

aurez fait le dénombrement des sommités de la double opposition hostile contre les vrais amis de la France et du Roi, qui préféreront toujours à des supériorités douteuses, mais orgueilleuses et turbulentes, des capacités réelles douées de probité et d'honneur : c'est aux personnes, en convoitise de leurs places, que l'opposition royaliste en veut ; les places d'abord, la monarchie ensuite. Je les crois assez bons Français pour cela ; mais c'est à la monarchie elle-même que l'opposition révolutionnaire en veut, c'est au système monarchique actuel. En le renversant, ils renversent du même coup les ministres royalistes : aussi l'attaque contre la monarchie les occupe exclusivement.

C'est donc le même député révolutionnaire, le Laffitte de 1817, le révélateur indiscret de leur pensée commune, de la pensée universelle de la faction, que les jacobins de 1826 présentent comme le type vivant de leur doctrine en action, seul digne de continuer le chef défunt, le général Foy. Laffitte proteste, dans sa lettre aux électeurs de Vervins, qu'il n'a jamais cessé d'être le Laffitte patriote de 89. Le *Courrier français* du 8 janvier 1826 vous l'expose dans tout son jour. A toutes les époques d'épreuve, Laffitte était l'hôte attitré de toute la gauche de la Chambre élective ; un député nécessaire à l'ensemble et à l'harmonie, ayant parfaitement apprécié *le bien que la gauche pourrait empêcher et le mal qu'elle pourrait faire* en regard de la religion et de la monarchie ; *il monta le premier à la tribune durant les troubles du mois de juin 1822 ;* le premier il protesta par sa retraite contre l'atteinte portée à l'inviolabilité de la représentation dans la personne de M. Manuel, qui n'avait fait que déclarer que *la France avait vu les Bourbons avec répugnance.* Cette France dont le côté gauche *représente l'immense majorité* et la représenterait encore, dût M. Laffitte être seul dans ce côté déjà si clairsemé! Enfin M. Laffitte a osé accepter le fameux dépôt de Napoléon fuyant devant les puissances coalisées. M. Laffitte a fait bien mieux que l'accepter; de l'aveu tacite de Bonaparte, M. Laffitte en a employé une bonne partie à soudoyer tous les hommes révolutionnaires, bonapartistes carbonari ou carbonari bonapartistes, et autres ennemis de la monarchie légitime, sous n'importe quels noms et quels habits; il a tenu scrupuleusement ces dépenses constatées. Il y aurait eu, par la publicité, quelques notabilités libérales de compromises : aussi la poursuite contre Laffitte dépositaire s'est-elle terminée par une transaction à l'amiable entre les héritiers, les légataires de l'ex-empereur et M. Laffitte, le trésorier de la faction!!!

M. Laffitte, député éventuel des jacobins de Vervins, l'immuable ami des factieux, de la secte de l'illégitimité, a toujours été fidèle au mot d'ordre du 10 février 1817; mais, comme la conspiration doit marcher, voici le mandat impératif qui est donné par le même interprète du jacobinisme libéral qui présente M. Laffitte à Vervins : le mandat est instructif, il suffit de le citer [1].

Un autre sentiment que celui de la douleur éclate à l'heure présente. S'il tend d'une part à récompenser la vertu unie au talent, *de l'autre il aspire à punir.* C'est avec sagesse, c'est avec un calme religieux qu'un grand peuple, *dont les droits sont méconnus depuis cinq ans*, accuse auprès du tombeau d'un homme pur les ministres qui ont infiltré la corruption dans le corps politique; c'est en respectant la dignité du trône *qu'il demande avec énergie la satisfaction due à la majesté nationale outragée....* Ici tout est juste, tout est grave, tout parle!.... *Un grand citoyen tombe*, un cri de douleur monte vers le ciel!

1. « Des souscriptions », *Courrier français*, 8 décembre 1825.

Des ministres gouvernent avec une incapacité telle qu'elle prend le caractère de la malveillance : *les prières suppliantes s'élancent vers le trône, tristes comme dans Homère; elles sont respectueuses, mais non humiliées ; près de quatre cent mille francs recueillis à leur voix dans huit jours, au sein d'une seule cité, apprennent qu'elles veulent autre chose que de l'or, et que ce n'est pas avec de l'or qu'on pourra les satisfaire; ce n'est pas un parti qui opère de pareilles choses !!!....*

Non, ce n'est pas un parti, c'est une faction, la même faction qui s'est expliquée intempestivement le 10 février 1817, et qui blasphème insolemment aujourd'hui en proclamant le but de son complot. La faction exige que *le pouvoir entre avec elle dans le régime constitutionnel; à ce prix, elle respectera en eux ce que la loi fondamentale a consacré: car aucune autre supériorité de convention n'aura désormais nos hommages.*

Messieurs Keratry, Chapelain [1], Arnold Scheffer, Cauchois-Lemaire, Isambert [2], Mérilhou, Odilon Barrot [3], Berville, vous allez trop loin trop tôt! *Aucune autre supériorité de convention n'aura désormais vos hommages!!!* Factieux du *Courrier*, tâchez donc de marcher du même pas que les factieux de Laffitte : contentez-vous de la déclaration du 10 février 1817. L'illégitimité ne vous suffit pas ; quels gaillards ! il leur faut la souveraineté du peuple. Le duc d'Orléans lui-même ne trouve plus grâce devant eux.

Mais les sectateurs insensés de la souveraineté du peuple ne sont que les auxiliaires des factieux bien plus dangereux de l'illégitimité : plus prudents, plus habiles, plus riches, ils sèment avec les autres, mais ils espèrent

1. Ce doit être René-Théophile *Chatelain*, principal rédacteur du *Courrier français*, auteur de plusieurs ouvrages et brochures politiques ; né en 1790, mort en 1838.
2. François-André Isambert, né en 1792, mort en 1857.
3. Hyacinthe-Camille-Odilon Barrot, né en 1791, mort en 1873.

recueillir seuls ; de plus que les conspirateurs au nom du peuple, ils ont un chef ; et le chef, l'instrument, le mannequin de cette faction, de la seule véritable faction, c'est le duc d'Orléans.... Voici le portrait du père, fait par Rivarol.

Tel a été le prince que tous ses vices n'ont pu conduire à son crime, et tel fut l'effet de cette lâcheté d'âme, de cet affaissement total de facultés, fruits de la débauche, de la flatterie et de tous les poisons. Qui fut insensible à la gloire doit l'être à l'infamie. Les Mirabeau, les Laclos, le crime enfin avec tous ses leviers, ne purent soulever cette âme plongée dans le bourbier. La haine, le mépris et toutes les tortures de l'opinion furent impuissants contre cette insensibilité qui serait le comble de la philosophie si elle n'eût été chez lui le dernier degré de l'abrutissement et le symptôme de la dissolution.

Nous l'avons vu au 6 octobre, dans les rues de Versailles, entouré d'assassins et caressant le fameux coupe-tête : c'était la corruption mendiant le secours de la barbarie ; mais il paya le crime et ne fut point servi. Le conspirateur n'était qu'un lâche, les satellites que des voleurs, et sa trahison ne trouva que des traîtres.

C'est donc non seulement de tous les princes, mais de tous les hommes celui qui serait resté le plus profondément enfoui dans le mépris de l'Europe, si le public n'eût aperçu derrière lui une femme, conseil de ses crimes, âme de ses conseils, instigatrice de ses projets, apologiste de ses forfaits et corruptrice de ses enfants ; femme qui ne le quitta qu'à l'échafaud comme à une partie perdue ; car, en effet, le supplice de ce misérable fut bien plutôt la peine d'un dessein avorté, qu'une satisfaction proportionnée pour les Rois, les peuples et la morale. C'est elle qui s'est chargée du fardeau de sa renommée ; c'est elle qui, se portant pour cause de tant de malheurs et de crimes, ne lui laisse que le titre de vil instrument d'une furie qui vit encore, sans savoir pleurer sur lui ni rougir pour elle-même.

L'opposition en Angleterre n'en veut qu'aux ministres, au pouvoir, telle que croit être l'opposition royaliste en France. Il importe peu à Londres que le duc de Sussex aille à la taverne avec M. Wilberforce et M. Brougham ; mais, en France, l'opposition est révolutionnaire : c'est à la religion et à la monarchie légitime qu'elle porte haine à mort. C'est au milieu de cette faction révolutionnaire et conspiratrice que le duc d'Orléans respire, sourit, se complaît. L'historien des généraux de la Révolution le place à la tête des grands capitaines de cette époque ; Vernet [1], le peintre des jacobins en bas à jour, a peint et repeint Son Altesse avec la cocarde tricolore à Jemmapes, à Jemmapes, à Jemmapes ; ce grand capitaine n'a été témoin que de cette bataille-là : passe pour le grand capitaine ; il n'y a rien de petit chez les grands. Mais, après qu'il eut reçu son pardon à Londres si loyalement de la bouche de notre Roi, alors Son Altesse Royale Monsieur, comment le duc d'Orléans s'est-il conduit au 20 mars? Quel ordre du jour a-t-il laissé à Lille aux troupes royales qu'il commandait, et dans quels termes prit-il sur lui de leur annoncer que le roi Louis XVIII avait quitté le territoire français? dans quels termes les délia-t-il du serment de fidélité ?.... Poursuivons. Depuis la seconde Restauration, depuis 1815, son palais, ses châteaux, ses immenses propriétés ont-elles été fermées aux serviteurs de la cause royale, ou plutôt, depuis le marmiton jusqu'aux gardes forestiers, ouvertes à tous ceux qui prouvaient amour à la cocarde tricolore et haine aux Bourbons de la dynastie régnante? A la naissance du duc de Bordeaux, a-t-il fait poursuivre par l'ambassadeur de France,

1. Émile-Jean-Horace Vernet, membre de l'Institut ; né en 1780, mort en 1863.

M. Decazes, le *Sun* et le *Star*, qui ont publié sa protestation datée du 30 septembre 1820 contre la naissance de l'enfant du duc de Berry? Tout Paris a connu cet acte monstrueux et ridicule: le prince n'a pas été seul à l'ignorer, il le reproduira en temps et lieu sans doute ; mais le fait existe; il ne l'a pas fait démentir. Lisez, dans le journal du 19 janvier dernier, la lettre signée par *un soi-disant bourgeois de Paris*, dont le nom et le domicile ne sont qu'au niveau de mes soupçons, vous y verrez : « La veuve d'Alexandre est jeune encore : elle vivait en « bonne intelligence avec son auguste époux ; elle habi- « tait avec lui lorsque la mort est venue le frapper. Ce « dernier était plein de santé huit jours avant sa mort; ne « peut-elle pas porter dans son sein un gage de leur « amour? Et pour m'appuyer d'un exemple tout récent, « *le miracle* de la naissance du duc de Bordeaux ne peut- « il pas se renouveler en Russie? Cette supposition n'a « rien que de très naturel. »

Il est naturel aussi que l'homme de bien, serviteur à la vie et à la mort, mais serviteur inquiet de la dynastie régnante, avertisse et rapproche les innocentes réflexions du bourgeois de Paris d'un article inséré dans le journal anglais *le Star*, à la date du 10 novembre 1820. Ne peut-on pas demander à l'ambassadeur de France à Londres à cette époque, ainsi qu'au ministère d'alors, compte de leur étrange et coupable silence sur cet article, destiné à exister inaperçu? Cet article est déposé comme une pierre d'attente dans les mêmes archives que la lettre du bourgeois de Paris ; en tête il est écrit : *Acte à valoir en temps et lieu.*

A quel factieux éhonté le salon du prince n'est-il pas ouvert? Foy, Manuel, Benjamin Constant ont leur couvert mis chez lui. Mgr le duc d'Angoulême fait chasser le sous-préfet Vatout [1]; M. le duc d'Orléans le recueille au palais, et le met à l'instruction privée de ses enfants. Le garde des sceaux ne veut pas qu'un jeune jacobin poète mange en ingrat le pain de la monarchie, et lui ôte l'emploi de bibliothécaire de la Justice : M. le duc d'Orléans ouvre les bras fraternellement à Casimir Delavigne [2]. Enfin, pour ne perdre aucune occasion de narguer la famille royale, il envoie sa voiture au convoi du factieux le plus notable, et le jacobin Vatout est dans la voiture comme représentant du prince caudataire mendiant à la suite des révolutionnaires libéraux. Enfin, s'il y a quelques mauvais propos, quelques mauvaises pensées, quelques procédés injurieux, criminels contre les Bourbons, de la part de cette nouvelle Altesse Royale, d'oubliés dans mon récit, sa conduite y supplée de reste; ce que j'en rapporte suffirait; mais ce que je sais n'est rien auprès de ce que j'ignore.

Tels sont les titres du prince du sang, appelé duc d'Orléans, à la faveur, à la bienveillance de tout le parti révolutionnaire, qui fonde sur lui son espoir. Espoir purement spéculatif aux yeux de tout homme sensé ; mais les révolutionnaires ne pourraient pas être raisonnables quand ils le voudraient, ce n'est pas dans leur nature : tout s'oppose à ce qu'ils connaissent autre chose que la crainte comme condition de leur respect. Mais le chef éventuel des révolutionnaires a réellement plus de mauvaises intentions que de moyens à sa disposition. Les révolutionnaires se subdivisent en bonapartistes, en républicains, en orléanistes. Ces trois classes se réunissent pour détester la monarchie légitime. Voilà ce qu'il y a de plus évident.

1. Jean Vatout, bibliothécaire du duc d'Orléans, député de 1831 à 1848 né en 1792, mort en 1848.

2. Jean-François-Casimir Delavigne, membre de l'Académie française né en 1793, mort en 1843.

En ce sens, ils agissent de concert contre la religion et les Bourbons régnants : leurs justes espérances, non pas de triomphe pour personne, mais de ruine vraisemblable pour tous, sont fondées sur les passions qui aveuglent tous les rangs, toutes les classes, toutes les notabilités en France. Il faut les passer en revue pour voir toute l'étendue du mal, qui n'est pas pourtant sans remède. Je crois mon pays sauvé si le Roi et son gouvernement voient tout ce que je vois sans désespérer de rien. Il ne faut que vouloir, il ne faut qu'oser. Énumérons donc toutes les plaies de la monarchie aujourd'hui.

Première plaie. — La Cour, en majorité composée de grands qui ont beaucoup perdu, beaucoup retrouvé, et qui, réclamant leur arriéré depuis 1789, ne comprennent la monarchie que pour l'exploiter. C'est une des plus profondes plaies ; elle est gangreneuse. Exemple : voyez si le bon duc de Doudeauville peut faire retrancher une pension sur la liste civile à telle sangsue titrée qui n'en a certes plus besoin ; mais ces sangsues se tiennent toutes, crient solidairement dans l'antichambre, et les cris de leurs valets et de leurs servantes attristent nos excellents princes. Ces oiseaux-là ont de quoi dîner deux fois : le Roi ainsi n'a pas de pain à donner à ses chiens fidèles. N'importe : ils ont vu leurs Bourbons à Légé dans la personne de l'ami de leur Roi, *consilio manuque*, du duc de Rivière. N'importe : une pauvre royaliste de la Lozère a reçu une pension de 70 fr., car les fils du Béarnais ne sont pas riches, ils sont si volés ! La pauvre femme, les larmes aux yeux, a bien dit qu'elle allait prendre là-dessus 10 fr. par an pour leur faire dire des messes, demandant naïvement à l'excellent M. Lebouetté [1] si 10 fr., ce serait assez.

1. Il était, comme on l'a vu plus haut (p. 168), gentilhomme de la chambre du Roi.

Seconde plaie. — La Chambre des pairs, viciée par une trop grande portion de goujats conventionnels, contresens politique, ignoble caricature de la pairie d'Angleterre. Le trône doit y avoir une majorité constante. J'ai tout dit à cet égard. On la recomposera comme il faut quand on voudra. Sauf les anciens ducs et pairs, les pairs ecclésiastiques et les pairs niais qui ne s'y prêteraient pas, le reste, qu'on ne peut pas appeler minorité, veut la monarchie, parce qu'ils veulent rester pairs ; ils ne veulent pas en masse la république, mais ils veulent la monarchie bâtarde comme eux, la monarchie de Laffitte, le protestantisme et l'illégitimité.

D'abord, un des événements les plus déplorables est le consentement inexprimable du feu Roi à faire entrer dans la Chambre héréditaire les ministres auxquels il retira sa confiance en décembre 1821. Il n'était pas difficile de prévoir que ces ministres, devenus pairs, entraient dans la Chambre haute avec l'influence la plus dangereuse pour la monarchie qu'ils ne dirigeaient plus. Des hommes rompus aux affaires, initiés de longue main dans tous les secrets du gouvernement intérieur et extérieur, devaient être annulés politiquement, selon les règles du simple bon sens et l'intérêt du prince lui-même. Louis XVIII a-t-il dû supposer que l'ambition rentrée des Pasquier, Portal, Roy, Siméon, ne s'unirait pas, avec tous leurs moyens et capacités, aux sentiments antimonarchiques des Barante, Molé, Decazes, Mollien, Daru [1], Belliard, et *tutti quanti*, de cette fatale agglomération appelée Chambre des pairs? Ainsi la minorité royaliste est visiblement dans le premier pouvoir de l'État. Le gouvernement du Roi, à chaque loi qu'ils menaceront de rejeter, les menacera-t-il de les

1. Pierre-Antoine-Noël-Bruno, comte Daru, de l'Académie française, pair de France en 1819; né en 1767, mort le 14 septembre 1829.

noyer sous le nombre? L'expérience va nous apprendre s'ils s'effraient des mots qu'un juste châtiment ne suivra peut-être pas.

Quant à la Chambre élective, les notabilités hostiles s'évertueront en vain; mais il est assez gai d'en choisir quelques-uns au hasard, et de publier les motifs de leur colère. Ces égoïstes, qui se disent royalistes par excellence, sont furieux, les uns de n'être pas ministres, les autres de ne pas être investis des hautes fonctions du gouvernement. Quant aux ministres, MM. Bourdeau, Hyde [1], Agier, Lemoine-Desmares, Bacot, Berthier, Cambon, Bouville [2], Boucher [3], Rouillé-Fontaine [4], Sanlot, Lézardière, Leclerc de Beaulieu, auront beau dire, comme la grenouille qui veut se faire aussi grosse qu'un bœuf :

> Regardez bien, ma sœur;
> Est-ce assez? dites-moi; n'y suis-je point encore ?
> — Nenni. — M'y voici donc? — Point du tout. — M'y voilà ?
> — Vous n'en approchez point.

Première grenouille. — M. Bourdeau était procureur général depuis qu'en 1816 il avait été investi de cette place à Rennes au préjudice de M. de Corbière, qui ne la voulut pas avec conditions. M. Bourdeau, du Limousin, était un très brave et digne homme avant la Restauration. Une femme riche, dont les parents étaient émigrés, le consulta pendant la Révolution sur les moyens d'assurer après elle ses biens à sa famille absente. Il lui conseilla

1. Jean-Guillaume, baron Hyde de Neuville, député de la Nièvre de 1815 à 1816 et de 1822 à 1830, ministre de la marine le 3 mars 1828; né en 1776, mort en 1857.

2. Louis-Jacques Grossin, comte de Bouville, député de la Seine-Inférieure de 1815 à 1816 et de 1820 à 1827; né en 1759, mort en 1838.

3. Louis-Claude Boucher, député de l'Orne de 1820 à 1827; né en 1778.

4. Basile-Gabriel-Michel Rouillé de Fontaine, député de la Somme de 1820 à 1837; né en 1773, mort en 1859.

un fidéicommis à lui-même. Cette dame mourut, et M. Bourdeau fut mis en possession de cette fortune, à la clameur universelle du pays, qui ne jugeait que sur l'apparence. M. Bourdeau eut le courage de supporter ces soupçons; son honorable conduite ne fut au grand jour qu'au retour de la famille, qu'il remit en possession de tous les biens qu'il avait gérés et dont il rendit compte exact comme un tuteur. M. Bourdeau, dans les Cent-jours, s'abstint de toute fonction publique et ne fit pas le serment. Étant à la table du commandant à Limoges, on tira le canon pendant le dîner en l'honneur de je ne sais quelle fausse victoire : M. Bourdeau fit un haut-le-corps : « Est-« ce que vous avez peur? lui dit le commandant. — Non, « général, répondit-il, j'ai honte. » C'est avec ces estimables antécédents que M. Bourdeau fut accueilli à la Chambre de 1815. Son acceptation, au lieu et place de M. de Corbière qu'il avait l'air de supplanter à Rennes, fut mal vue ; mais, lors de la proposition de M. Barthélemy [1] en 1819, il nous désenchanta tout à fait. Je le vis chez M. Lainé déclarer, avec la plus forte énergie, qu'il voudrait avoir deux places de procureur général à perdre, et qu'il n'en soutiendrait que plus vigoureusement la proposition du noble pair. Nous l'engagions à ne pas se compromettre ainsi, lui qui avait une place amovible, et sous Decazes, le grand destituant. Cela n'était pas nécessaire : une petite pluie abattit ce grand vent. M. le garde des sceaux de Serre, qui ne valait pas alors grande monnaie, lui dit : « Monsieur Bourdeau, vous parlez très haut « en faveur de la proposition de M. Barthélemy. Si vous « ne vous faites pas inscrire contre, si vous ne parlez pas

1. François, marquis de Barthélemy, membre du Directoire, du Sénat conservateur, pair de France le 4 juin 1814 ; né en 1747, mort en 1830.

« contre, si vous ne votez pas contre, — et vous montrerez « votre boule au prince de Broglie [1] ou à M. d'Haute- « feuille [2] (je ne sais lequel était, en 1819, le secrétaire « officiel), — vous serez destitué. » M. Bourdeau s'inscrivit contre la proposition, parla contre, vota contre, et voilà. Cependant, au mois de décembre 1821, M. de Peyronnet, procureur général, fut fait garde des sceaux. Ne fallait-il pas donner la préférence à M. Bourdeau? ne la méritait-il pas bien? Apparemment qu'il l'a cru. Ce passe-droit l'a mis en hostilité avec le ministère royaliste. Il ne s'est pas contenté de rester en délicatesse : il a agi hostilement hors de l'exercice de ses fonctions. On l'a destitué, et l'on a bien fait. Il s'est engagé dans l'état-major du doctrinaire général Royer-Collard, il a filé avant le budget. Le garde des sceaux a répondu à ses impertinences par une espèce de madrigal : cela m'a fait mal au cœur. M. le procureur général Bourdeau sera replacé; je vois cela d'ici.

Seconde grenouille. — M. Hyde dit de Neuville, comte de Bemposta, enflé tout naturellement, nous parle avec emphase de la dignité de la France qu'il a toujours noblement soutenue. Est-ce lui, ou n'est-ce pas lui qui, dans la réaction du vieux Roi contre son fils Don Miguel, a conduit le monarque et la monarchie portugaise à bord du vaisseau amiral anglais? Plaisante manière d'exploiter la suprématie de la France sur l'Angleterre! Il est possible qu'il ait rendu un grand service à Jean VI, qui l'en a fait M. le comte de Bemposta. Mais, dans cette affaire, je ne vois pas quelle attitude de dignité M. l'ambassadeur a fait tenir à la France qu'il représentait. On prétend

1. Victor-Amédée-Marie, prince de Broglie, maréchal de camp, député de l'Orne de 1815 à 1824; né en 1772, mort en 1852.

2. Charles-Louis-Félicité Texier, comte d'Hautefeuille, député du Calvados de 1815 à 1824; né en 1770, mort en 1865.

qu'à son arrivée sans congé à la session de 1825, M. de Villèle a dit : « Cet homme-là a gâté nos affaires en Por« tugal ; il vient gâter les siennes ici. »

C'est un royaliste absolument du même numéro que le marquis de la Maisonfort [1]. Intrigant comme lui, du Nivernais comme lui, La Maisonfort, officier de dragons avant la Révolution, émigra, perdu de dettes, et fut à Coblentz pour ne pas aller à Sainte-Pélagie ou à la Force, car je crois qu'en 1790 Sainte-Pélagie n'existait pas. Il n'y a pas une existence plus semblable que celle de ces deux hommes. La Maisonfort, au lieu de porter les armes, se fit agent des princes, postillonna en dehors et en dedans, eut des amis dans les deux camps ; il pamphléta, pamphléta, pamphléta, fut associé libraire et imprimeur avec Fauche-Borel [2]. La Restauration arriva, et lui avec elle. Il entra par une porte dans la Chambre de 1815, et M. Hyde entra par l'autre. M. Hyde, étranger, fils d'un Anglais de l'un des trois royaumes, établi dans une des manufactures du Nivernais, se mêla civilement et clandestinement dans tous les mouvements des royalistes de l'intérieur. Ayant des intelligences dans les deux partis, il s'entendait par signes avec tous les chefs et sous-chefs royalistes. Ses états de service sont civils : correspondance avec les Clichiens, peut-être ensuite avec des membres du Directoire ; passeport donné à Georges pour détaler par Boulogne après sa visite à Bonaparte en 1800 ; le fameux voile noir tendu en pleine nuit le 21 janvier 1800 sur le portail de la Madeleine. M. Hyde, devenu je ne sais quoi, caché je

1. Antoine-François-Philippe Dubois-Descours, marquis de la Maisonfort, maréchal de camp, député de 1815 à 1816 ; né en 1778, mort le 2 octobre 1827.

2. Louis Fauche-Borel, agent politique suisse, employé par le prince de Condé, puis par Louis XVIII ; né en 1762, mort en 1829.

ne sais où jusqu'en 1814, apparut à la Chambre de 1815 avec des épaulettes de colonel, qui n'ont jamais vu le feu ni les ennemis du Roi en face. A la fin de la session de 1815, M. Hyde et M. de la Maisonfort, également bien avisés, sortirent par la même porte, plantèrent là la Chambre introuvable, et se firent les premiers un sort qu'ils préférèrent à l'arène législative. La Maisonfort se fit intendant du domaine extraordinaire : on supprima la place ; il se résigna à voir ses services militaires et diplomatiques mesquinement récompensés par la place de ministre à Florence, le grade de maréchal de camp, et le cordon rouge. Le pauvre homme ! je ne voudrais pas jurer qu'il ne se plaigne pas.

M. Hyde, son sosie, sachant qu'il était le croquemitaine des ministres présents et futurs, transigea avec leur terreur et fut porter aux États-Unis, sous le nom d'ambassadeur, sans parler de 40,000 fr. d'appointements, les principes, l'intrépidité et le désintéressement des députés de la Chambre introuvable qui ne voulaient pas accepter de places. Avec Marandet [1] et La Maisonfort, M. Hyde de Neuville fut donc le premier. Depuis 1818 jusqu'en février 1820, M. Decazes régna sous le nom de Louis XVIII. On n'a pas vu M. Hyde donner sa démission d'ambassadeur, ni dès l'ordonnance du 5 septembre, ni à l'avènement de Decazes au pouvoir : il a reçu de l'homme que nous combattions comme ennemi public les ordres, les communications, directions et salaires, comme ont fait tous ses féaux. Est-ce de lui ou de nous que M. Hyde est venu se moquer quand, nommé député en 1823, à mon grand regret, il est monté chaque jour à la tribune avec son

1. Alexandre-Léopold, baron de Marandet, député du Haut-Rhin de 1815 à 1816, nommé en 1816 ministre plénipotentiaire à Stuttgart, puis ambassadeur à Hambourg en 1818; né en 1770, mort le 19 septembre 1825.

protocole de charlatan : « Nous autres vieux royalistes, « nous autres députés de 1815, nous qui n'avons jamais « varié. » Quelle parade !.... Quoi qu'il en soit, nous le verrons à l'œuvre nous donner toute sa mesure dans la session de 1826. On dit qu'il lui fallait le cordon bleu ; la raison qu'il en donnait était sans réplique : l'ambassadeur marquis de Talaru [1] l'a reçu, M. l'ambassadeur Hyde, au sobriquet de Bemposta, doit donc le recevoir. Voyez pourtant : les ministres du Roi ont conclu tout différemment, et M. Hyde a pris les armes ; et de deux.

Troisième grenouille. — Parlerons-nous de M. Agier ? Non, nous le laisserons parler, et nous serons, à la clôture de la session de 1826, de l'avis du Roi : « Le malheureux ! » disait de lui Sa Majesté au bureau de la Chambre, « j'ai « eu de l'amitié pour lui, mais c'est un ingrat et un drôle. » C'est le cas de dire : le Roi n'a jamais tort.

Quatrième grenouille. — Lemoine-Desmares est de Sedan, mais il est député de la Manche. Il ne le serait pas des Ardennes, parce qu'il y est méprisé, et qu'il le mérite. Admis dans la maison du commerçant Poupart de Neuflize, il est devenu son associé, son gendre et le tyran domestique de la famille, à son profit et à leurs dépens. Nous l'avions mieux jugé sur l'apparence. On l'a vu en 1815, dans les Cent-jours, donner des preuves de dévouement au duc et à la duchesse de Bellune : à leur passage de Sedan à Gand, ils n'eurent qu'à se louer de lui avoir confié des dépôts, des papiers, des objets de toute espèce : c'est bien. Lors de l'établissement de la commission de Chambord en 1816, M. Lemoine-Desmares fit, à ma connaissance, des avances de 100,000 fr. pour obvier

1. Louis-Justin-Marie, marquis de Talaru, maréchal de camp, pair de France le 17 août 1815, ambassadeur à Madrid ; né en 1769, mort en 1850.

au retard de paiements ; il n'y risquait rien, mais c'est encore fort bien. Tout cela l'a aidé à être nommé député et, vu de près, ce gros et beau colosse n'a plus été, au vrai point d'optique, qu'un fat et un sot. Il demandait un jour à Dufougeretz [1], un de nos questeurs, je ne sais quels billets. Dufougeretz lui répondit qu'il avait déjà refusé plusieurs de nos collègues, parce qu'il n'avait plus de billets : « Cela se peut, dit Lemoine-Desmares, mais je ne « suis pas un député comme un autre. » C'est vrai, mais il était modeste sans le vouloir ; il ne l'entendait pas ainsi. Enfin, pour comble de ridicule, il est un des souteneurs de l'*Aristarque*, cette fameuse pierre de scandale. La Bourdonnaye y met son argent; Lemoine-Desmares et Sanlot y mettent leur esprit : non pas, je veux dire tout le contraire.... Quelle pitié !.... M. Lemoine-Desmares, député, a une représentation superbe : belle montre et nul rapport. Lemoine-Desmares fait la roue au bas de la tribune ; il est fier comme un paon, et il foire comme un geai. Pouah !.... Passons à un autre.

Cinquième grenouille. — Ce pauvre Bacot. Voilà encore une merveilleuse tête. C'est un docteur obscur, oui, quand il sera docteur. Il laisse tomber de son trop-plein des résumés administratifs, comme tels autres nous donnent des résumés historiques. Il lui manque méditations, expérience, savoir, et vingt ans de plus. Il s'en fait tellement accroire et est si persuadé de son mérite, qu'il s'est mis hors d'état de profiter de ce qu'il vaut et de ce qu'il vaudrait. Il s'est reconnu la science infuse, tandis qu'il n'avait encore que des dispositions à savoir. Présomptueux et pédant, il croit apprendre aux habiles ce qu'ils savent mieux que lui ; il se croit profond quand il ne sait que la

1. Garnier du Fougeray. Voir plus haut, p. 81, note 2.

superficie de plusieurs choses, et à fond aucun détail. Il y a à gagner au commerce des anciens en les écoutant; lui, il n'écoute pas, il enseigne; depuis qu'il est sorti blanc-bec de l'école des auditeurs de Bonaparte, il a toujours professé; aussi est-il convaincu qu'il en sait plus long dans son petit doigt que le président du conseil dans toute sa personne. C'est le jugement qu'on porte de lui et qu'il en porte lui-même. Le pauvre Bacot étouffe de suffisance, il croit étouffer de génie: le poids d'aucun portefeuille ne l'étonnerait, ce qui donne la mesure de ses moyens. Sa supériorité le tourmente, il ne sent pas qu'on l'a toisé. Hélas! si on lui demande quel est le premier administrateur de France, il répondra sans hésiter: « Un tel est le « second. » — « Tenez, Monsieur le duc, disait Royer-« Collard à M. de Richelieu, dans l'état où est la France, « il n'y a qu'un seul homme qui puisse la sauver, et cet « homme-là, c'est.... moi. » Et Bacot serait capable d'en dire autant au duc de Duras, quand ces deux supériorités-là causent ensemble. Passons à un autre.

Sixième grenouille. — M. le comte Berthier. Mme de Caylus prétend que, sur la triste figure du comte de Toulouse, on voyait empreint le combat de l'amour et du jubilé, à la suite duquel s'étaient raccommodés Mme de Montespan et Louis XIV. Ainsi, M. de Berthier est dans l'opposition hostile, puisqu'il siège à la gauche du verdâtre La Bourdonnaye; mais sa figure décèle souvent la lutte de sa conscience avec sa position; il se fait inscrire contre, monte à la tribune et divague contre les lois, parce que les ministres qu'il n'aime pas les proposent; mais, dans les assis et levés, il ne surgit pas toujours avec ses collègues hostiles: l'honneur et la religion lui parlent de temps à autre. Quand sa belle-sœur ne lui a pas prévenu l'esprit, il est ce qu'il serait naturellement. Je suis encore ici de l'avis du Roi : « Vous n'en serez pas content, » disait Louis XVIII à M. de Corbière qui forçait nature pour le faire nommer député à Paris en 1824. — « Mais, Sire.... « — Je le connais mieux que vous. N'avez-vous pas « remarqué cette ligne qu'il a sur le front comme un « coup de sabre ? son cerveau a deux compartiments ; il « y en a un de vide. » Hein ! se connaissait-il en protubérance, le feu Roi ? Allez, monsieur Berthier.

La septième grenouille se trouve être M. de Cambon [1]. Il causait cet hiver avec moi, et m'avait entrepris sur le libéralisme qui devait convertir toute l'Europe. Ce n'était pas la peine de le contredire, et je le prenais pour un philanthrope niais, au zèle ardent et à formes acerbes. Pour aller jusqu'à l'hostilité libérale, je me suis volontiers laissé dire qu'il avait ses raisons ; je ne les aurais pas soupçonnées : M. de Cambon, fils d'un premier président de l'ancien Parlement de Toulouse, a demandé au ministre des finances une recette générale, et son compatriote la lui a refusée. Il est pourtant certain que M. de Cambon, fils d'un premier président, n'est pas du bois dont on fait les receveurs généraux, sous une monarchie qu'on restaure. *Auri sacra fames.*

Huitième grenouille. — M. de Bouville n'est pas une grenouille ; c'est le serpent de la chapelle de la Chambre des députés de 1815, et l'on ajoutait (il était vice-président) : « Quand il préside, c'est le serpent à sonnettes. » Le pauvre serpent n'a plus que la mémoire de sa malice : il n'a plus de dents, rabâche, ennuie ; il n'y a plus que ses yeux qui parlent encore, non point avec esprit, mais avec la duplicité normande ; il sourit faux et ne fait plus de dupes. Ce n'est pas un renfort pour l'opposition royaliste

1. Le marquis de Cambon. — Voir plus haut, p. 82, note 3.

hostile : il la suit en traînard, comme un vieillard taquin et grognon : c'est le Labbey-Pompière [1] du côté droit. Excepté que M. de Bouville est ce qu'il est par calcul, et M. Labbey-Pompière, ce respectable ecclésiastique, comme l'appelaient les journaux anglais, est comme il est par sa nature. Le meilleur des deux ne vaut guère, et ils ne sont pas plus dangereux l'un que l'autre.

Neuvième grenouille. — Oh ! Monsieur Boucher de l'Orne, un hostile ! Vous n'avez pourtant à vous plaindre ni de la fortune qui a couronné votre industrie, ni de la monarchie qui a récompensé votre fortune bien acquise. M. Boucher, député de l'Orne depuis plusieurs années, réélu en 1824, votait avec la monarchie et les ministres amis de la monarchie. Il a quelque soixante ou quatre-vingt mille livres de rente, gagnées très légitimement dans les cuivres et les aiguilles. Il a demandé et obtenu le cordon noir, décoration d'autant plus honorable qu'on ne la doit qu'à son mérite personnel. Il est inquiet, hargneux, hostile. Qui diable est obligé de savoir que cet honnête industriel veut que ses chaudrons et ses aiguilles, qui l'ont fait riche, le fassent pair aujourd'hui ? Et, sur le refus, il a passé à l'ennemi. Et de neuf. Je ne parlerai pas des autres. Ce seraient pour tous des paroles sur le même air.

Ce sont ces illustres, ces hommes dépouillés de toute *hommerie*, de tout calcul d'ambition et de cupidité, de qui ma commère *la Quotidienne* dit à ses niais de paroissiens : « Rendons grâce à d'honorables orateurs. De généreux « efforts ont été plus d'une fois tentés, et la France ne « doit pas être sans reconnaissance envers des courages

1. Guillaume-Xavier Labbey de Pompières, député de l'Aisne de 1819 à 1831 ; né en 1751, mort en 1831.

« qui ont été sans succès. L'opinion royaliste peut nommer avec orgueil plusieurs exemples d'une respectueuse « indépendance, *d'une opposition loyale.* MM. Hyde de « Neuville, de Cambon, de Bouville, de Lezardière, de « Beaumont, la Bourdonnaye, Bacot, Berthier, Bourdeau, « et tant d'autres, ont énergiquement combattu pour les « doctrines monarchiques contre un ministère qui les « néglige ou les compromet dans ses fausses opéra- « tions [1] ! »

Je termine ce qui regarde la coterie dite royaliste hostile, par une réflexion générale, qui s'applique à chacun en particulier, au mécompte de tous leurs calculs.

A qui s'adressent-ils ? qui combattent-ils ? Les ministres qu'ils ont vu prendre à Louis XVIII, et que Charles X y a trouvés ? En aucune façon ; et c'est ici la sauvegarde de notre avenir. M. de Villèle et M. de Corbière, honnêtes gens, Français dévoués, royalistes connus, étaient les conseils, les amis, les consolateurs de l'auguste et excellent prince que les misérables, vingt fois nommés plus haut, avaient cherché à perdre dans l'esprit de Louis XVIII, pour mieux perdre la monarchie légitime. Les yeux du feu Roi se sont dessillés, et il a accepté des ministres de la main de son frère en se réconciliant avec lui. Voici comme les choses se passèrent.

Vers le 13 décembre 1821, les journaux dirent que MM. de Villèle et de Corbière avaient eu une audience du Roi. Le 13 décembre, le *Journal de Paris* et celui des *Débats* particularisèrent cet événement en ces termes : « A quatre heures, Monsieur comte d'Artois est venu « chez le Roi. Son Altesse Royale a présenté à Sa Majesté « MM. de Villèle et de Corbière, membres de la Chambre

1. *Quotidienne*, 25 juin 1826.

« des députés. » Ce qu'il y a de très remarquable, c'est que la note, ainsi libellée, fut envoyée par le roi Louis XVIII lui-même. Il est vraisemblable qu'il a voulu apprendre à toute la France que désormais lui et son frère ne faisaient qu'un.

M. de Corbière, nommé ministre, voulut, en franc Breton, avoir une explication respectueuse avec le Roi, afin de savoir mutuellement comment ils l'entendaient. Il lui développa sa doctrine monarchique et religieuse, avertissant Sa Majesté de ne pas oublier que, depuis 1815, il avait toujours été de l'opposition. — « Très bien, lui dit « Louis XVIII, j'en ai été une fois en ma vie (en 1789) et « ce n'est pas ce que j'ai fait de mieux. » Hélas ! il en était de l'opposition, ennemie de lui-même et de sa monarchie, quand il fit l'ordonnance de Cambrai, l'amnistie de Gand, l'ordonnance du 5 septembre, l'ordonnance des gardes nationales qui réformait leur colonel général, la loi de recrutement et d'avancement, toutes les lois du ministère Decazes. Mais le feu Roi s'est bien amendé. *Remittuntur !*

Ce sont donc ses amis de malheur, qui ont gémi avec lui sur l'état éventuel de la France, qui l'ont familiarisé avec les remèdes à apporter au mal ; ce sont donc ses propres ministres que Charles X a trouvés au pied du trône en y montant. Il n'y a que l'aveuglement le plus stupide, que la haine la plus folle, qui puissent porter des ambitieux à croire que de pareils serviteurs ne sont pas plus sûrs encore de l'amitié et de la confiance du Roi régnant qu'ils ne l'étaient de la confiance et de la bienveillance de son prédécesseur. Le passé, l'expérience, les souvenirs attachent par tous les liens le Roi à ses amis, et certes il ne saurait aimer les ennemis de ses amis. Et si le Roi les méprise et les repousse, de quel œil l'héritier présomptif du trône, M. le duc d'Angoulême, doit-il voir

Messieurs de l'opposition royaliste hostile? Je ne m'informe pas si ce prince nous porte une grande bienveillance, à nous qui sommes accoutumés à servir les Bourbons absents ; mais je crois que ces Messieurs ne trouveraient pas chez lui du feu sur une tuile. Ces hommes en délire sont donc possédés de la haine gratuite des personnes, plus encore que de la convoitise des places et du pouvoir. La conséquence à tirer, c'est que de pareils fous donnent matière au scandale, mais ne sont pas dangereux.

Telles étaient, dans un parfait aplomb, les colonnes du ministère royaliste depuis 1822. Nous étions en janvier 1826, et les coteries coalisées avaient, sous le pavillon Bertin de Vaux, lancé dans l'arène un pamphlétaire affranchi de Decazes, chassé du Conseil au nom de la monarchie, qui jetait au vent ces fières paroles : « Il y a « peu de jours, le ministère semblait avoir cessé d'être « atteint par les arrêts de la justice. Battu dans la Chambre « haute, déconsidéré dans la seconde autant qu'au sein « de l'opinion, un tel ministère avait en effet cessé « d'être [1]. »

Ce fut sans doute à ce signal d'alarme, très suspect pronostic, cependant, de l'opinion de la Chambre et de la France, que l'ingénu Sosthènes de la Rochefoucauld accourut chez M. de Villèle le prier, au nom de l'intérêt qu'il lui portait, de quitter le timon des affaires. Étonné de cette burlesque proposition, il paraît que M. de Villèle demanda gravement à Sosthènes s'il était chargé par le Roi de lui annoncer des ordres. Le bon Sosthènes l'assura que c'était de son seul et propre mouvement, et que le conseil d'ami qu'il donnait lui appartenait en propre. On dit que M. de Villèle le congédia, en l'assurant qu'il allait

1. Salvandy, *Le ministère et la France*.

très promptement savoir du Roi lui-même ce qu'il devait penser de cet épanchement plus que ridicule. Le résultat fut que, lorsque Sosthènes se présenta chez le Roi pour travailler, c'est le mot consacré, le Roi lui dit de poser là son portefeuille : « Votre Majesté est-elle indisposée? « — Non, Sosthènes. — Votre Majesté veut-elle que je « revienne? — Non, Sosthènes. — Sire, serait-ce une dis- « grâce? aurais-je eu le malheur?.... — Non, mon ami, « vous êtes un bon enfant, mais désormais je travaillerai « avec votre père. »

Tout menaçait donc d'être une question de personnes : l'intérêt de l'État, l'intérêt général en dehors! Lisez l'*Aristarque* de cette époque, et abstenez-vous de rire de pitié :

> Notre opposition au ministère, dit-il, prend sa source dans un ressentiment de mécontentement particulier. Nous en voulons moins à l'administration pour ce qu'elle a fait que pour ce qu'elle n'a pas daigné faire. Nous déclarons moins la guerre à ses actes qu'à son oubli. C'est nous qui avons fait les ministres actuels, c'est nous qui les avons poussés au pouvoir. Plus forts, plus éclairés, plus instruits qu'eux, nous avons modestement renoncé aux dignités de l'administration, pour les confier généreusement à des hommes dont la capacité n'égalait pas la nôtre, dont le talent ne pouvait approcher de notre génie ; et ce sacrifice, nous l'avons fait à la sûreté du trône, à la sécurité du pays.

Enfin, lisez l'*Aristarque* du 19 janvier 1826 ; car je n'ai pas le courage de copier ici ce crescendo d'insolences, d'absurdités, de mensonges et de vanités délirantes.

« Mais que leur reproches-tu? » disait-on à l'opinion royaliste sous la figure de ma commère Michaud, en parlant des ministres que nous avons faits il y a quatre ans. « Ma foi, mon ami, répondit la vieille pécore, il y a

« assez longtemps qu'ils y sont, il faut qu'ils fassent place « à d'autres. » Voilà un directeur de l'opinion! Voilà ce qu'il y a aujourd'hui de bon sens au fond d'une vieille renommée. Est-ce de la lie? Ma foi, c'en est, dirait Jeannot. A Paris, la magistrature est à couteaux tirés avec le garde des sceaux, parce qu'il s'appelle M. de Peyronnet. Ils sont raides, il est cassant. Est-ce une raison pour juger comme ils ont fait dans le procès de l'*Aristarque,* dans le procès du *Constitutionnel* et du *Courrier* ? Ce n'est pas une raison, mais c'est une cause, dont les effets se trouvent une attitude et une intention hostile, de la part de l'ordre judiciaire, à Paris, dans l'exécution des lois. De là l'audace et la licence des écrits qu'il appartenait aux magistrats de prévenir, de punir et non pas de favoriser. Les coupables ne sont ni les pamphlétaires, ni les libellistes, ni les biographes.

TABLE DES MATIÈRES

LIVRE II

BESANÇON. — IMP. ET STÉRÉOT. DE PAUL JACQUIN.

PUBLICATIONS DE LA SOCIÉTÉ D'HISTOIRE CONTEMPORAINE

En vente à la librairie A. Picard et Fils, rue Bonaparte, 82, au prix de 8 fr. le volume :

Correspondance du marquis et de la marquise de Raigecourt avec le marquis et la marquise de Bombelles pendant l'émigration, 1790-1800, publiée par M. Maxime de la Rocheterie, 1 vol. 1892.

Captivité et derniers moments de Louis XVI. Récits originaux et Documents officiels, publiés par le marquis de Beaucourt, 2 vol. 1892.

Lettres de Marie-Antoinette. Recueil des lettres authentiques de la Reine, publié par MM. Maxime de la Rocheterie et le marquis de Beaucourt, 2 vol. 1895-1896.

Mémoires de Michelot Moulin sur la chouannerie normande, publiés par le vicomte L. Rioult de Neuville, 1 vol. 1893.

Mémoires de famille de l'abbé Lambert, dernier confesseur du duc de Penthièvre, aumônier de la duchesse douairière d'Orléans, 1791-1799, publiés par M. Gaston de Beauséjour, 1 vol 1894.

Journal d'Adrien Duquesnoy, député du tiers état de Bar-le-Duc, sur l'Assemblée constituante, 3 mai 1789-3 avril 1790, publié par M. Robert de Crèvecœur, 2 vol. 1894.

L'invasion austro-prussienne (1792-1794). Documents publiés par M. Léonce Pingaud, 1 vol. avec héliogravure et carte. 1895.

18 fructidor. Documents pour la plupart inédits, recueillis et publiés par M. Victor Pierre, 1 vol. 1893.

La déportation ecclésiastique sous le Directoire. Documents inédits publiés par M. Victor Pierre, 1 vol. 1896.

Mémoires du comte Ferrand (1787-1824), publiés par M. le vicomte de Broc, 1 vol. avec héliogravure. 1897.

Collectes à travers l'Europe pour les prêtres français déportés en Suisse, 1794-1797. Relation inédite, publiée par M. l'abbé L. Jérôme. 1 vol. 1897.

Mémoires de l'abbé Baston, chanoine de Rouen, publiés d'après le manuscrit original, par M. l'abbé Julien Loth et M. Ch. Verger, 3 volumes avec héliogravure. 1897-1899.

Souvenirs du comte de Semallé, page de Louis XVI, publiés par son petit-fils, 1 vol. avec héliogravure. 1898. *Épuisé.*

Louis XVIII et les Cent-Jours à Gand, recueil de documents inédits, publiés par MM. Édouard Romberg et Albert Malet, tome Ier. 1898.

Mémoires du comte de Moré (1758-1837), publiés par M. Geoffroy de Grandmaison et le comte de Pontgibaud, 1 v. 5 héliograv. 1898.

Mémoire de Pons de l'Hérault aux puissances alliées, publié par M. Léon-G. Pélissier, 1 vol. avec héliogravure. 1899.

Correspondance de Le Coz, évêque constitutionnel d'Ille-et-Vilaine, publiée par le P. Roussel, de l'Oratoire, 1 vol. avec héliogravure. 1900.

La cotisation annuelle est de 20 fr. Pour les nouveaux sociétaires, le prix des volumes antérieurement parus est de 5 fr. 50 le volume.
Adresser les adhésions *au siège de la Société, rue Saint-Simon, 5, à Paris.*

BESANÇON. — IMPRIMERIE DE PAUL JACQUIN.

www.ingramcontent.com/pod-product-compliance
Ingram Content Group UK Ltd.
Pitfield, Milton Keynes, MK11 3LW, UK
UKHW021851190726
13855UKWH00001B/266

9 782013 401074